中国服务外包企业创新能力研究

施建军　王永贵　著

对外经济贸易大学出版社
中国·北京

图书在版编目（CIP）数据

中国服务外包企业创新能力研究 / 施建军，王永贵著. —北京：对外经济贸易大学出版社，2021.6

ISBN 978-7-5663-2302-6

Ⅰ. ①中… Ⅱ. ①施…②王… Ⅲ. ①服务业–对外承包–企业管理–企业创新–研究–中国 Ⅳ. ①F726.9

中国版本图书馆 CIP 数据核字（2021）第 142162 号

中国服务外包企业创新能力研究

施建军 王永贵 著

责任编辑：董 黛

出版发行：对外经济贸易大学出版社
社 址：北京市朝阳区惠新东街 10 号
网 址：www.uibep.com
资源网址：www.uibepresources.com
邮政编码：100029
邮购电话：010－64492338
发行部电话：010－64492342
E-mail：uibep@126.com

成品尺寸：170mm×240mm
印 张：12.25
字 数：233 千字
ISBN 978-7-5663-2302-6
印 刷：北京九州迅驰传媒文化有限公司
版 次：2021 年 6 月北京第 1 版
印 次：2021 年 6 月第 1 次印刷
定 价：72.00 元

序

20 世纪 80 年代以来，企业发展面临日益激烈的市场竞争力挑战，选择新发展路径，强化创新动力，以推进企业持续创新能力，这是摆在每一个企业家面前的战略选择。在国际化大背景下，在科技革命风起云涌的时代推动下，在社会网络平台不断延伸扩大的条件下，企业家开始全面思考企业发展的创新能力和市场竞争力的提升。随着社会生产力的不断提升，产品和产业间的分工协作体系日益强化，任何一个世界性的产品，都很难归于某个企业、某个区域的产出，而往往是世界产品价值链当中的一个零部件组合。因此，企业只能关注自己的产品特色和优势，专注于自己的服务水平和服务能力，做自己最好的产品和服务，在世界价值链形成当中获取自己应有的价值地位，为客户提供满意的价值创造。归核化战略，就是回归核心竞争力产品和核心竞争力业务所产生的一种对于企业非常实用的发展战略。这一战略的本质，就是剥离非核心业务，让企业的资源能力集中于企业核心业务的发展。这一战略帮助企业在新的市场竞争条件下，继续保持市场持续竞争能力。产品和业务的核心，是企业发展竞争力的内核，既是产品的利润核心，也是企业核心竞争力所在。归核化战略，一般有两层含义：第一层就是把企业发展的重心聚焦在核心产品上，强调在产业和产品价值链形成过程中，参与世界分工和协作体系。第二层就是强调企业业务能力必须与企业的核心能力相关性，企业必须把主要资源聚焦到服务贸易业务上，通过擅长的服务贸易参与世界分工和协作体系。按照归核化战略，那些与核心能力没有直接关系的业务，应当剥离出售。相反，有利于增强企业核心能力的资源，应当兼并，以强化企业的核心竞争力。用三个案例可以说明这一战略，第一个案例是：部分企业家在企业扩张初期产品多元化大发展的背景下，对所形成的企业产业群，提出“先做加法，后做减法”的战略发展思路。这一战略思路，就是以“试错逼进”的发展路径，寻求到企业最佳的产品、业务和核心竞争力。通常做法是企业先大力发展多样化产品和服务，扩大多元化，在多样化发展的同时，企业开始寻求对于企业发展最有利的产品、技术和市场，集中于其中少部分产品和技术领域，开展专业化，缩小多元化。这就是“先做加法，后做减法”的企业战略发展的成功案例，也是企业不自觉地实施归核化战略的具体行动方案。第二个案例是：有一手表厂，既生产表芯、表壳，也生产表带，三个中间产品组合在一起，叫手表厂。这样的企业，也是一个全能企业，就是产品零部件和组装全覆盖。事实证明，这样的企业竞争力并不是最强，往往有些中间产品，利润率偏低，核心竞争力不强。例如手表的表壳、表带，在规模不达量的情况下，利润率通常偏低。企业家就在思考：为什么不把利润率低、核心竞争力不强的零部件产品，送给其他企业外包？例如上述手表厂，表芯生产具有专利技术，模仿难，利润率高，企业有竞争能力。表芯产品可以形成企业核心竞争力，也就是企业的核心产品。而其他的产品，如表带、表壳，不是企业核心竞争力产品，完全可以由其他企业外包生产。这也是企业归核化战略中产品外包的实际案例。第三个案例是：我曾参访过这样一个企业，企业承担国外银行和保险业大数据后台加工整理。国外企业下班时，将各种杂乱的数据打包，交给中国服务外包企业。由于时间差，中国企业正好上班，完成这些数据的加工整理和表格化。下班时再发回给国外的发包企业，国外企业正好上班，使用整理好的后台数据服务顾客，效率最佳。两者各得其所，合作共赢，既解决了区域时间差和工作效率问题，也提高了服务质量，还解决了区域间、国际间劳动力成本的不平衡问题，是一个很好的国际间企业服务外包合作成功案例。通过这三个案例，我们可以理解企业发展中实施归核化战略，是分工协作的需要，是合作共赢的需要，是市场竞争的需要。企业通过向核心业务的回归和集中资源，可以全面提升企业的综合竞争力，在世界产品和服务价值链形成当中占有企业独特的位置。

归核化战略，又称企业外包战略，英文译为“outsourcing”，就是讲企业将非核心业务转移和利用企业外部资源发包企业的产品、技术和服务。服务外包，就是在这样一个背景下，将包括企业的信息化、财务金融管理、数据资源的研发、云存储云计算等多项业务发包出去，从而达到降低成本、提高效率、提升并优化企业核心竞争力的一种服务模式。外包战略，不仅在制造业，而且在服务业都得到了广泛的应用。企业外包战略出现方兴未艾的发展态势：从产品到服务，从国内到国际，从硬件服务到软件服务，从实体服务到云服务。本书就是在这样一个大背景下，聚焦于服务外包企业创新行为、动力机制、重点因素、评价体系、绩效影响以及具体案例研究。

本书的研究第一聚焦点是国际化。经济学的原理证明，一国的生产要素，必须在生产要素充分流动开放的条件下，实行有效的交换。通过市场导向的全球化资源配置，就是通过人流、物流、资本流、资金流、信息流在更广阔的空间里在更大的平台上，优化配置，以专业化分工和规模经济，让企业成本得以降低，并全面提升企业的生产效率，让社会资源得到更有效的利用，以价廉物美的产品，增加全球消费者福利，以就业创造发展中国家的经济增长和扶贫的效果。不论是绝对利益比较，还是相对利益的比较，都足以证明国际化有利于世界各国的经济发展。开放是大势所趋，世界潮流。合作是市场经济规律，是全球流通产品价值链内在联系的要求。竞争是市场机制助推企业发展的原始推动力，是公平机制有效落实的社会条件。当前出现的一些逆全球化思潮和反全球化的行为举措，都不足以诋毁国际化所带来的全球市场繁荣和区域发展。国际化是历史潮流，是经济发展大趋势。自主、创新、包容、开放的市场化，必须打破传统单一模式的市场导向的全球化，以综合国力发展为导向，强调全球经济的包容性增长，兼顾效率与公平，积极探索出一条新型全球化模式。新型国际化，也是经济国际国内双循环的思想基础。在构建人类命运共同体的理念指导下，坚持互利、合作、共赢，将全球化上升到新的高度，推动开放、互惠、包容、协调的新全球化格局。全世界各国企业携手迈向命运共同体，这是世界繁荣的必由之路。本书就是在国际服务外包这样一个大背景下，积极探索全球资源优化配置，各尽所能，走出一条服务外包企业创新之路。

本书研究的第二聚焦点是服务外包。从产品到服务，从技术到管理，从硬件到软件，外包战略正在全面延伸。聚焦服务外包，更多的是从服务贸易角度思考企业创新和发展问题。服务外包是企业外包战略重要组成部分。近年来，中国服务外包企业承接离岸服务外包业务不断增长，已经成为全球第二大服务外包接包国，仅次于印度。服务外包凭借其接包国投资环境改善、技术创新能力不断增强、比较低廉的劳动力成本三大优势获得发展，加上全球不断增长的服务外包市场总额，可以预测中国服务外包业务量将不断提升，不久可能成为全球服务外包的最大接包国。研究表明，一个国家服务外包的接包量取决于：第一，该国的投资发展环境，服务质量是影响承接离岸服务外包竞争力的重要因素，如该国人力资本的水平和服务提供商的服务水平。第二，劳动力成本的比较，当一国劳动力成本处于较低水平时，接包竞争力处于优势地位。第三，信息通信技术的发展水平。国家信息通信技术，包括电信设施，网络软件以及数字化软件处理技术，其繁荣和发展，是离岸服务外包发生的充分必要条件。随着数字化技术发展，通信技术普及和全球宽带技术的发展，加上电子商务已经全球化的生产和服务体系的连接和平台化，服务外包接包国必然进一步得到快速发展。第四，服务贸易的开放度。服务贸易开放度，对一个国家承接服务外包的竞争力产生较大影响。中国实施服务贸易自由化，改革进程较快，开放力度大，特别是加入世界贸易组织以后，中国在银行、保险、证券、电信、旅游、交通、教育等多领域承诺服务贸易进一步开放，修改了一系列法规，有力地促进了中国服务贸易开放度，加大了中国融入世界的机会。第五，知识产权保护。知识产权保护对一国离岸服务外包接包竞争力有重要影响。如果对知识产权保护有力，就会增加其市场竞争力。随着中国服务贸易中对知识产权的保护力度加强，进一步促进市场竞争的公平，就会进一步提高我国服务外包接包业务总量。第六，服务外包的桥梁是语言文化。目前在世界服务外包语言中、英语还占有主导地位。良好英语水平的国家，承接服务外包的竞争力会明显提高。有效的语言沟通，成为国际服务外包的重要支撑工具。此外，还有信息安全保护，也会促进服务外包接包总量的提升。加强各国的信息安全，无论是对商业秘密还是公司利益的保护，都会显著提升一个国家服务外包的接包量。随着数字化技术的发展，国内外服务外包市场平台不断扩大，中国服务外包企业面临着机遇和挑战并存的发展格局，应不断提高服务外包的技术含量和高附加值产品，形成企业间新型战略协作伙伴关系。中国服务外包业务将逐步向高技术、高附加值产业延伸，在产业咨询、软件开发、系统设计、金融服务、大数据服务、云计算、云存储，通信服务外包等高端领域，将不断得到新的发展。中国是一个人口大国，具有丰富的人力资源，不断完善上述国际化服务外包的环境，将会大大提升中国在国际服务外包市场的地位，全面提升中国参与国际服务外包的能力，为全球经济的发展做出更大的贡献。

本书研究的第三聚焦点是创新。创新是企业发展之本。按照管理学大师德鲁克的观点，创新就是顾客价值最大化和顾客的满意度的实现。从需求侧道理来看，企业每一次创新，都是消费权利的张扬，为消费者创造更大的价值。创新既包括技术创新，也包括管理创新，还有服务创新。在理念创新的指导下，企业创新无处不在，无时不有。近年来商业模式创新风起云涌。企业管理曾更多地关注于新产品、新技术的升级换代，而现代企业管理，更多地关注于企业生产要素的组合、消费者价值创造、市场的创造性破坏。在这样一个背景下，服务贸易、服务外包创新方兴未艾。在服务外包创新体系中，包括知识创新、技术创新、管理创新、模式创新等多种创新手段，特别是系统创新、协同创新。本书将服务外包企业的创新能力界定为：对服务外包业务各创新要素创造性集成和融合的能力。本书将服务外包创新要素分解为技术创新能力、管理创新能力、创新产出能力、系统创新能力和流程创新能力五个维度进行系统研究，提出了服务外包企业创新评价体系。本书研究发现服务外包企业创新能力，是包括产品、流程、管理和技术四个方面的结合，构成理想的分析模型。本书提出从发包方和承包方不同角度探讨企业创新能力的积累机制，十分有价值。服务外包企业创新能力是一个长期积累的过程。本研究基于横截面数据，从承包方和发包方不同角度探讨创新能力的形成机制。在服务外包业中，对于承包企业而言，可以在向发包方提供服务的同时，学习和积累企业的创新能力。企业创新能力的积累，不仅仅关注企业内部的因素对企业创新能力影响，而且从知识传授角度提升学习能力，在动机、能力、机会方面进行知识转移。和发包方建立长期合作关系，发包方的参与和发包方的创新要求，都会通过深入互动促使双方企业创新能力提升。对于知识传授方来说，传授的动机、传授能力和传授机会相互结合，才能有效地促进发包方创新能力的积累。承包企业也有意寻求和选择有能力、有动机、有机会传授知识的发包企业，建立一系列创新机制和文化，在学习中寻求外部创新机会，提升企业自身的吸收和应用能力。

本书研究服务外包的基础理论，服务外包的构成要素，服务外包创新诉求以及创新要素的分解。利用抽样调查的数据，进行统计实证分析，也利用企业服务外包的成功案例，进行案例分析，是一本系统阐述服务外包理论和实践经验的著作。通过国家社会科学基金重点项目的资助，完成了本项研究的全部内容，并顺利结项。这是一个中国服务外包理论与实践相结合的研究成果，填补了我国在国际化服务外包创新领域的研究空白。从服务外包理论层面上讲，本书积极构建理论模型，探索创新要素，为企业发展国际化服务外包提供理论架构和知识基础。从服务外包的实践层面上讲，本书通过案例分析和服务外包创新要素的分解，为企业参与国际服务外包和提高创新能力提供经验和智慧。相信本书出版对服务外包企业持续创新有重要参考价值。这是一份集体智慧的结晶，我和王永贵教授领衔，加上我们指导的博士生一起共同努力完成了这一著作。希望读者从中理解和学会如何进一步提升中国企业国际化服务外包的能力，创新服务外包的模式，在中国经济发展中，在中国经济与世界经济融合的过程中，进一步发挥出企业家们的积极作用。

谨以此书献给对外经济贸易大学 70 华诞！

对外经济贸易大学　施建军教授

2021 年 5 月于北京

目　录

第一章
服务外包企业创新导论

第一节　国内外服务外包企业面临的发展环境

一、国际主要接包地的产业环境介绍

服务外包业发端于20世纪80年代，最初从境内服务外包开始，逐渐跨越国界以服务贸易的形式形成离岸服务外包。目前，印度成为头号全球服务外包承接国，占有全球服务外包市场总额的46%及全球软件外包市场总额的65%，其中90%以上的接包业务来自欧美国家，对美国离岸外包业务更是处于垄断地位。2008—2019年，中国服务外包企业承接离岸服务外包执行额从46.9亿美元增长至968.9亿美元，年均增幅超过34.6%，占全球离岸外包市场份额已增长至6.9%，跃升为全球第二大服务外包接包国，仅次于印度。

（一）老牌离岸服务接包国——美国、英国、爱尔兰、印度

贸易的兴盛建立在一国强大的产业基础之上，从全球范围来看，服务外包产业最为发达的国家为美国、英国、爱尔兰等发达国家。比如美国的内部服务外包中心与服务提供商一直在向企业提供现场外包服务。从国际收支平衡表来看，我们发现，美国和英国的计算机和信息技术服务以及其他商业服务贸易出口量（承接量）都在较高水平，且一直处于顺差位置，但是随着这些国家服务劳动力成本的不断升高，顺差逐渐减小。爱尔兰曾一度是世界上最大的软件服务出口国，而印度也一直都是信息技术服务的主要出口地，尤其软件外包每年增速高达30%以上，最高时超过50%。由于成本和质量上的综合优势，印度成了迄今为止最受离岸外包发包方青睐的地区，成为全球的后台办公室，是全球最大的服务外包承接国。

（二）全球新兴离岸服务外包接包国——中国、菲律宾、捷克、加拿大

对计算机信息服务来讲，俄罗斯、菲律宾和捷克等发展中国家曾是逆差国，但近年来随着发达国家将业务转移到发展中国家，俄罗斯、菲律宾和捷克等国开始呈现上升趋势，捷克和菲律宾都在 2005 年由逆差变为顺差，俄罗斯的逆差也在不断缩小。中国发展服务外包的起步较晚，但凭借良好的投资环境、丰富而低廉的劳动力成本、巨大的服务外包市场，预测到 2023 年后将取代印度成为承接高科技服务外包最多的国家。

（三）国际主要接包国发展环境因素研究

1. 服务质量

服务质量是影响一国承接离岸服务外包竞争力的最重要因素，该因素主要考察两大方面，一是人力资本水平，二是服务提供商水平。无论是在服务外包人力资源水平，还是服务提供商水平上，印度都处于绝对的优势地位。这也解释了为什么印度能成为世界最大的离岸服务外包地。而中国专业的人力资源储备和服务企业规模还与印度存在一定差距。

2. 劳动力成本比较

中国的劳动力成本处于较低水平，正因为这个原因，一些发达国家现在开始将以前交由印度完成的低端服务外包转移到中国。但是，我们也应该看到，决定一国接包竞争力的最重要因素是其提供服务质量的高低，这才是决定长远竞争力的要素，所以，中国应该在利用自身低廉劳动力优势的同时，不断加强服务外包人力资本的培养以及塑造优秀服务提供商的品牌形象，这样才能在离岸服务外包的激烈竞争中立于不败之地。

3. 信息通信技术发展水平

信息通信技术包括电信设施、网络、软件、数字化技术等，它的出现与发展使得生产的全球细化分工成为可能，是离岸服务外包发生的实现条件。随着 21 世纪以数字化为基础的通信技术的普及和全球数字宽带的迅猛增加，20 世纪 90 年代后期由电子商务和数字通信所造成的全球生产和服务体系加速联结。因此，信息通信技术基础设施的质量与可获得性对于一国接包竞争力会产生重要影响。

4. 服务贸易开放度

服务贸易开放度会对一国承接服务外包的竞争力产生正面影响。中国服务贸易自由化进程较快，开放力度大。加入世界贸易组织（World Trade Organization，WTO）以来，中国在包括银行、保险、证券、电信、建筑、分销、法律、旅游、交通等在内的众多服务部门，修改和新制定了一系列进一步对外开放的法规和规章，服务贸易领域的开放承诺得到落实。在 WTO 分类的 160 个服务贸易部门中，中国已经开放了 100 个，占 62.5%，接近发达成员水平。与另外四个离岸服务接

包国相比，中国服务贸易开放度仅次于发达国家爱尔兰，远远高于印度、菲律宾和俄罗斯。

中国融入服务贸易自由化的决心和行动一方面大大降低了服务贸易壁垒，使得更多种类的服务都能以离岸服务外包的形式满足世界庞大的需求，增加了吸引力；一方面也增进了世界对自己的了解，提高了国际声誉，提高了发包方选择中国作为离岸服务外包目的地的可能性。

5. 知识产权保护和信息安全水平

知识产权保护水平会对一国离岸服务外包接包竞争力产生影响，若因为法律体制或是社会习惯使得保护力度不够，则会降低其竞争力，也会成为其与国外交易中较大的障碍。印度的软件公司多数有灾难恢复计划，租用网络专线保证数据的传输和安全，处于国际知识产权保护协会的“优先观察名单”上。爱尔兰知识产权保护力度强，出台了《电子商务法案 2000》和《2019 年版权与其他知识产权法案》，为知识经济尤其是软件产业的发展提供了主要的法律保护依据。中国知识产权保护力度和社会信用机制正日益增强，但软件企业对信息安全投入尚须加大，多数没有灾难恢复计划。但我国深切了解知识产权保护的重要性，以致日益加大知识产权保护力度。世界知识产权组织的数据显示，2019 年中国的国际专利申请量为 58 990 件，位居世界第一；申请量占全球申请总量的比重达到 22.2%。2019 年中国的国际专利申请量比 2018 年增长了 10.6%，首次超越美国，成为《专利合作条约》体系中的第一大用户。

6. 语言文化要素

目前外包交易语言中，英语已占主导地位，所以具有良好英语水平的国家承接离岸服务外包的竞争力会更高一些。中国英语教育所培养的 IT 专业人士英语水平普遍较低，缺乏跨文化沟通和理解力，主要接包对象为日本与韩国。印度有 2 500 万～3 000 万人能讲流利的英语，软件人才绝大多数可与客户直接沟通。俄罗斯在语言方面能力不足。爱尔兰英语水平高。

可见，与其他主要接包国家相比，中国英语普及度不及印度、菲律宾等发展中国家高，与欧美国家语言文化的差异大会扩大自身与欧美发包方之间的沟通成本（焦杨和杨东，2011）。

二、国内服务外包业的发展环境因素分析

接包方国家的宏观环境、政策导向、产业结构、基础设施和企业能力等，大大地影响着服务外包发包方对接包方国家的选择，也很大程度上决定了承接服务外包的质量和效果。中国凭借宏观经济环境、基础设施、政策支持、劳动成本等各方面的优势，近年来承接服务外包的综合竞争力大幅提高，已成为国际服务外

包转移方首选的承接地之一。

（一）强大的政策支持

中国政府将发展服务外包作为未来推动经济增长的重点领域，发布的服务外包产业发展相关报告主要包括：《中国国际服务外包产业发展规划纲要（2011—2015)》（商服贸发〔2012〕431 号）、《国务院关于促进服务外包产业加快发展的意见》（国发〔2014〕67 号）、《国际服务外包产业发展“十三五”规划》《关于推动服务外包加快转型升级的指导意见》（商服贸发〔2020〕12 号）等。财政部和商务部继续安排承接国际服务外包业务发展专项资金，对承接国际服务外包的相关业务给予资金支持。中国各级政府已经或即将出台支持服务外包发展的政策，会采取更加积极有效的措施，鼓励跨国公司把具有一定规模的服务外包业务转移到中国。

（二）大批的高素质劳动力

2019 年，全国新增服务外包从业人员 103 万人，其中新增大学毕业生（含大专）60.6 万人，占新增从业人数的 58.8%。全国服务外包从业人员达到 1 172 万人，其中大学（含大专）以上学历为 750.1 万人，占总数的 64%[①]。在人才供应成为服务外包产业发展主要瓶颈的情况下，拥有充足、可培养的初级人才资源为中国承接服务外包打下了坚实的基础。此外，中国的服务外包人才流失率较低，总体小于 15%，而印度通常高于 25%，在劳动力成本方面，中国是世界上劳动力成本最低的国家之一，预计未来工资涨幅为每年 5%～8%，仍将保持成本优势。

（三）成熟的交通、通信等现代基础设施

改革开放 40 多年的经济建设，中国的交通、通信、网络等基础设施快速发展，部分设施服务水平已达到发达国家水平，交通、通信方面等基础设施条件优良且成本低廉，为服务外包的开展提供良好的硬件基础。与其他服务外包接包国家相比，中国在高速互联网和宽带接入、主要软件基地的稳定不间断双电源供电、连接大部分一级和二级城市的大约 240 个民用机场方面具有明显优势。从软环境看，中国建起了许多地理位置优越、人文环境良好、配套设施齐全的服务外包园区，为服务外包接包方开展业务提供了便利和支持，大大地促进了中国服务外包接包方的发展并吸引了外资服务接包方的入驻。

（四）有良好的地理优势和与北亚地区客户文化相容性

凭借地理邻接、文化相容性和语言优势，中国确立了在北亚地区服务外包与离岸服务外包市场的领先地位。在中国东北地区，如大连，在日、韩服务外包市场方面已经具备了优势。随着对日本服务外包市场空间的扩大和欧美软件外包市

---

① 中国服务外包研究中心：《中国服务外包发展报告 2019》，中华人民共和国商务部。

场的开拓，越来越多的企业将加入外包服务市场中。

（五）大规模的制造业基础

中国是“全球制造中心”，在许多行业（白色家电、手机等行业）已位居世界第一位（江维等，2012）。牢固的制造业基础和产业集群使中国在新兴的设计研发服务离岸领域拥有得天独厚的后发优势。在发达地区，尤其是珠三角、长三角、京津唐一带，已经形成了产品配套程度很高的产业集群，为承接服务业国际转移和离岸服务外包业务打下了坚实的基础。

第二节　国内外服务外包企业的发展现状

一、国际服务外包业的现状

进入 21 世纪以来，跨国公司制造业外包规模的不断扩大，对制造业具有支撑性作用的生产性服务业需求越来越强，由此发生了大量的服务业转移。国际服务外包已成为企业重要的商业行为。与此同时，发展中国家经过多年的对外开放，产业结构不断优化，劳动力素质不断提高，经济环境不断改善，已经具备了承接发达国家外包的条件。因此，越来越多的发达国家将部分服务业外包给发展中国家。它们纷纷在全球范围内寻找承接外包业务的合作伙伴，越来越多的国家和企业被纳入国际服务外包的全球网络中。全球离岸服务外包的潜在市场规模巨大，2019 年，全球离岸服务外包执行额达到 13 964.6 亿美元，同比增长 6.4%。①2019 年，美国、西欧和日本 3 个区域持续占据全球服务外包发包市场的主导地位。但随着新兴市场印度和中国等外包需求的不断释放，美、日、欧三个发包市场占比或有所下降。

整体来讲，全球服务外包的现状呈现出以下特点：

（一）服务外包业务范围不断扩大

20 世纪 90 年代，服务外包主要集中在 IT 服务业，近年来由于信息技术及网络技术在企业中广为普及，服务外包已拓宽到金融、咨询分析等领域。国际服务外包业务逐渐从基础的技术层面的外包业务转向高层次的服务流程外包业务和知识服务外包业务。

全球信息技术外包（Information Technology Outsourcing，ITO）的离岸外包业务主要集中在软件服务外包，特别是软件开发和维护环节。对于硬件基础架构

---

① 中国服务外包研究中心：《中国服务外包发展报告 2019》，中华人民共和国商务部。

外包，离岸方式常见于低端设备的日常维护，但客户的本地现场支持仍然是不可或缺的。IT 咨询和应用实施多数仍需在客户所在地进行交付。总体来说离岸外包的机会主要在软件服务外包市场。

全球业务流程外包（Business Process Outsourcing，BPO）最大的离岸外包业务是客户服务，财务会计业务增长速度最快。现阶段全球 BPO 离岸外包主要业务按照规模依次为：客户服务、财务会计、人力资源和采购，营销和销售的比例较小。与财务会计相关的离岸外包业务增长最快；同时，人力资源外包业务比例也会加大。从服务行业看，现阶段，国际上对软件与信息服务外包接受程度较高、应用较成熟的行业是金融业。金融业也是离岸外包应用度较高的行业之一；其次是汽车制造业，主要服务外包需求为职能层和战略层的中高端业务；再次是消费品制造业、医药制造业和零售业。

随着信息技术及网络技术的发展，服务外包所需的技术知识水平不断提高，全球知识流程外包（Knowledge Process Outsourcing，KPO）正在兴起。许多公司不仅将数据录入、文件管理等低端服务转移外包，而且将风险管理、金融分析、研发等技术含量高、附加值大的业务外包出去，从而产生了金融外包、医疗服务外包、研发外包等新的外包业务，使得外包业务范围不断拓展。这种发展趋势将会在未来的服务外包市场得到进一步强化。

（二）服务外包以 ITO 为主，BPO 和 KPO 为辅，业务结构继续优化

根据国际数据公司（IDC）的数据，2019 年全球离岸服务外包业务市场份额，ITO 占 41.5%，BPO 占 20.5%，KPO 占 38%。

服务外包以美国、西欧、日本等发达国家和地区为主要发包地，2019 年来自这三个市场发包总额占全球的 34.9%。美国离岸服务外包市场规模为 1 461.5 亿美元，同比增长 3.1%，ITO、BPO、KPO 分别占 35.9%、14.7%、49.4%。市场呈现资源全球化配置、管理体系成熟、产业服务完善的特点。日本离岸服务外包规模为 580.9 亿美元，同比增长 3.9%，ITO、BPO、KPO 分别占 41.0%、16.8%、42.2%。市场采用“金字塔型”外包模式，企业重视在国外设置研发机构。西欧国家服务支出规模为 2 827.9 亿美元，同比增长 2.7%，IT 服务支出和商务服务支出分别占 73.9%和 26.1%[①]。“近岸转移”交易模式是西欧市场的主要特点。

以印度、中国等为代表的新兴经济体作为主要接包国的全球离岸服务外包格局基本形成。目前，印度 ITO 和 BPO 产业已经比较成熟，有研究指出，印度很可能由现在的 BPO 中心过渡成为 KPO 基地。制药业、生物科技、知识产权研究、工业设计等行业是印度 KPO 时代的优势产业。

① 中国服务外包研究中心：《中国服务外包发展报告 2019》，中华人民共和国商务部。

（三）参与服务外包的国家和地区日益增多

目前，全球主要的服务发包方主要集中在美国、西欧和日本等地。其中，美国占全球发包市场的 10.5%左右，而日本和西欧约占 24.4%。虽然服务外包的主要发包国家仍然是发达国家，但许多发展中国家和地区的企业为了降低成本，也纷纷采用这种形式来提高其竞争力。从服务外包的承接情况来看，印度和中国已成为服务外包主要承接国；菲律宾、越南、马来西亚、俄罗斯、巴西、罗马尼亚、委内瑞拉等新兴市场国家也正成为日益重要的外包承接国；甚至南非、加纳、尼日利亚、肯尼亚、柬埔寨等也相继加入承接外包服务的行列。其中，除了印度和中国在服务外包接包国中所扮演的主导地位之外，其他新兴国家则正在努力寻求恰当定位来满足国际外包市场的需求，以便争夺市场份额，发展自身服务外包业务。在国际服务外包供需双方力量的推动下，国际服务外包市场日益繁荣。总的发展趋势有可能是服务外包需求在不断增加的同时，接包方会以更快的速度增长，因此，造成接包方之间竞争更加激烈，现有接包方和新增接包方无不使出浑身解数来增加市场份额，国际服务外包市场竞争呈现白热化。

（四）服务外包的发包动因逐步过渡到提高核心竞争力

降低成本是企业考虑的一个重要因素，也是服务外包的最初动因，但是在市场竞争日益激烈的今天，越来越多的企业已经开始认识到服务外包不仅可以降低成本，更重要的是它能够增强企业的核心竞争力。任何企业要获得成功不可能仅靠降低成本来实现，还需要不断开发、培养和发展其核心竞争能力。企业通过把自身不擅长的非核心业务外包给专业公司或机构，可以将更多的内部资源投入到具有竞争优势的核心业务，从而迅速提高企业的核心竞争力。此外，服务外包使企业保持较小规模，克服了很多出于规模经营带来的弊端，使企业集中精力走专业化的经营道路，制定企业持续发展战略、研发核心技术和激发员工的创造力，赢得长期的竞争优势。

二、中国服务外包产业概况

（一）服务外包产业发展情况

根据国际数据公司的统计数据，2019 年全球离岸服务外包市场规模达到 13 964.6 亿美元（见图 1－1），同比增长 6.4%。其中，ITO 占 41.5%，BPO 占 20.5%，KPO 为 38.0%。发包国主要以美国、西欧和日本等发达国家为主，其交易量占全球总额的 34.9%。而以中国、印度等为代表的新兴经济体则成为主要接包国。

中国作为全球主要接包国之一，服务外包业务增长迅速。2019 年，我国共签订服务外包合同额 2 357.0 亿美元，执行金额 1 580.8 亿美元。其中，承接国际服务外包合同金额占总金额的 58.9%。与 2018 年相比，外包合同金额、国际服务外包合同金额同比增长 17.9%和 15.4%，实际金额分别同比增长 9.0%和 9.3%。

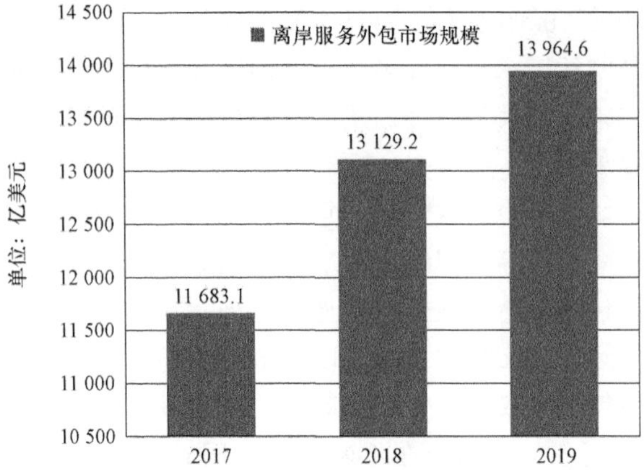

图 1－1　2017—2019 全球离岸服务外包市场规模

资料来源：《中国服务外包发展报告 2019》

由图 1－2 可以看出，我国服务外包合同执行金额在近几年来快速增长，由 2016 年的 1 064.6 亿美元增长到 2019 年的 1 580.8 亿美元，增幅达到 48.5%。与此同时，离岸合同执行金额随总金额同步增长，并保持在 61.3%左右的份额，突显出了我国服务外包市场在国内外均得到了很好的发展。

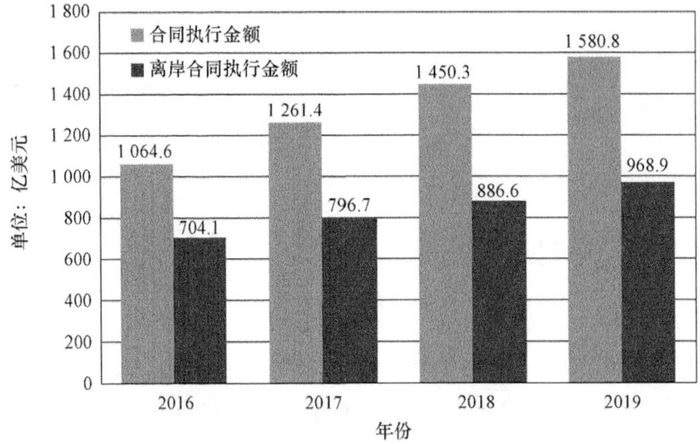

图 1－2　2016—2019 年中国服务外包产业发展情况

资料来源：《中国服务外包发展报告 2019》

截至 2019 年底，我国共有服务外包企业 54 548 家，外包行业从业人员 1 172 万人，这体现出了服务外包行业对于加快我国经济发展和提供就业机会的重要贡献。

（二）外包业务领域分布

外包业务中的三大板块 ITO、BPO、KPO 中，主要以 ITO 为主。如图 1－3 所示，在 2019 年，ITO 业务以软件研发和信息技术服务为主，执行金额达到 726.9 亿美元，占比 46.0%。KPO 业务集中在工业设计服务、工业技术服务以及医药和生物技术研发服务等领域，执行金额 518.0 亿美元，占比 33.0%。BPO 业务主要集中在金融后台服务、人力资源外包、财务外包、呼叫中心外包以及物流与供应链管理外包等领域，执行金额 332.2 亿美元，占比 21.0%。从增长速度上来看，同比于 2018 年，ITO、KPO 和 BPO 分别增长 4.5%、8.4%和 21.5%，体现了我国高端业务的稳步增长。

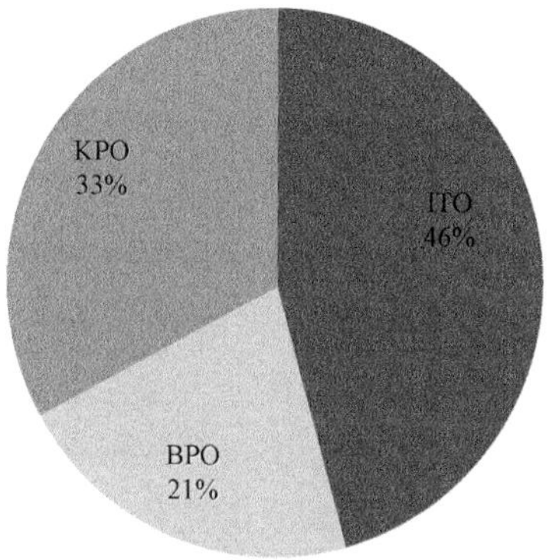

图 1－3　2019 年中国服务外包市场结构

资料来源：《中国服务外包发展报告 2019》

（三）外包企业及其客户行业分布

我国外包企业在近年来快速发展，由 2016 年的 39 223 家，逐步增长到 2019 年的 54 548 家。其中，我国东部是服务外包企业的主要集聚地，企业数量为 38 482 家，占比高达 70.5%。而中部、西部和东北地区的服务外包企业数量占比分别位列第二、三、四位，具体份额分别为 15.4%、7.6%和 6.5%[①]。

以外包企业的客户行业来划分，政府及公共服务、制造、电信以及金融是最主要的四个行业，占比均在 35%以上。其他行业如医疗保健、建筑及房地产、生物制药、批发零售以及能源也占有不小的比重。

随着外包市场的发展和日益激烈的竞争，中国服务外包企业以市场需求为导向，逐渐完成了业务模式和技术内容的转型与升级。对于业务模式，其转型方向可主要分为以下四类：

① 中国服务外包研究中心：《中国服务外包发展报告 2019》，中华人民共和国商务部。

1. 由单一业务服务提供商转向综合服务提供商；
2. 由制造服务提供商转向云服务提供商；
3. 转向行业专家；
4. 转向平台运营型企业。

针对技术内容升级，其具体包括：技术工具创新升级，智能化升级，应用载体创新升级，合作整合产业链升级以及上游业务升级。

第三节 国内外服务外包企业的创新诉求

一、机遇与挑战并存

中国服务外包企业需要面对来自国内市场与国际市场的机遇和挑战。随着我国经济的发展，庞大的内需市场开始逐步释放。2011 年初，财政部曾下发通知，要求继续扩大政府的采购规模，重点加大对服务类采购项目的实施力度，争取将更多的公共服务、专业服务等传统服务项目纳入政府采购范围，不断拓展服务类采购领域，充分挖掘中国政府机构、电信业、金融业、制造业等大客户群，释放更多的内需服务需求。目前，中国本土市场开放最快的是金融和电信市场，未来包括能源、钢铁、航空、交通等行业大型企业和政府、公共服务等部分都将加快释放外包业务，使在岸外包进一步得到发展。在政策上，地方在岸业务扶持政策不断实现新突破，南京、广州、深圳、无锡、厦门等城市陆续出台在岸扶持政策。

近些年来，服务外包企业的用工成本普遍上涨，员工工资呈持续增长趋势，中国低廉的人力成本优势的相对弱化迫使企业必须创造更多的盈利空间。而以低端业务为主的企业将难以应对成本的上涨，其被动淘汰或主动转型将成为现实。随着国内人力成本的急剧上升，外包企业的利润空间将进一步受到挤压，使企业的生存压力变大。同时，企业员工离职率的上升以及中高层人才青黄不接等因素，也将使企业业务的发展面临威胁。

从国际环境来看，全球最大的发包国美国的外包业务出现回流的趋势，美国立法机构针对离岸呼叫中心提出了反外包法案，将惩罚那些将呼叫中心外包到离岸地点的美国公司，这个法案强调这样的公司没有资格获得捐助或从政府获得担保贷款，当年美国总统奥巴马也在国情咨文上呼吁将外包给外国的呼叫中心等迁回美国，拉动本国就业。随着装运及运输成本、质量控制、保安等多方面问题出现以及美国经济的好转，一些美国企业也开始把呼叫中心迁回了美国本土，这使未来中国对美国离岸业务的拓展受到挑战。

除此以外，与中国同为全球主要接包国的印度，凭借其在欧美市场的传统优势加大了中国外包企业在欧美业务布局并参与竞争的难度。2000 年以后，印度业务流程管理（Business Process Management，BPM）模式不单强调成本效益，更强调质量和服务深广度。2011 年以后，印度 BPM 模式突破 BPM1.0、BPM2.0、BPM3.0 阶段的核心价值观念，强调生态环境布局（提供多租户平台），实现资源共享，占据价值链高端。在 BPM 发展的新阶段，印度软件服务外包产业聚焦数据分析、实时处理、端到端服务、社交媒体、平台服务、移动等深度和广度更大的多样化服务。自 2013 年起，印度推进 IT－BPO 转向 IT－BPM，即“业务流程外包”转向为“业务流程管理”，体现了产业性质的转变和地位的根本提升。这表明印度已从基于成本效益的产业分工发展到基于全球化分工战略布局外包产业，步入以新市场、新品牌和价值链节点布局为核心的新阶段。

二、服务外包业务高端化发展趋势

随着科技的进步，高技术含量、高附加值的外包业务所占比例将会不断增长。具体来说，服务外包产业将逐渐从完成单一业务向提供企业所有业务流程转变，外包商与接包方之间将会形成新型的战略协作伙伴关系。这一关系的建立使得先前提供单一服务的外包商，转变为提供包括更为先进的应用程序、风险管理、金融分析、研究开发等在内的高技术含量、高附加值的服务外包业务。然而，从当前中国外包企业情况来看，从事低端服务外包业务的企业众多，企业规模普遍偏小，盈利能力较差，并在融资和市场开拓方面存在困难。为此，提高专业能力、拓展高端领域成为企业发展的诉求。所以，中国服务外包业务将逐步由低端服务向高技术高附加值产业端延伸，产业咨询、软件与信息系统架构设计、研发服务外包等高附加值、高技术含量的业务比重将不断上升，生物医药研发外包、金融服务外包、通信服务外包等 BPO、KPO 高端领域将成为服务外包的重点领域。

三、城市间差异化发展

示范城市是中国服务外包产业发展的主导。仅从示范城市外包产业发展的“十二五”规划来看，各城市就已实现了兼顾自己的优势并强化产业发展的定位、突出发展特色。各城市将避免重复竞争，实现服务外包行业健康有序发展（见表 1－1）。

表 1－1　　服务外包示范城市发展定位

示范城市	发展定位
北京	服务外包高端业务的最佳着陆点和交易中心，进一步巩固全国领军城市地位

续表

示范城市	发展定位
天津	领先的制造业服务外包基地、跨国公司理想的共享运营中心和中国专业的服务外包人才培训基地
上海	全球知名的服务外包中心城市、离岸服务外包承接的引领区、在岸服务外包发包的中心区和服务外包功能集聚的核心区、积极打造上海服务外包品牌
重庆	国际知名电子商务、金融、加工贸易、虚拟电子票据结算中心；国际离岸数据云计算特别试验区
大连	国际知名服务外包承接地、国内领先的软件开发中心和高端服务外包承接基地
深圳	加强深港合作，建设国际服务外包深圳交付中心
广州	国际服务外包接发包中心、跨国公司最满意的共享服务中心、服务外包专业人才的培训中心以及我国新型服务外包产业的先行发展区，成为具有国际门户和枢纽功能的国家服务外包中心城市
武汉	有较大国际知名度的离岸服务外包交付中心，软件及服务外包产业若干细分领域国内外领先的研发中心和产业基地
哈尔滨	以“中国云谷”为龙头，打造以地理信息、文化动漫、呼叫中心和工业设计为特色的北方国际服务外包名城
成都	国际知名、东西部领先的服务外包中心城市
南京	构建创新型、高端化的国际服务外包产业体系，“南京智慧，服务全球”成为国内外较高知名度的城市品牌，南京成为“国内一流国际知名”的服务外包示范城市
西安	中国 KPO 中心，服务外包人才培训中心
济南	京沪间服务外包交互站、中国服务外包名城、世界知名服务外包基地
合肥	中部地区服务外包核心城市，建设全国重要的金融后台服务基地、跨国公司共享服务中心集聚区和中国呼叫中心之都
南昌	服务外包最佳接棒手、全国范围内具有影响力的服务外包示范城市
长沙	ITO 与 BPO 并重发展
苏州	中国服务外包创新强市
无锡	中国服务外包高地，世界服务外包基地
厦门	海峡西岸最大规模的服务外包中心城市

资料来源：江维等，2012

参 考 文 献

[1] 焦杨，杨冬. 服务外包概论［M］. 北京：中国商务出版社，2011.
[2] 江维，尚庆琛，杨梅. 服务外包与中国发展路径选择［M］. 上海：上海交通大学出版社，2012.

第二章
服务外包企业创新研究回顾与综述

第一节　服务外包企业创新及其相关研究概述

第二次世界大战后，世界迎来了第一轮外包的热潮，当时很多大公司为了降低成本并更专注于核心竞争力，都转让或部分转让出一些后勤辅助职能工作，仅保留核心职能，比如研发、新产品开发和创新（Gobble，2013）。到了2000年以后，信息技术的发展使以知识为基础的服务也实现了外包，这些服务包括：会计、财务服务、顾客服务、信息技术、人力资源、研发、数据处理和销售（Roy and Sivakumar，2012）。2000年时，北美超过一半的信息技术服务都是外包的。

一、服务外包的定义

服务外包来源于英文的“outsourcing”一词，原意是发包方有效地利用外部资源，向外选择最优接包方来完成自己的非核心业务流程。

美国毕博管理咨询公司（Bearing Point Co.，Ltd.）对服务外包的定义描述为：服务外包是指企业为了将优先资源专注于其核心竞争力，以信息技术为依据，利用外部专业服务商的知识劳动力，来完成原来由企业内部完成的工作，从而达到降低成本、提高效率、提升企业对市场环境迅速反应能力并优化企业核心竞争力的一种服务模式（江小涓，2008）。

商务部服务贸易和商贸服务业司《中国国际服务外包统计操作指引》中对服务外包的定义是：企业或机构将内部的某些流程或职能，转移给外部专业服务提供商，借助信息技术和现代通信手段进行交付的经济活动。其本质属性是发包机构利用外部专业服务商的智力资源，承担原来由本机构内部完成的工作，达到降低成本、提高效率的同时，提升发包方核心竞争力和增强接包方业务能力的双赢或多赢目标。

王习农（2012）在分析服务外包时认为，服务外包是作为生产经营者的业主将服务流程以商业形式发包给本土企业以外的服务提供者的经济活动。然而服务外包不是服务业的外包，而是服务活动、服务过程的外包，它涵盖了制造业、服务业等各个领域。

由以上定义可以看出，服务外包的本质内涵可归结为以下四点：

（1）服务外包是将发包方自身业务中非核心的业务交由第三方来完成。

需要说明两点：第一，服务外包不是服务业的外包，而是服务活动、服务过程的外包，它涵盖了制造业、服务业等各个领域。第二，是否属于核心业务或非核心业务不同的企业有不同的认定，总体来说，目前服务外包的范围包括企业在生产制造前的市场调研、产品设计，生产过程中的物流、库存管理、产品销售、人力资源管理、会计及客户服务等。

（2）服务外包与信息技术密切相关，利用其作为服务提供的手段。

（3）服务外包有利于发包方提高效率、降低成本和获得竞争优势。

（4）服务外包是一种整合与利用外部优秀的专业化资源的经济活动和经营方式。

二、发包方的服务外包与创新

最近 15 年，由于开放式创新和用户创新的出现，管理者开始思考创新是否一定来自企业内部。新技术使空间距离不再成为创新的障碍。现有的学术研究主要是站在发包方的角度研究服务外包与创新的，因为复杂产品越来越可以通过模块化将其发包给接包方，接包方提供零部件，再由母公司进行组装，这意味着创新本身是可以外包的。而今，创新外包已经成为一种主趋势，许多公司，如 IBM、HP 和 Dell，都选择由外部的接包方负责产品研发，来降低自己的研发预算（Azadegan & Dooley，2010）。

（一）发包方服务外包创新的目标

根据 Ulrich & Ellison（2005）和 Cui & Loch（2011）的研究，发包方进行服务外包创新的目标包括：

1. 较低的研发成本；
2. 通过利用联合专有竞争力（cospecialized competencies）进入新市场；
3. 共担或减少技术风险和战略的不确定性；
4. 通过学习新能力填补技术空白。

（二）发包方服务外包创新的动机

长期以来，研发被看作是公司的核心竞争力，因此一直保留在公司内部进行。然而，创新外包却在不同的国家和产业中出现了，Cui 和 Loch（2011）从不同的角度总结了公司进行创新外包的动机：

表 2－1　　发包方服务外包创新动机及主要观点

创新动机	主要观点	代表作者
将创新外包作为内部研发的替代品	创新外包的初始动机在于降低研发成本，包括直接劳工成本和管理成本以及知识获取成本，预测在内部研发和创新外包之间存在着负向相关关系。	Mol，2005
将创新外包作为内部研发的补充	内部研发越强的公司，吸收能力越强，能更快更深入地吸收外部知识，就越容易采取离岸外包。	Cassian & Veugelers，2006；Bertrand & Mol，2013
把创新外包作为一种外部边界拓展	企业在现有的组织边界和技术边界内利用知识进行研发，容易使企业陷入本土最优选择，这种最优选择植根于自己过去的经验，所以缩小了可供选择的范围。为了减少这种风险，公司可通过利用其他公司的本地化知识和特定的研发能力，获得互补性资产，可能会产生更好的技术绩效。	Rosenkopf & Nerkar，2001 Gavetti & Levinthal，2000； Loch et al.，2006
把创新外包看作是一种网络过程	不断上升的知识专业化使一个公司不可能掌握所有必需的知识，通过创新外包，公司和其他拥有专业知识的公司形成网络，借助不同产品的知识溢出，经营多种产品的公司就能平衡不同技术领域范围内的知识变化。	Brusoni et al.，2001
把创新外包看作是一种刺激手段	创新过程是一条价值生成链，包含创新者、创新中介、用户和元件技术接包方等多个角色。创新的过程需要每一个角色的参与。如果各方已经互动了一段较长的时间，他们就有足够的动力为未来投资。这样创新外包的过程就变成了建立关系的过程。随着技术不确定性的增加，企业将较大比例的创新外包给它的接包方，来加强彼此的关系以及增加未来双方的收益。	Doz，1996 Hagedoorn et al.，2000
将创新外包作为一个选择权	因为创新的过程常常意味着风险和不确定，所以投资方常常不会在合作初期就承诺投入所有的资源，而是随着双方合作绩效的提高逐渐增加投入。	Hagedoorn et al.，2000； Schilling & Steenma，2002
创新外包作为组织变化的推动力	将创新外包看作是面对外部威胁时公司积极主动的反应，也可以将其看作是改变组织行为的驱动力。当管理者与其他组织进行接触时，就会学习到新的举措并改变他们对行为“合适性”的判断。外部的合作者扮演着双重角色，一个角色是提供了模仿的基准；另一个是成了组织改变的催化剂。	Greve & Taylor，2000

来源：Cui & Loch，2011

（三）发包方服务外包创新的益处和弊端

2011年，华威商学院（Warwick Business School）的 Ilan Oshri 和 Julia Kotlarsky 做了一项调查。调查表明：250名首席信息官（CIO）和首席财务官（CFO）中，70%都认为外包创新对组织的财务绩效的提高做出了重要贡献。在这个快速变化的市场中，有效率的创新意味着竭尽所能地降低成本、提高开发速度并且获得对市场来说最好的产品。所以，服务外包趋势背后的重要推动力是让每一分研发经费的创新绩效最大化。

但是，任何一种事物都具有两面性，服务外包在提高研发效率的同时，也给企业带来了一些不可避免的负面作用。如，福布斯的博主 Steve Denning 曾经详细地描述了波音公司所经历的外包创新失败，并指出这种失败是由于管理层没有意识到大量外包所带来的风险，包括双方协调、文化障碍、沟通不畅，并且强调波音并不是唯一一家犯类似错误的公司。

根据对现有文献梳理，将服务外包创新的益处和弊端汇总如下：

表 2-2　服务外包创新的益处和弊端

服务外包创新的益处	服务外包创新的弊端
提高效率 降低成本 促进创新 获得关键技术和学习机会	伤害公司的整合能力 掏空了架构知识 接包方变成了最大的竞争者
Hamel，1991；Powell et al. 1996; Brown & Eisenhardt，1997；Poppo & Zenger，1998	Weigelt，2009； Ciravegna & Maielli，2011； Bettis et al. 1992

来源：根据文献自行整理

（四）发包方服务外包创新的影响因素

由以上研究可以看出，服务外包是否能够给企业带来创新是有争议的，虽然，绝大多数学者认为可以经由服务外包实现创新，但是也有诸多的案例研究表明并不是所有的企业都可以通过服务外包实现创新的目的，要想达到这一目的，究竟需要考虑哪些因素，发包方企业需要满足哪些要求呢？

资源基础观点（Resource-based View，RBV）认为重要的能力都是公司专有的，且具有路径依赖性，是组织在长期的发展过程中通过“干中学”在实践积累的，是组织不断在关键技术上投资并通过时间沉淀的，是随着组织成长在组织内部不断演化而来的。当其他公司作为重要能力的来源，并能使本组织有机会接触到这些能力时公司就会从中受益。所以，当一个公司能够通过外包丰富自身的知识储存、能更充分地利用专有性资产，能填补技术空白时，公司就能从外包中受益（Powellet al.，1996；Steensma and Corley，2000）。

根据文献，影响发包方服务外包创新的因素主要有：

1. 模块化

根据 Sanchez 和 Mahoney（1996），组织间的模块化是指外包项目和发包公司的技术组合之间的松散耦合（looseness of coupling），外包项目在该技术组合的基础上发挥作用或者信息上相互依赖。

如果外包活动之间相互依赖程度较低，能容易地被分成几个独立的工作部分，且各部分之间拥有较易理解的界面，外包就可能是有益的（Wheelwright & Clark，1992）。Tiwana（2008）研究表明：增加组织间的模块化有利于减少组织间知识的共享，防止了知识不恰当使用的风险，可以作为“外包无知（outsourcee ignorance）”的补充。

2. 整合能力

虽然外包能使企业获得新技术，但是并不能完全替代内部学习（Fichman & Kemerer，1997），也不能保证公司在市场上就能很好地使用和利用这些技术。所以技术外包是促进还是伤害了公司绩效，不仅取决于是否通过外包拥有了技术，而且也取决于一个公司能否将外来技术与内部流程结合起来（Weigelt 2009）。Bengtsson et al.（2013）也认为，通过内部的知识整合能力可以充分地利用接包方的创新性促进发包方的创新。

3. 吸收能力

在公司外包出去技术创新的初始阶段，就面临着效率—适合（efficiency-adaptability）平衡问题，外包可以提高效率，而适合却最好把握在企业边界内，具有处理复杂问题能力的公司会更好地平衡效率—适合；当外包所带来的效率达到一定水平时，外包就会伤害适合性，但一个公司的吸收能力可以缓解这种平衡难题（Weigelt & Sarkar，2012）。而且，Azadegan（2011）认为制造商的吸收能力正向调节接包方的运营创新（operational innovation）对制造商的绩效影响。

（五）发包方服务外包创新的战略

2012 年，在《华尔街日报》（*Wall Street Journal*）上，Michael Stanko，Jonathan Bohlmann 和 Roger Calantone 发表了对 359 家公司进行的研究，研究发现：外包每增加或减少 1%就会导致专利数量和影响力上升或下降 11%。所以，企业是否实施服务外包创新以及如何实施已经上升到战略层面。

根据 Cui 和 Loch（2011）的研究，服务外包的战略包括 7 个部分：

1. 评估是否需要外包以及外包什么

在做出创新外包之前要衡量企业的战略环境，包括外部环境特征、技术特征和公司特征。

2. 清楚自己的创新基因

2006年，在《智慧外包》(Smartsourcing)中，Thomas Koulopouls 和 Tom Roloff 认为成功的外包起源于深度自查。任何一家试图成功外包的组织都必须知道自己哪些方面可以做得最好，外包应如何嵌入公司的整体战略，谁是最适合的接包方。

3. 选择外部创新源

（1）外部创新源

表 2-3　　发包方外部创新源

外部创新源	构　成
创新者	接包方；顾客；竞争者；研发；其他产业
创新中介	专利代理；创新资本（innovation capitalist）；创意代理（idea brokers）；鼓励创新的风险投资或孵化器（InnoCentives VCs/incubator）；电子市场（electronic marketplace）

来源：Cui & Loch，2011

（2）选择外部创新源的标准

表 2-4　　发包方外部创新源的选择标准

需要考虑的因素	实证结果
和目标对象之前的合作历史	未来，公司更倾向于和那些正在共享或曾经拥有成功合伙经验的伙伴建立伙伴关系（Loch et al.，2006）
与需求相关的特定能力	创新源的能力必须匹配发包方的所有方面的特定需求（Cui & Loch，2011）
地理上的接近性	距离越近，合作越紧密（Schiele，2006）
目标对象的技术能力	合作方的研发强度和专有知识会增加联盟成功的可能性（Ruckman，2005；Schiele，2006） 和有相似技术基础的公司建立研发联盟更容易成功（Mowery et al.，1998）
目标对象的状态（存续年限；产业中的领导者；先前的联盟经验）	合作对象在产业的地位对联盟有正向影响（Podolny and Stuart，1995） 合作对象先前的联盟经验越多越能增加联盟成功的可能性（Schiele，2006；Kale et al.，2002）。

来源：Cui & Loch，2011

4. 建立恰当的组织结构

当选择了合适的外部创新源后，就要建立一个恰当的组织结构，使创新的思想或创新过程中的结果能够从外部创新源转移到公司。目前，创新外包有 4 种治理结构，包括兼并、联盟、签约和开放式创新。

5. 创新外包的控制

Tiwana（2008）论证了过程控制、结果控制和技术的模块化都有助于扩大软件外包中的联盟绩效。虽然很多学者认为技术的模块化可以减少联盟中的控制，但研究表明，控制和模块化之间存在着不完全替代关系；技术模块化可以减少过程控制但不能减少结果控制。

6. 度量外包创新的绩效

发包方的管理团队必须明确他们想从外包关系中获得什么。华威商学院报告发现很多的公司都认为“可识别的创新”是外包关系的重要产出结果，但是很少有公司能真正地度量创新结果。制造商的接包方评价项目（Supplier Evaluation Program）正向促进了接包方的运营创新（operational innovation）对制造商的绩效影响（Azadegan，2011）。

7. 重视并管理服务外包创新的初期阶段

服务外包的初期阶段是外包过程中最困难的一个阶段，并且对于创新有着重要意义（Nohria，2005）。Roy 和 Sivakumar（2012）研究了全球化背景下外包与创新的关系。研究认为：当一个公司计划要将以知识为基础的服务外包出去的时候要明确两个问题：一是外包出去的工作与本公司核心竞争力的接近程度，二是外包出去的工作含有多少隐性知识。外包出去的工作与公司的核心竞争力越接近，在初期阶段越需量严格、清晰的行为控制以及以规范为基础的行为控制；外包出去的工作中包含的隐性知识越多，需要的严格、清晰的行为控制越少，需要的软性、规范性的控制越多。

三、从发包方角度研究接包方的服务外包创新

现有关于服务外包的研究绝大部分都集中在供应链关系中，关注的焦点是发包方如何从接包方创新中受益，很少有文章关注接包方如何从中获益（Jean et al.，2012）。近年来，对接包方创新的研究有所增加，但是，总体来看，国外的学者更多的是从发包方的角度研究如何更好地利用接包方创新为已服务，这与西方发达国家主要为服务外包的发包国有关。中国作为世界第二大服务外包接包国，国内的学者更多的是站在接包方角度研究接包方创新。

（一）接包方的创新促进发包方创新

根据分散式创新（Howells et al.，2003）和开放式创新（Chesbrough，2007）研究，接包方的创新能力是发包方成功进行外部合作的基础。富有创新性的接包方有助于提高发包方的创新或绩效（Bengtsson et al.，2013；Azadegan，2011）。

接包方的创新性也可以提高发包方的创新能力（Choi & Krause，2005；Wu & Choi，2005；Schiele，2006）。

正因为如此，发包方在选择接包方时很重要的衡量标准就是接包方的创新能力（Krause et al.，2001；Cassiman & Veugelers，2006；Chesbrough & Schwartz，2007）。Schiele（2006）认为，富有创新的接包方具有较强的专业性、自身发展能力以及同时参与多项合作项目的能力。接包方提供的零件越好，发包方的产品质量就越好；接包方的生产过程越准时、成本越低，发包方整体的生产过程就越准时，成本就越低（Azadegan，et al. 2008）。所以，接包方的创新可以直接或间接地为发包方的创新提供利益，比如，接包方的新想法、新流程、新技术可以直接提高发包方的产品质量。随着时间的推移，发包方可以利用接包方的创新来间接地拓展自己的能力（Azadegan 2011），表现在：第一，在某种程度上，外包创新有助于发包方学习新知识，从而提高创新能力（Quinn & Hilmer，1995；Tidd，1995；Chen & Liu，2005）；第二，由具有创新性的接包方提供的元器件增加其所嵌入的发包方产品的绩效；第三，接包方的过程创新可以降低发包方的产品成本（Kim，2000）。

（二）接包方创新的前因

接包方市场知识获取、关系学习（relationship learning）、系统合作（systems collaboration）、技术知识获取以及技术的不确定性都是接包方创新的前因（Jean et al.，2012）。

Hult et al.（2004）研究认为，竞争导向、学习导向以及企业家精神都会带来创新。

Cabral 和 Traill（1999）认为，接包方的研发活动和其他技术类活动都是其创新的前因；也有学者认为接包方的设计能力以及产品和流程的专业知识是其创新的重要因素（Croom，1999）。另外接包方的合作意愿也决定了其创新活动（Krause et al.，2001；Schiele，2006）。

Schiele（2011）将影响接包方创新的前因分为技术前因和行为前因，其中技术前因主要是指接包方本身的技术能力；而行为前因则是指是否有具有吸引力（attractive）的发包方。当发包方需要依赖接包方进行创新时，为了减少这种依赖所带来的负面影响，其中一个有效的办法就是让自己变得对于接包方来说更有吸引力。当发包方对于接包方具有吸引力时，它就会获得接包方更多的资源、更好的员工和更大的忠诚，双方会交流更多的信息和知识，密切的合作和长期的伙伴关系使双方都投入到共同的创新活动中去。

Inemek 和 Matthyssens（2013）从发包方和接包方关系入手，将两者之间的互动分为技术互动和社会互动，其中，发包方的帮助和共同产品研发属于技术互动范畴，双方之间的合作关系属于社会互动范畴，研究实证了发包方的帮助、共同产品研发以及合作关系都会带来接包方的创新，而且接包方所处的网络位置越高，创新效果越明显。

（三）接包方创新促进发包方创新绩效的调节因素

创新的一些属性，包括创新的类型（是产品创新还是过程创新）（Meyers et al.，1999）、模块化的程度（Salvador et al.，2002；Chen & Liu，2005）以及创新的激进程度（Tidd，1995；Atuahene-Gima，2005）、组织间学习的特征（Azadegan et al.，2008）、发包方的吸收能力（Azadegan et al.，2008）都会调节接包方创新对发包方绩效的影响。

四、从接包方角度研究接包方创新

目前，中国已成为世界第二大服务外包接包国。为了促进服务外包产业的可持续健康发展，商务部等5个部门联合发布了《国际服务外包产业发展“十三五”规划》，将推进创新驱动作为重点任务这一。其中着重强调了企业在创新中的主体作用，鼓励企业增强集成创新能力。如何提高服务外包企业的创新能力成为国内产业界和学术界共同关注的问题，国内学者从接包方角度研究接包方的创新，作出了很多探索。

（一）宏观上，即国家层面

喻美辞（2008）构建了一个包括三个部门的开放经济增长模型，考察了国际服务外包的技术外溢对承接国技术进步的影响。其分析结果表明，在开放经济条件下，国际服务外包产生的技术外溢对承接国的技术进步率具有正向的促进作用，但是技术外溢效应的大小要受到承接国的贸易开放程度、人力资本存量和国内外技术差距等因素的制约。承接国的贸易开放程度越高、人力资本存量越多，国际服务外包的技术外溢效应越大。在具有一定的技术吸收能力的基础上，当承接国与外包国的技术差距水平保持在一个适度的范围内时，承接国获得的技术外溢效应越大，其技术进步越快。

张秋菊和朱钟棣（2008）运用我国1981—2003年加工贸易出口占总出口的比重数据构造了外包指数来度量我国参与外包的程度，其研究发现跨国外包与技术进步存在长期稳定的关系：从长期来看，中国跨国外包的技术溢出效应并不显著，但技术进步是促进跨国外包的原因；从短期来看，跨国外包是促进技术进步的原因，技术进步不是促进跨国外包的原因。

杨丹辉（2009）认为，目前服务外包的发展并未从根本上改变现行全球外包分工体系，发达国家作为发包国仍处于主导地位，多数发展中国家的外包企业还处在被动接包地位，从事单一的外包业务将导致发展中国家的技术成长路线被锁定。

Long（2005）构建了一个不完全外包模型来研究一个面临国外竞争对手的外包公司的决策。在模型中，外包企业基于降低成本和战略考虑，将产业价值链高端业务外包到国外劳动力成本低的国家，为了使产品符合质量规格的要求，外包企业通常需要对低工资国家员工进行培训，从而使低工资国的竞争对手获得技术外溢的好处。

李元旭和谭云清（2010）认为，国际服务外包对东道国的技术溢出效应不会自动产生，它在很大程度上取决于东道国接包企业的吸收能力和人力资本。

（二）中观上，即产业层面

蔡茂森和顾丽琼（2010）认为承接国际软件外包可以通过产业集群产生技术溢出效应。这主要是通过软件产业园起到技术的引领、示范、集聚与辐射效应。

崔萍和邓可斌（2013）根据我国21个服务外包示范城市2008—2011年的非平衡面板数据进行研究，研究表明，在中国这样的发展中转型经济环境中，服务外包会加速区域技术创新能力的提升，区域技术创新能力的提升也会带来服务外包业务的发展，而且，区域技术创新能力对服务外包的影响作用，要比服务外包对技术创新能力的影响作用更为显著。

黄烨菁和张纪（2011）认为，外包对于中国创新能力的积极效应在中国省际层面上是显著的，外包在特定地区的积聚对该地区的整体创新能力构成积极效应，而地区创新活动开展所需的技术投入，很好地解释了支持创新能力提高所需的“内部动力”。此外，科学家与工程师人数变量所代表的专业研发团队规模，作为创新激励所需的技术吸收能力的表征，也证明对技术外溢成功转化为创新能力发挥正面作用。

刘丽琴和刘晓辉（2014）构建了面向国际服务外包的中国区域科技评价指标体系。

（三）微观上，即企业层面

本书着眼于微观角度，梳理服务外包企业创新的研究。目前关于这方面的理论研究和实证研究都相对较少，现有的研究主要集中在服务外包与技术创新的关系、服务外包企业创新能力、服务外包创新绩效的评价及其影响因素三个方面。本章拟对前两个方面进行概述，服务外包创新绩效及其影响因素会在本书的第五章详细介绍。

1. 服务外包企业创新能力的研究

杨艳等（2007）从创新能力的内涵及结构出发，认为创新能力包括市场能力、技术能力以及将技术和市场进行整合的能力。张慧颖和王江平（2012）梳理了有代表性的企业创新能力的文献，汇总了服务外包企业创新能力的构成维度（见表 2-5），并在殷国鹏和杨波（2010）的研究基础上建立了服务接包企业创新能力理论研究框架（见图 2-1）。

表 2-5　　服务外包企业创新能力的构成维度

维度	文献作者							
	刘妍等	刘海云	段国鹏和杨波	任志成和张二震	秦远建和蔡文娟	周圆	杨艳	傅家骥
政策扶持	√	√		√	√	√		
法律惯例	√	√		√	√	√		
产业集聚	√				√	√		
产学研合作	√				√	√	√	
市场竞争	√	√	√		√	√	√	√
企业规模	√		√		√	√		√
管理制度	√		√			√	√	√
研发投入	√	√	√			√	√	√
人才素质	√	√	√	√	√	√	√	√
组织学习 组织文化	√			√		√		√
关系管理			√			√		
服务交付			√				√	
项目与流程管理	√		√			√	√	√
领域与行业知识			√					
创新产出效率		√						

注："√"表明该文献作者认为该项是服务外包企业创新能力的一个维度。

资料来源：张慧颖和王江平，2012

熊小丽（2011）得出影响软件服务外包企业技术创新能力的 7 个主要因子，包括创新组织能力、技术优势能力、市场开拓能力、研发能力、创新投入能力、创新环境、创新产出能力以及各因子对企业技术创新能力的影响程度。

任志成和张二震（2012）以江苏省三个服务外包基地城市为样本的软件服务企业的微观调研数据，其实证研究结果却表明，承接国际软件外包获得了技术溢出，企业创新能力得到提升。

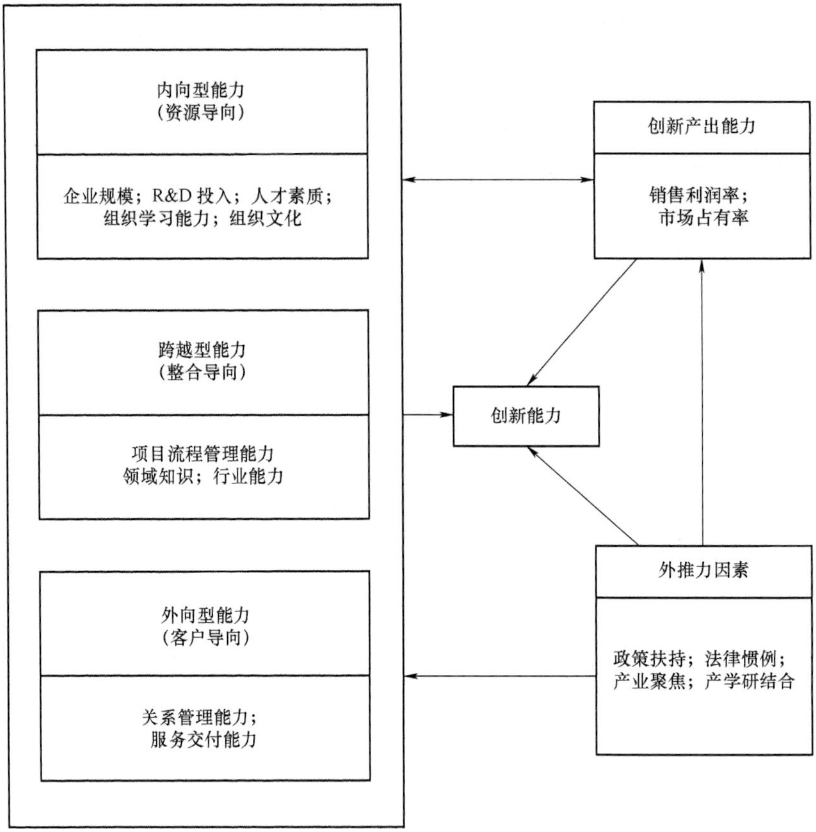

图 2-1 服务接包企业创新能力理论研究框架

来源：张慧颖和王江平，2012

2. 服务外包企业创新能力演进过程

刘妍等（2011）将服务外包企业创新能力的演进过程归纳为 3 个阶段。第一阶段称为程式主导型。这一阶段的企业基本不具备创新能力或创新能力极差，导致企业从事的服务外包业务只能局限于程序较为固定、基本不需要进行创新的范围内；第二阶段称为程式一创新融合型。这一阶段的企业随着创新能力的增强，已经可以承接一部分带有一定技术含量、需要在提供服务的过程中进行一定创新的服务外包业务，但企业在此阶段一般来说还不具备独立承接大型服务外包业务的能力，因此往往需要与其他服务外包企业开展联合攻关，共同完成某项服务外包活动；第三阶段称为创新主导型。这一阶段的企业创新能力的极大提升，已经具备了独立承担需要高技术含量、进行大量创新的服务外包业务的能力（见图 2-2）。

第一阶段：程式主导型

企业主要从事一些技术含量较低、程序固定的服务外包活动，如编码、测试等。

↓

第二阶段：程式创新融合型

企业主要从事一些需要一定技术含量、在固定程序之外还需要进行创新的服务外包活动，如与其他服务外包企业合作开发某个大型信息系统解决方案，在其中负责某个子模块的研发工作。

↓

第三阶段：创新主导型

企业主要从事一些技术含量较高、需要进行大量创新的服务外包活动，如独立向某发包企业提供相关业务的成套咨询解决方案。

图 2－2　服务外包企业创新能力演进过程

来源：刘妍等，2011

文中提出了促进服务外包企业创新能力的内部策略和外部策略，因为外部策略属于服务外包企业的宏观环境范畴，不在本书研究范围内。内部策略主要包括扩容策略和润滑策略。

（1）扩容策略

扩容策略包括并购、增资。并购是指服务外包企业所承担的服务外包业务技术含量由低到高的发展变化。通过兼并收购拥有相应技术的企业，达到迅速扩大本企业规模、提升本企业研发能力和改善本企业人才结构的目的。这种方式对于拥有一定资金实力的服务外包企业来说，不失为一种使其向产业高端发展的捷径。增资是指通过增加服务外包企业资金投入数额，将其用于与从事高端服务外包业务相关的技术引进、消化、吸收、基础研究与应用研究，或者用于企业所需的服务外包专业人才的引进。

（2）润滑策略

润滑策略包括人才配套机制、业务配套机制、知识传播配套机制。人才配套机制是与服务外包企业专业人才引进、培养、使用、维持相关的一系列企业机制。业务配套机制是指服务外包企业承担服务外包业务，尤其是高端业务的一系列业务活动管理机制。知识传播配套机制是指与服务外包企业知识传播及共享有关的一系列管理机制。

3. 服务外包企业的创新模式

目前，我国服务外包企业的自主创新仍主要集中在技术创新、产品和服务创新、商业模式创新上，知识创新所占比重不高（徐凯波等，2013）。

（1）知识创新

王坤和袁静（2012）认为，组织资产、人力资产、声誉资产和关系资产这四类资产对企业知识创新活动将会产生非常重要的积极影响，它们作为投入要素参与到知识创造的 SECI 模型活动中，将大大提升企业的知识创新绩效。

徐凯波等（2013）认为，要将知识创新作为服务外包业务中不可缺少的组成部分、让知识创新真正贡献于经济增长。他们认为培养服务外包企业间的信任机制；培养知识共享的企业文化；加强知识产权保护以及承接高水平的研发外包项目是提供知识创新的四大途径。

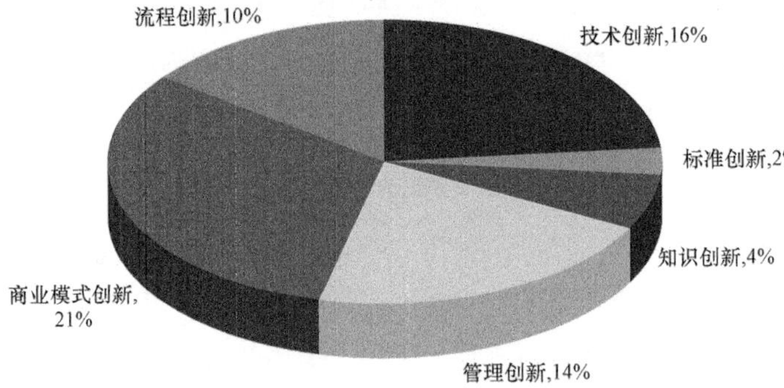

图 2-3 服务外包企业的创新模式比例

资料来源：鼎韬观点

（2）技术创新

刘绍坚（2008）以承接国际软件外包业务的企业为样本，选定驻地在中国大陆的软件外包企业高层管理者作为调查对象，采用问卷调查的形式搜集数据来研究国际软件外包的技术外溢效应。其研究发现我国企业通过承接国际软件外包获得了技术外溢的好处，提升了本土软件研发能力。而在技术外溢的多种可能途径中，跨国公司的示范效应最显著。

崔萍（2010）以我国 IT 行业上市公司为研究对象，从接包方的角度出发，运用面板数据回归实证研究了承接国际服务外包对企业技术创新能力的影响。研究结果表明：承接国际服务外包的企业在技术创新投入强度和技术创新产出方面均要显著高于没有承接国际服务外包的企业。可能是由于发包方对承包方的技术水平有较高要求，只有那些达到一定的技术水平（例如通过 CMM/CMMI 认证）

的公司才能争取到外包业务，这客观上对承包方形成压力，企业为了达到发包企业的技术要求必须加大研发投入。承接服务外包的规模越大，企业的技术创新投入强度和技术创新产出就越大，这说明承接国际服务外包促进了承接企业技术创新能力的提高。

张同健和蒲勇健（2010）以研发型团队为研究对象，探讨了互惠性偏好、隐性知识转化与技术创新能力的相关性，研究表明互惠性的管理策略有效地促进了隐性知识转化的实现，从而大幅度提高了企业的技术创新能力。

崔萍（2012）认为，外包影响技术进步的途径主要有技术示范与模仿、产业集群与关联、人力资源的培训和生产率（利润）提高等；而影响外包技术进步效果的因素主要有企业的技术吸收能力、知识产权的保护、外包治理和区位等。

通过以上研究可以看出，学者们普遍认为通过技术外溢、技术转移、增加研发机会、定制投资、质量监控、竞争压力、人才培训等机制均可提升接包方企业的技术创新能力，但也可能会减少自主创新机会或形成技术依赖（胡水晶和余翔，2009）。

（3）协同创新

Malerba（2007）认为产业创新系统有 7 个基本要素：产品和服务，参与者（包括企业、大学、政府、金融机构等），知识和学习过程，基础技术投入和需求，企业的相互作用机制，竞争和选择过程，制度。这些创新活动的要素可以分为内部要素和外部要素。内部要素主要包括企业内部技术、组织、文化、人力资源，外部要素主要包括客户、接包方、竞争对手、政府、大学和科研机构。这些创新活动的要素通过产业集聚聚拢到一起，通过一定的机制相互作用，产生协同创新。

马方等（2012）认为，协同创新可以从两个层面来解读：一是企业层面（见图 2–4），企业通过与之存在业务关系的接包方、客户、竞争对手以及大学和科研机构互相合作和影响，不仅扩充了彼此的知识基础，提高了彼此的创新能力，还扩充了外部系统的知识基础，提高了外部系统的创新能力；二是产业层面（见图 2–5），不同产业之间通过特定机制互相作用，形成产业间的协同创新。

金涛和施建军（2012）认为，服务外包企业的协同创新是协同各种要素进行的创新，既包括服务外包企业内部各要素之间的协同，也包括服务外包企业与外部各要素之间的协同，是全要素的协同。服务外包企业的内部协同包括战略协同、文化协同、人力资源协同、资金协同、技术协同；服务外包企业的外部协同包括发包方与接包方协同、政府—服务外包企业协同、高校及科研机构—服务外包企业协同、竞争企业—服务外包企业协同、金融机构—服务外包企业协同。

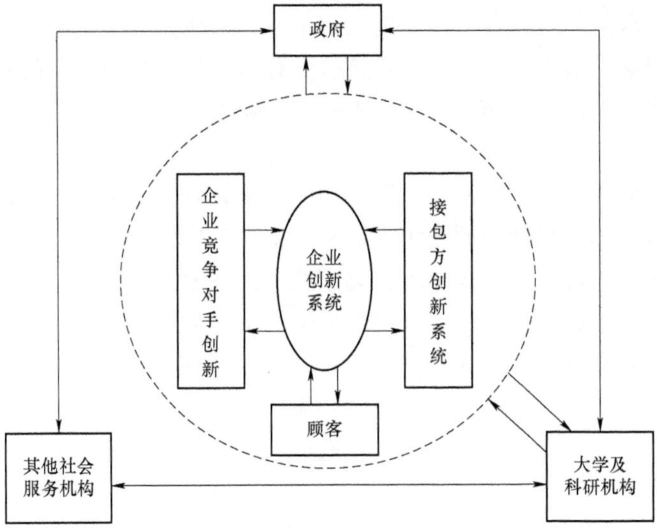

图 2－4　企业协同创新机制

来源：马方等，2012

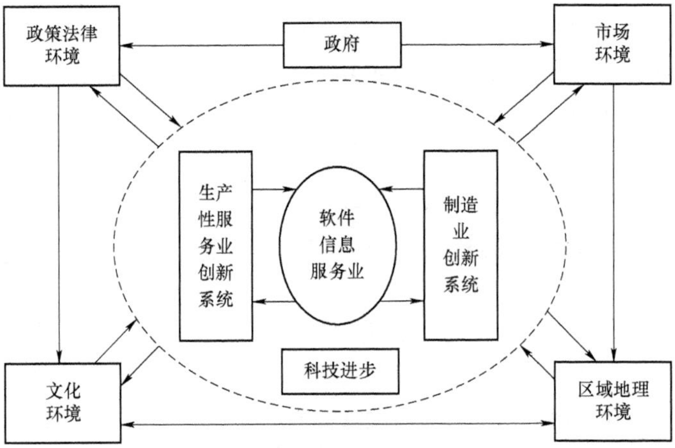

图 2－5　产业协同创新机制

来源：马方等，2012

4. 服务外包企业培育创新能力的路径研究

李宏舟（2011，2012）在 Lema（2010）的基础上，从大连软件服务外包企业的困境出发，借鉴印度班加罗尔的升级经验，从发包方和接包方角度分别分析了班加罗尔是如何构建创新能力的路径的。从发包方的角度来看，美日欧企业核心竞争力前移而空出的创新空间被印度接包公司抓住，实现了业务范围延伸。从接包方的角度来看，能力杠杆、知识共享和接包方的拉动共同促进了发包业务高端化。

（1）以“能力杠杆”为抓手

能力杠杆是指企业对已经掌握的知识进行进一步开发，使其能够在新的领域得以应用。借用知识动力学的分析框架，能力杠杆作用的发挥和知识的情景化、去情景化以及再情景化是紧密融合的。知识的情景化是指产品（服务）提供方将已有的专业知识、管理窍门、最佳实践和经验知识等与客户所在的产业和客户企业的具体情况结合在一起，针对客户的特殊需求，为其提供一对一定制化的解决方案。中国的服务外包企业绝大部分停留在这个阶段。知识的去情景化是指产品（服务）的提供方将在为某个客户提供服务或实施具体的项目中得到的、基于经验和过程的知识与已经掌握的知识有机地结合起来，生成新的知识，从而将只有在某一环境下可以使用的知识转化为具有一定普遍适用性的知识，是一个知识升华的过程；这一过程是创新的重要阶段，是知识的内化吸收创新的过程。知识的再情景化指产品（服务）提供方将在其他项目实施中获得的抽象知识应用于其他项目或客户中，并根据项目的具体要求，适当调整抽象知识的内容以适应新的需求，是一个从抽象到具体的过程；这一过程是创新的应用以及再创新的过程。中国的服务外包企业要在知识的去情境化以及知识的再情景化上投入更多精力。

（2）以“创新事件”为契机

能力杠杆发挥作用的前提是要有“创新事件”的发生。所谓创新事件，是指使公司获得以前不具备的能力的一些重要事件，这些能力可以使公司开发新的产品（服务）或改善现有的产品（服务）。当第一个“创新事件”发生后，知识的情景化发生作用，因为示范效应，接包方企业很可能再次获得第二个同行业同领域的项目，这时该项目对于接包方企业来说已经不是创新项目了，因为行业和领域相同，接包方可以利用在第一个项目中获得的知识，但因为顾客不同，所以针对需要创新的部分，对去情景化的知识进行再情景化即可。经过数个同行业同领域项目的反复实践，接包方企业在该行业该领域范围的知识库会越来越大，创新能力也会越来越强。这时会有两种途径将接包方企业带向更多的行业和更多的领域。假设接方包的知识主要集中在 A 行业 a 领域，途径一是业务范围扩大到 B 行业 a 领域；途径二是业务范围扩大到 A 行业 b 领域。如图 2－6 所示：

（3）以“知识共享”为渠道

知识共享对于接包方创新能力的培养发挥关键作用。美、日、欧一些新兴的软件开发企业逐渐将自己的力量放到更能创造价值的高端项目和市场开拓、顾客关系维护以及跟踪预测行业发展等非软件开发技术方面，所以，逐步将包括抽象设计甚至是需求分析在内的高端业务交给接包方。为了将顾客需求转化为软件产品，发包方企业和接包方企业往往组成联合项目组，共同实施软件的抽象设计。因为参与了前期的需求分析和抽象设计，所以接包方企业对软件的功能有着更好的理解，联合项目组的工作促进了发包方的隐性知识向接包方的流动。

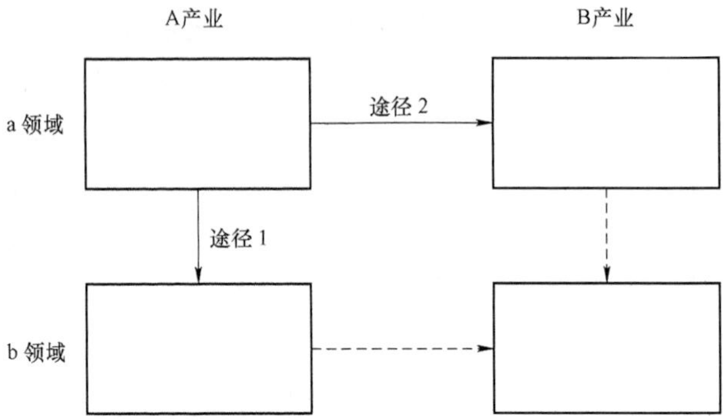

图 2-6　接包方业务扩大路径

来源：李宏舟，2015

（4）以“主动拉”补充“被动接”

接包方拉动了高端业务的外包表现在三个方面：一是双方早期的业务合作（主要是低端的劳动密集型业务）产生了路径依存和相互锁定的效果，当发包方企业遇到了某种危机而不得不利用先前合作中积累的经验帮助其解决危机时，会将高端业务外包给接包方；二是这种偶然发生的“创新事件”使接包方首次接触了软件开发中的高端业务，积累了基本的知识和经验，这样的经历和经验为接包方企业开发其他高端客户起到了示范作用，打开了机会窗口；三是通过技术溢出效应和品牌效应，表现为某一地区集中了某一领域的高端业务，出现区域品牌效应或产业集群效应，实现发包方地区和接包方地区在产业层面上的协同进化。

（四）评述

1. 服务外包企业创新缺乏系统研究，现有的研究主要集中在承接外包服务是否能够促进技术进步，目前学术界普遍认为承接外包服务对技术进步既有积极作用又有消极作用，但具体到企业层面的研究较少，并且以理论研究为主，缺乏实证研究。

2. 将技术创新能力等同于创新能力，忽视了服务外包企业其他的创新能力；或者将承接能力等同于创新能力，忽视了承接能力只代表企业现有的业务能力；而创新能力并不完全等于这两者。

3. 现有的文献研究服务外包企业技术创新为主，缺少对其他创新能力，如知识创新、管理创新、商业模式创新的研究，这与实践的发展不太吻合。

第二节　服务外包企业创新的理论基础与模式

一、服务外包创新的理论基础

（一）知识基础观（Knowledge-based View，KBV）

根据知识基础观，创新是组织内部或组织间的知识获取、分享的产物（Grant，1996；Grant & Baden-Fuller，2004）。研究表明，产品和服务的创新需要不同类型的知识，包括市场知识和技术知识（Sullivan & Marvel，2011）。知识基础观认为供应链情境下的创新包括知识的探索和利用过程。首先，知识的探索需要供应链上的每个成员企业利用供应链转移和吸引合作伙伴的知识；其次，知识的开发和应用要求供应链上的每个成员企业为了能够获取互补性资产，有机会接近合作伙伴的知识库，同时有意图地、鲜明地保持自己专业知识特色（Grant & Baden-Fuller，2004）。

根据知识基础观，吸收能力是指组织在现有的知识基础上增加新知识的能力（Grant，1996），这一能力包括组织的惯例和过程，组织用这些惯例和过程来获取、消化、转移和利用知识，并将其转化为组织能力（Malhotra et al.，2005）。具有吸收能力的发包方和接包方企业，关系型学习（relationship learning）都能影响其创新。关系型学习强调的不是供应链企业间的学习比赛，而是互惠式学习（reciprocal learning）和双环学习（double-loop learning），关注的是学习过程的互惠，是一种非常有效的知识整合机制，该机制通过共同学习（colearning）和共同发现（joint discovery）开发新知识。

知识基础观认为知识是企业最重要的战略资源，而且也是企业获得持续竞争力的重要驱动力（Grant，1996；Grant & Baden-Fuller，2004）。在发包方—接包方关系中，发包方不但可以从接包方创新中直接受益，而且可以通过组织间学习产生的知识转移间接受益（Hamel，1991）。

（二）资源依赖理论（Resource Dependence Theory，RDT）

根据资源依赖理论，依赖（dependence）是指为了获得稀缺资源而依靠（rely on）对方的程度（Pfeffer & Salancik，1978）。那些能够控制关键资源的组织拥有更多的权力。研究表明，交易关系中的权力—依赖结构会影响企业的创新行为（Tangpong et al.，2008）。

资源依赖理论强调在组织内部控制关键资源的重要性。也就是说，在交易关系中，依赖越少的接包方越有权力控制它的交易对象并获得合适的知识来扩大自己的资源基础。接包方可以利用权力—依赖关系与发包方进行知识的流动与传播，从而促进和支持创新活动（Davis & Golicic，2010）。

资源依赖理论认为，当 A 组织手中掌握着 B 组织所需要的重要资源，而且这种资源具有不可替代性时，就可以说 B 组织依赖 A 组织。此时，A 组织因为掌握更多的资源，所以具有更多的权力。权力在 B to B 的交易关系中发挥着重要作用（Zhao et al.，2008）。因为在交易关系中存在着严重的权力不对称，拥有较多权力的一方可以利用权力向另一方施加压力。虽然有文献表明权力 – 依赖路径会影响公司的创新活动，但相关的实证研究很少，而且结果不一致。比如，Yli-Renko 和 Janakiraman（2008）发现依赖对于接包方的创新是有影响的，而 Wang et al.（2008）却认为在公司间关系中权力和创造力是不存在显著关系。

但现实生活中，很少有企业的关键资源是完全自给自足的，绝大部分企业还是要依赖他们的接包方获得互补性资产，从而满足顾客需求（Pfeffer & Salancik，1978）。交易双方可以通过大量的信息分享和沟通交流获益（Stock，2006）。Casciaro 和 Piskorski（2005）认为发包企业和接包企业越是感到相互依赖，越倾向于交换重要信息。从接包方处获得的互补性资源可以有益于发包方企业的内部流程。接包方的新创意越多，创新能力也就越强，创新的成果会不断地流向发包方。当发包方意识到自身越依赖接包方去满足终端顾客需求时，就会允许接包方的想法和机会来鼓舞自身企业内部的想法和机会的产生（Lee & O'Connor，2003）。

Schiele et al.（2011）认为，当接包方变得很有竞争力时，就会使发包方形成一种依赖，由于这种不平衡的权力存在，接包方就会轻易地将成本转嫁给发包方并获得超额利润（Corsten & Felde，2005）。这种情况下，接包方发现“竞争”要好于“合作”（Forker & Stannack，2000）。当接包方较早地介入到发包方的创新活动中时，一旦创新活动完成，接包方就会利用这种地位谋取更高的利益（Cousins & Crone，2003），或者产生一些其他的机会主义行为及冲突（Lonsdale，2001；Kumar et al.，1995）。所以，对于发包方来说，让接包方介入到创新活动中，就必须平衡如何既能利用接包方带来创新又能防止对方提出过分要求。

Henke 和 Zhang（2010）研究发现，在交换关系中，如果发包方利用“权力”处理与接包方企业的关系，对接包方企业的创新是有害的。此外，接包方和发包方之间的地理差距和文化差距也增加了双方的协调成本和商业风险，为供应链关系创新带来了巨大的障碍。

（三）网络理论（Network Theory）

网络理论认为成员企业之间相互依赖的方式以及它们在网络中的位置影响了他们各自的机会、约束条件和行为（Granovetter，1973；Zaheer & Bell，2005）。已有一些文献将网络理论应用于研究企业内部或企业间的创新和新产品开发中

（Ahuja & Lampert，2001；Rindfleisch & Moorman，2001；Wuyts et al.，2004），根据这些研究结果，可以得出企业在网络中的位置会影响它们是否能获取重要的新知识用于新产品开发其新创意的生成（Tsai，2001）。也就是说，越是占据有利的网络位置越有可能获得更理想的战略资源。因此，创新的驱动因素、创新本身以及最终的绩效之间的关系都由发包方依赖发包—接包关系的程度所塑造形成。一个依赖性较强的接包方会因占据不太核心的网络位置而不能控制重要的战略资源。相反，一个依赖性较弱的接包方会因占据交易关系网络中的核心位置而获得对关键资源更多的控制权。

网络中心性可以促进信息的交流和产生（Burt，1997；Tsai，2001）。当一个接包方不太依赖发包方时，接包方拥有更多的自主权和更多的机会和其他发包方合作。这就使它可以从市场中不同的发包方获得不同的市场观点，这些观点会提供更多数量和更高质量的信息给发包方。占据网络中心位置的接包方，对发包方的依赖较小，这使它可以从不同的发包方和竞争者那里获得更多的智力资源。也就是说，网络发挥了事实上信息处理和扫描的功能（Ahuja，2000）。强关系、弱关系理论认为依赖性小的接包方可以借助中介作用和不同的发包方合作，使自己获得多样化的信息，有益于新产品开发以及流程创新，而依赖性较强的接包方因为占据较差的网络位置，所以缺乏从多种渠道获取信息的优势。

（四）组织学习理论（Organizational Learning Theory）

组织学习被定义为“开发潜在的影响企业行为的知识或洞察力”（Slater & Narver，2000）。组织学习往往是基于惯例的，具有历史依赖性以及目标导向性（Levitt & March，1988）。不同的组织具有不同的学习能力，组织在解释（Daft & Weick，1984）、记忆（Easterby-Smith，1997）以及应用它们所学方面（Brown & Duguid，2001）表现出极大的不同。

组织学习理论认为发包方和接包方的关系或者企业间的关系就是通过有效学习进行创新的过程（Powell et al.，1996）。有学者通过引入关系型学习将组织学习理论应用于组织间的情境（Jean et al.，2008；Jean & Sinkovics，2010）。也就是说通过发包方和接包方的共同行动双方共享市场信息。双方通过共同解读以及共同整合这些信息从而形成双方关系范围内特有的记忆，而且这些记忆会改变关系双方行为的范围或者可能性（Selnes & Sallis，2003）。

组织学习理论认为要想进行有效的知识转移，必须考虑两个问题：一个是有多少知识可以转移；另一个是如何更好地转移知识。第一个问题与接包方的创新性相关；第二个问题取决于组织间学习是如何发生的（Azadegan，2010）。因此，发包方与接包方之间学习风格的匹配对于知识转移发挥着重要作用（Azadegan，2010）。当接包方承担较少的设计责任时，发包方与和自己具有不同学习风格

（contrasting learning style）的接包方联盟，可以正向促进接包方创新对发包方绩效的影响；当接包方承担较多的设计责任时，发包方与探索式学习风格（exploratory learning style）的接包方联盟，可以正向促进接包方创新对发包方绩效的影响。

组织学习理论还认为组织所在的网络是组织知识的来源，并为网络中的每个成员提供机会（Tsai，2001）。组织间的关系可以促进资源和知识的流动、提高学习能力并产生新的知识（Dyer & Nobeoka，2000）。现有的研究认为在知识的转移、再组合和新知识的创造过程中，组织间互动发挥着重要作用。组织间的互动包括技术互动和社会互动，当组织间的互动模式化之后，就会形成互动惯例，这种惯例会促进专有知识在发包方和接包方之间的转移从而促进接包方的创新。尤其是当双方都为基于知识分享的互动进行投资时，双方学习的效果会好于由单方进行投资（Ahuja，2000）。在发包方一接包方的关系中，接包方可以利用这种学习机会进行改变或调整，或者把从对方那里学习的知识转化为新创意、新产品或新技术（Kogut & Zander，1992）。

二、服务外包创新的模式

根据不同的分类，外包有不同的方式和模式，根据交易对象可分为生活和生产外包；根据行业领域可划分为制造业和服务业外包；根据行业性质可分为信息技术外包、业务流程外包和知识流程外包；根据发包方和接包方所在国家不同又可划分为在岸、近岸、离岸外包（王习农，2012）。

本书在划分服务外包模式时，按照发包方和接包方所在国家或地区可分为现场、在岸、离岸、近岸及全球交付模式，根据具体业务形式可分为信息技术服务外包、业务流程服务外包和知识流程服务外包等。由于当前文献对离岸服务外包研究比较多，所以本书将归纳信息技术服务外包、业务流程服务外包和知识流程服务外包到离岸外包模式中阐述。

（一）根据发包方和接包方所在国家或地区划分

1. 现场服务外包模式

这种外包模式由李艳芳和范力丹（2011）在其研究印度服务业外包模式演进探析中提出。这一外包模式是在印度特定的背景下形成的，由于跨国企业在印度受到严格管制，被迫选择离开印度市场，从而本土计算机公司得到发展机会，从国内市场在岸起步并逐步发展壮大。在发展外包产业初期，其软件外包形式是通过程序员专业代工、软件现场开发的模式，即印度软件企业外派员工到欧美，根据客户提出的具体要求现场进行软件设计和开发，外包内容多为系统维护、软件设计、数据库管理以及一些小的程序项目。这种外包形式曾占印度外包出口额达90%之多。

2. 在岸服务外包模式

在岸服务外包是指发包方和接包方都在一个国家或者地区、所有外包工作都是在国内完成的一种外包运行模式。在岸服务外包模式是与离岸服务外包相对应的一种商业实践。与离岸外包模式相比，在岸外包模式不存在语言、文化以及知识产权保护方面的差异，发包方将自己的业务外包给服务接包方，无论从自身的战略上，还是从观念上都比较容易接受（徐辉，2011）。金融危机后，一些发达国家更倾向于将离岸外包改为在岸外包模式，究其原因为：

第一，这种模式更利于监督或控制。采用在岸服务外包模式利于企业对产品或服务质量全面控制，若采用离岸外包方式，由于距离以及语言上的原因不利于发包方对服务提供商的控制。

第二，若国内城市或区域间的劳动力以及原材料成本比国际平均水平低，采用在岸服务外包模式能够更有效地降低成本。

第三，采用在岸模式容易实现顾客满意，提升公司形象。例如，通用汽车公司在 2013 年宣布将其呼叫中心回迁至美国，以便于更好的满足顾客需求，实现顾客满意，提升公司形象[①]。

3. 近岸服务外包模式

近岸服务外包是指发包方和接包方来自临近国家，近岸服务外包也是离岸外包模式的一种，以美国为例，若美国选择墨西哥等中美洲和拉丁美洲国家为目的地，则属于近岸服务外包，若选择印度或者中国则是离岸服务外包。

近岸服务外包主要以集群的形式出现，目前世界上主要有三个这样的集群，首先是以美国和加拿大为中心的中美洲、南美洲集群；其次，以西欧国家为中心的东欧集群；最后是以日本和韩国为中心的东亚集群。有些国家同时扮演着发包国和近岸接包国的双重角色，如韩国、加拿大，韩国既是发包国，如将服务外包给中国，同时也是日本服务外包的近岸接包国；加拿大也一样，对于美国是近岸接包国，对于印度、中国或菲律宾等则是服务发包国[②]。

虽然近岸服务外包已经广泛存在，但是大部分文章重点关注的主要是离岸外包，现有文献对近岸外包研究的相对少一些，对如何选择在岸、近岸和离岸的研究就更少。从交易成本的角度考虑，语言、文化、时区、劳动力成本、基础设施是企业在选择外包区位时的重要参考因素（Rottman & Lacity，2006）。外包业务性质会在一定程度上影响着区位选择，若产品或服务已经高度标准化，则发包方

---

① Advantages and Disadvantages of In-sourcing. http://www.ehow.com/info_10015686_advantages-disadvantages-insourcing.html

② Erran Carmel，Pamela Abbott，2006. Configurations of Global Software Development：Offshore versus Nearshore. http://users.jyu.fi/~japawlow/02_carmel_abbott2006.pdf

处于节约成本的角度会选择离岸外包（Gerbl et al.，2015）。外包经验也是影响区位选择的一个因素，若企业没有外包经验，那么他们会倾向于选择在岸或近岸外包形式（Gerbl et al.，2015）。

4. 离岸服务外包模式

离岸外包是企业充分利用国外资源以进行产业转移，主要是指跨国公司利用发展中国家的低成本优势将生产和服务外包到发展中国家（王晓红，2007）。而离岸服务外包，是服务外包与离岸外包的结合，是跨国公司将产业价值链中部分或全部服务流程外包给本土以外的服务提供商，通过重组企业供应链，优化全球资源配置，达到降低成本、提高效率的目的（卢群英，2011）。离岸服务外包模式是与在岸运行模式相对应的一种服务外包运行模式。具体而言，发包方和接包方分别在不同的国家或地区，外包工作是跨国完成的，是国际分工细化的一个重要标志。

进入21世纪以来，由于发展中国家的技术、人力资源等要素水平不断提高，使得服务国际化得到重大发展，也不断促使大量服务业离岸外包从发达国家转向发展中国家。很多学者从理论和实践的角度阐述了离岸外包的推动因素：

计算机和通信技术的发展是离岸外包发展的基础。在过去几十年里，计算机、通信技术的快速发展已经改变了企业开展业务的方式（Lahiri & Kedia，2011）。信息技术的发展，不但降低了交流成本，同时也使得发包方在与服务提供商、合伙人、政府以及监管部门间的沟通更加方便、快捷，能够在第一时间得到信息反馈（Zaheer & Manrakhan，2001），从而从技术角度促进了离岸外包的发展。

能够大幅度降低成本。成本因素是外包企业考虑的首要因素，很多学者也都对这一推动因素进行过阐述（Cordon C.，2011[①]；Tate et al.，2009），诸如印度、中国、马来西亚等国家的外包服务提供商能够提供廉价的劳动力和资源，可以在很大程度上降低企业成本。

寻求外部资源。基于资源基础理论，企业始终都在不断地寻求战略资源组合，以实现企业的竞争优势，离岸外包也证实了这一理论的现实性。事实也证明，当企业认为自身发展到一定程度时，会选择将非核心业务外包（Argyres，1996），以寻求外部的自然资源、人力资源和组织资源（Barney，1991），例如，人力资源对很多跨国企业而言已经成为稀缺资源，并且是企业发展不可或缺的推动因素（Lahiri & Kedia，2011），通过离岸外包企业可获得内部缺乏的相关专业知识人才，

---

① Carlos Cordon，2011.INSHORE，OFFSHORE，WHICH SHORE？—Challenges and New Realities Facing the Supply Chain. http://www.imd.org/research/challenges/upload/TC006-11-INSHORE-OFFSHORE-WHICH-SHORE-pdf.pdf

实现企业目标。

聚焦核心领域，实现公司战略。现在，越来越多的外包企业已不再单纯关注降低成本，而是更加关注公司战略（Manning et al.，2008），提升公司核心竞争力。现有文献主要从范围和临界两个维度衡量外包业务，由此可区分核心和非核心业务。核心业务是实现企业战略优势的关键因素，非核心业务对于企业虽然也很重要，但并不是实现竞争差异化的必要因素。Quinn 和 Hilmer（1995）指出，企业在实施外包战略时，将非核心业务交给专业服务提供商，可使企业重点关注能够形成竞争优势的领域。

此外，企业选择离岸外包服务模式可能也是因为受到环境的影响，即企业间的模仿导致的外包决策（宋丽丽，2008）。

当然企业选择业务外包也有不利的方面：

第一，减少就业。根据福雷斯特研究公司（Forrester Research）统计，由于外包导致美国就业岗位流失从 2005 年的 60 万增长到 2010 年的 160 万，并有可能在 2015 年达到 330 万（Oza & Hill，2007）。

第二，虽然通信技术得到了很好的发展，但由于地理位置的天然缺陷使得发包方和接包方在沟通协调时存在一定的困难。

第三，难以规避隐性成本。服务外包政策制定很大程度上是以降低“显性成本”为目的，如寻求廉价劳动力，然而显性成本只是企业外包成本的一部分，此外还有由于地理位置、语言、文化差异等因素导致的隐性成本，使得企业很难洞察和规避（Stringfellow et al.，2008）。

第四，离岸外包相对于本土外包而言，对产品和服务质量难以做到实时监督。在岸、近岸和离岸服务外包这三种形式，由于地理位置的不同也造就了三者之间的差异，下面表格主要从成本削减、外包项目实施速度、安全及业务连续性、文化适应性和可延长工作时间几个方面进行阐述（见表 2-6）[①]：

表 2-6　　在岸、近岸和离岸差异性比较

	在岸	近岸	离岸
成本削减	5%～20%	20%～40%	30%～70%
项目实施速度	高：取决于项目规模	高：取决于项目规模	中等：取决于项目规模
安全及业务连续性	高：地理位置近，利于监控	中等：取决于近岸地点	低：地理位置增加了不安全性

① Onshore，Nearshore，Offshore? Choosing the Right Destination for Business Services. http://www.datamark.net/uploads/files/bpo_location_analysis_2014.pdf

续表

	在岸	近岸	离岸
文化适应性	高：同属一个国家，同样的文化、语言	高：地理位置近、语言相近、文化差别易消除	低：文化、语言差异较大
可延长工作时间	低：无夜班或夜班生产率低	低：属于相近时区	高：24 小时全天候生产

（二）根据业务性质分

根据业务性质将服务外包分为信息技术服务外包、业务流程服务外包及知识流程服务外包三类：

（1）信息技术服务外包（Information Technological Outsourcing，ITO）

信息技术服务外包，是指发包方委托外部信息技术服务提供商，利用其专业技术和服务资源为本企业提供部分或全部信息功能。这些功能包括信息技术设备的引进和维护、通信网络的管理、数据中心的运作、信息系统的开发和维护、备份和灾难恢复、信息技术培训等。例如，Kodak 公司将其整个数据中心外包给了 IBM，其微机操作外包给了 Businessland，其电信和数据网络外包给了 Digital Equipment Corporation。

在信息技术服务外包中，到底什么样的企业更适合开展外包业务，Lacity et al.（2009）等对此进行了研究，他们从企业财务状况、规模及行业属性等方面进行了分析，这三个方面中财务状况更能影响信息技术服务外包的开展，企业运作成本越高、盈利能力越低越倾向于外包，而对于企业规模和行业属性，众多学者也没有达成一致结论。Lacity et al.（2009）等的研究也说明了成本因素的推动作用。除此之外，推动企业 IT 服务外包的因素见表 2－7[①]：

Loh 和 Venkatraman（1992）又从社会经济和行业角度分析了 IT 服务外包的决定因素。首先，从社会经济层面，受短期经济趋势和经济周期的影响，企业会理性的管理其 IT 基础设施，而外包则是其中的一种方式；从行业层面，行业内的竞争压力促使企业与服务提供商建立“合作伙伴关系”。

表 2－7 IT 服务外包推动因素

获得特殊技能	企业在将 IT 业务外包给专业服务商过程中的投资，其收益将会很大，企业会在个人知识及集体 IT 技能方面获益。
解放内部资源	将部分 IT 业务外包，可使企业内部员工专注于其专业领域，减少人力资源浪费。

① IT Outsourcing：The Reasons，Risks and Rewards. http://www.corpcomputerservices.com/articles/outsourcing-reasons.

续表

企业内部没有相关资源	IT 企业将业务外包的原因是其内部没有相关资源。
重组效益最大化	在重组企业以降低成本、提升产品和服务质量、去除企业非核心业务时，外包是一种理想选择。
更好地利用资金	将非核心业务外包，可将资金充分利用到与产品和顾客相关的项目中
降低风险	紧跟技术前沿需要企业花费大量资金和时间，IT 服务提供商由于和众多客户接触，在实践中更能洞察技术发展方向，由此可以降低发包方制定、执行错误决策的风险。

（2）业务流程服务外包（Business Process Outsourcing，BPO）

业务流程服务外包是指一个企业将其经营过程中的某个业务流程环节分离出来，外包给其外部的服务提供商。

在全球信息化浪潮推动下，为了降低运作成本，简化内部运作流程，专注于自身核心竞争力的培养和保持价值，许多跨国企业将部分职能外包给提供专业服务的承包商，业务流程外包应运而生，它是全球资源优化配置的结果。业务流程外包是服务外包领域的一个重要分支，同时也是很重要的趋势，众多诸如 Dell、AIG、IBM 和花旗集团这样的公司已经选择将部分业务流程外包给服务提供商。业务流程外包从非核心业务流程开始，并逐步涉及核心应用。对于多数人而言，业务流程是一个晦涩的概念，故 Halvey 和 Melby（2007）对业务流程外包进行了详细的分类：金融会计、投资和资产管理、不动产管理、人力资源、采购、物流及其他（能源服务、客服、食品加工等）。

（3）知识流程外包（Knowledge Process Outsourcing，KPO）

知识流程外包又称知识服务外包，是指将知识密集型，或者需要先进的研究与分析、技术与决策技能的流程交给第三方来执行。从术语中来看，知识流程服务外包是服务外包发展的一个高级阶段，具有专业性、高知识密集性等特点（刘蕤和王伟军，2010）。知识流程外包是业务流程外包的高智能延续，是业务流程外包最高端的一个类别。一般来说，它是指将公司内部具体的业务承包给外部专门的服务提供商，所涉及的业务领域包括数据整合和管理、生物医药、工程设计、研发、动画模拟、远程教育和出版、金融等。

信息技术服务外包（ITO）、业务流程服务外包（BPO）和知识流程服务外包（KPO）是离岸服务外包中常见的方式。KPO 是信息技术服务外包和业务流程外包的高智能延续，所以 KPO 跟 ITO、BPO 有很大区别，刘蕤和王伟军（2010）将 ITO、BPO、KPO 三种类型的外包模式归总在了一起，并进行了对比，见表 2－8：

表 2-8 ITO、BPO、KPO 对比分析

	KPO	BPO	ITO
对象	涉及核心业务	非核心业务或核心业务	非核心业务
关注焦点	智力套利；知识流程	成本套利；业务流程	成本套利；技术
核心	业务专长	流程专长	技术专长
员工要求	专业知识人才	流程管理人才	软件开发人才
流程复杂性	高度复杂，不确定	标准程序和模板	基本的 IT 业务流程；简单、明确
流程质量管理	通过内部模型等来补充标准项目管理应用	健壮的 6 西格玛驱动质量技术，关注输出的精确度	标准的技术要求，关注是否满足功能要求

来源：刘蕤和王伟军，2010

从表格中可以看出，相对于 ITO 和 BPO，KPO 更在一定程度上涉及企业重要的，甚至一些核心的业务，所以将知识流程服务外包会面临一定的风险。首要的问题就是安全性，因为知识流程外包可能会涉及企业的机密数据、知识产权等，若选择外包，则企业很难实施监管。其次，可能难以达到外包预期，比如削减成本不能达到预期，也不能实现公司战略目标等。此外，选择外包时还可能会面临不同国家法律、传统、生活习俗以及语言上的差别，这在一定程度上又增加了企业外包的隐性成本①。

（三）全球交付模式

全球交付模式（Global Delivery）由印度第二大软件公司 Infosys 首先提出，即在本土和海外设立分公司、分支机构或研发中心，通过在岸外包、离岸外包、近岸外包等模式的结合，获得包括本土市场在内的全球交付能力，本土公司可以服务全球，海外机构同样也可以为本土服务（李艳芳和范力丹，2011）。这种模式主要适用于 IT 咨询和服务产业。

在现场服务外包、在岸服务外包、离岸服务外包及近岸服务外包中，全球交付模式是一个侧重以接包方为研究对象的模式。其中考察最多的是接包国的全球交付能力。全球交付能力是指服务外包接包方向全球客户提供他们所需的高质量服务的能力，客户关心的较多的是服务提供商的服务效率、质量和对客户商务目标的贡献价值等方面（居德华，2008）。

当前对全球交付模式的研究相当匮乏，但作为在岸和离岸模式的结合，全球交付有很大的灵活性。首先，能够实现高效、快速的交付。根据全球交付定义可

① Alexander Mierau, 2007. Strategic Importance of Knowledge Process Outsourcing. http://www.hrotoday.com/pdf/white-papers/strategic-implications-of-kpo.pdf

知，接包方将会在全球设立多处交付中心，可以降低由于一个交付中心出现问题而带来的风险。其次，能够充分利用大量优秀资源。通过全球交付模式，服务提供商可以统筹全球范围内的资源[①]。

在全球交付模式中，接包方同样也面对一些挑战，如文化差异、时区差异、语言沟通问题以及在岸人员变动等问题（胡宏，2012），所以也同样存在一定的风险。

（四）发包国服务外包模式

服务外包的参与方分为发包国和接包国，其参与目的和模式不同，所以发包国和接包国的分布也有所不同。全球服务外包的发包国主要集中在北美、日本和欧洲等发达国家和地区，其中美国占的比例最大，其他部分则主要来自日本和欧洲。有学者将主要发包国美国、日本及欧洲的服务外包模式进行归纳总结，主要表现形式为：美国倒 T 型服务外包模式、日本金字塔型服务外包模式、欧洲橄榄形服务外包模式（谭力文和田毕飞，2006）。

1. 美国倒 T 型服务外包模式

美国涉及外包的领域范围很广，除了制造业外包外，还涉及服装、玩具、纺织、汽车、IT 等众多服务外包，目前美国有 90%的公司至少将一项业务外包。受到降低成本、国际分工、科技人才欠缺以及信息技术的发展等多方面因素的影响，美国形成了其独具特色的倒 T 型的服务外包模式。

美国大型跨国公司广泛采用事业部制组织结构来管理企业，外包决策在事业部层就可以做出。各种事业部有较大的权力，彼此之间相对独立，其所开展的业务的价值链环节也各不相同。在这种情况下，各种事业部从自身利益出发，纷纷将各种辅助性或非核心的服务活动整体外包出去，即直接将某些不影响企业核心能力的价值链环节外包给印度等成本低、质量有保证的国外企业来运营。实行业务外包的跨国公司比外包前线的更精干，使得公司能更好地将企业资源集中到核心业务中去。由于外包后的公司业务部门减少，管理更加简单，组织结构犹如一个倒立的大写英文字母 T，因此，我们把美国跨国公司的离岸服务成为倒 T 型模式（见图 2－7）。

例如，美国的 IBM 公司就是这种模式的典型代表。IBM 公司在 2003 年将其本土 4 730 个编程岗位转移到了印度等国，并与 2005 年将呼叫业务外包给了印度呼叫中心。

---

① http://baike.baidu.com/view/13727758.htm

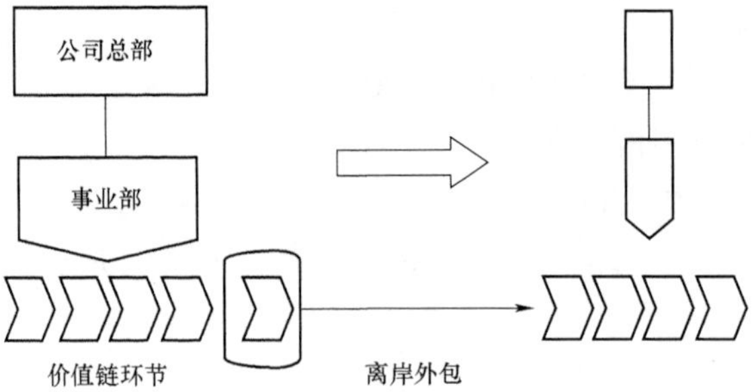

图 2-7 美国例 T 型服务外包模式

资料来源：谭力文和田毕飞，2006

2. 日本金字塔型服务外包模式

日本是紧随美国加入离岸外包行列的国家。20 世纪 80 年代后期，日本从美国引进业务外包，这一模式在日本很快就受到青睐，因为它确实带来很多收效，最显著的是能大幅度地减少日本企业的业务成本（孙明贵，2002）。但在日本，由于受到日本单一文化和公司治理结构的深刻影响，企业间的关系是金字塔型的，这在日本制造业和服务外包领域都比较明显。位于金字塔顶端的企业处于支配地位，与它形成直接供给关系的企业称为一级接包方，与一级接包方形成直接供给关系的企业称为二级接包方，以此类推（谭力文和田毕飞，2006）。在外包过程中，总承包商首先从客户承接项目，然后进行总体设计和任务切割，再将不同模块分包给各个二级承包商，二级承包商会再继续找三级，甚至四级承包商，例如中国作为接包方的企业大部分处于三、四级。上下游企业因长期业务形成了固定的业务路径及彼此信赖的企业间和人际间的稳固关系，这造就了日本企业间特有的金字塔型结构关系，如图 2-8。

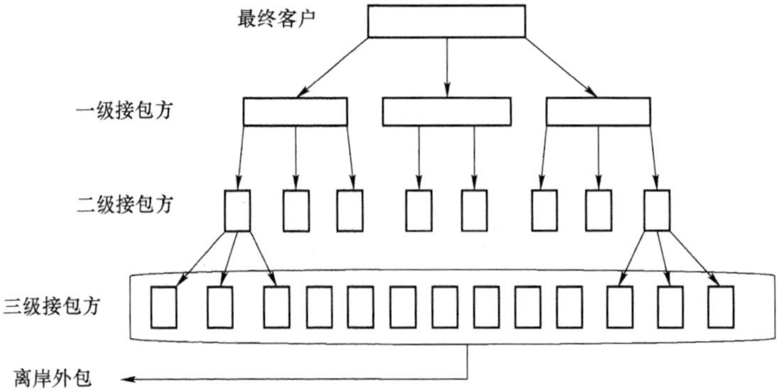

图 2-8 日本金字塔型服务外包模式

资料来源：谭力文和田毕飞，2006

3. 欧盟橄榄型服务外包模式

在离岸服务外包模式方面，欧盟主要发包国有德国、法国及荷兰，这些国家的跨国公司在发展离岸服务外包的过程中，由于受到各自严厉的法规约束和自身市场情况的限制，采取了橄榄型外包模式，如图 2-9。

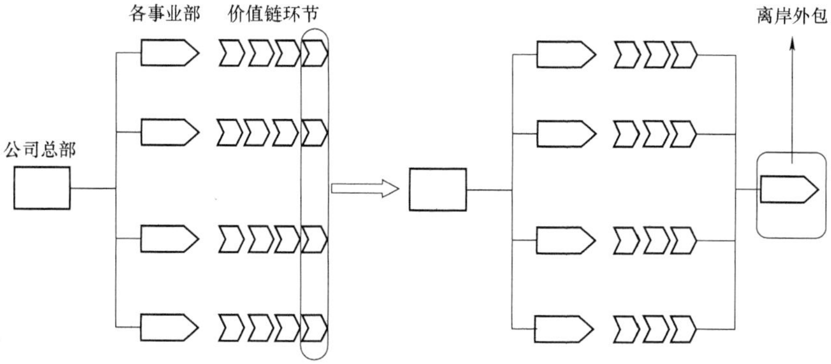

图 2-9 欧盟橄榄型服务外包模式

资料来源：谭力文和田毕飞，2006

（五）接包国服务外包模式（以印度为例）

1. 印度服务外包现状

印度是服务外包产业的先行者，几乎经历了所有的外包模式，已经成为全球最成功的服务外包承接国，是包括中国在内的所有接包国最值得借鉴的对象。

印度承接了大概全球 65%的软件外包市场业务和 47%的服务外包市场业务，俨然已经成为“世界办公室”（张大龙，2013）。张大龙（2013）归纳了印度服务外包的特点：

第一，印度服务外包保持了较高的增速。

印度在 2001—2002 年间服务外包出口额仅为 80 亿美元，在 2010—2011 年期间，这一数字就已经增长为 590 亿美元。此外，印度服务外包在全球市场份额也一直保持在高位，占据了一半的全球服务外包市场。

第二，印度服务外包对印度经济贡献度很大。

印度服务外包的贡献度主要体现在两个方面，首先是对 GDP 的贡献，其次是对国内就业的贡献（见表 2-9）。

第三，培育出一批世界知名的外包服务企业。

目前印度有三大软件和服务外包企业，塔塔咨询有限公司（Tata Consultancy Services）、信息系统科技公司（Infosys Technologies）和萨蒂扬计算机服务有限公司（Satyam Computer Services）。且 Infosys 今年被评为十强外包服务公司，位居第 8[①]。

表 2－9 印度服务外包对其国内经济的贡献度

年份	对 GDP 的贡献（产值占 GDP 比重）	对就业的贡献（ITO、BPO 从业人员）
1999—2000	外包产值占 GDP 的 1.2%	直接就业 28.4 万人
2010—2011	外包产值占 GDP 的 6.4%	直接就业 250 万人，间接就业 830 万人

资料来源：张大龙，2013

2. 印度服务外包模式发展历程

印度以外包产业闻名世界，其外包产业发展历程几乎涵盖了所有的外包模式及业务形式，信息技术外包为其主要业务内容，发端于低端，且完全依赖国外市场。

印度经历了三种不同服务外包发展模式："在岸外包→离岸外包→全球交付"渐进式模式；"国内创办→海外拓展"的主动竞争发展模式；"在岸外包⇄离岸发展"的资源利用发展模式（王燕妮和王立群，2010）。

渐进式发展模式是印度企业普遍采用的一种发展模式，大致分为三个步骤：第一步，在岸起步；第二步，离岸发展；第三步，全球交付。李艳芳和范力丹（2011）从对印度服务外包的研究中也得到了一致的结论，印度初期以软件现场项目模式为主，发展期离岸外包模式形成发展阶段，转型提升向离开外包终端和全球交付模式演进。印度外包服务商四巨头（TCS、Infosys、Wipro、Satyam）均是利用这种发展模式，现在已经发展到全球交付阶段。

主动竞争发展模式被很多印度中小企业所采用。这些企业会在印度注册，通过互联网、电话等通信方式与国外客户无障碍沟通，或者随时出国谈判、签订离岸外包合同或现场服务合同。这类企业专业技能强，经验丰富，企业运行成本低，具有很强的竞争优势。

资源利用型发展模式是少数充分利用现有资源、进行优势互补的印度中小企业所采用的一种方式（王燕妮和王立群，2010）。如留在美国生活和工作的印度留学生先在美国注册公司，然后再到印度建立软件开发中心。这类公司一般都有欧美在岸营销机构以及客户服务机构，但将外包任务分配给自己的印度离岸开发团队，既享有欧美市场机会，又享有印度的丰富廉价人力资源以及政府优惠政策。

3. 印度服务外包的经验

很多世界著名公司，如 GE、Bank of America、American Express 等，首选印

① Top 10：Outsourcing Companies in the World. http://www.supplychaindigital.com/top10/2492/Top-10：-Outsourcing-Companies-in-the-World

度作为接包国，并与 Tata、Infosys 等公司建立了外包合作关系。印度之所以在外包行业能取得如此的成就有其深刻原因。大致分为以下几个方面：

首先，良好的政策支持。印度政府十分重视软件和服务外包产业，并于 1986 年制订了《计算机软件出口、软件发展和软件培训政策》，明确了外包发展战略目标（张大龙，2013；赵楠，2007）。

其次，丰富的人力资源。印度每年有约 7.5 万拥有熟练技术和掌握流利英语的人才毕业（Oza & Hill，2007），此外，还有将近 40 万通过职业教育培养出来的学生，这些学生同样精通计算机技术（王燕妮和王立群，2010）。丰富的人力资源使得印度劳动力成本相对发包国而言非常低。

第三，时区差别。印度与美国、欧洲有近 10 个小时的时差，这样可使企业业务 24 小时无间歇运转。

此外，印度能够吸引欧美服务外包的重要因素还有：大力营造软件产业发展的良好环境；注重服务质量，提倡诚信建设，加强知识产权保护；鼓励海外印籍企业家和技术人员回流；发挥行业组织和协会等中介组织的作用（李洁，2010）。

（六）服务外包模式创新——云外包

1. 云外包的概念

服务外包以信息产业的发展为基础，伴随信息技术的推陈出新，服务外包模式的新形式也将不断涌现。全球科技发展正进入一个前所未有的创新密集期。近期以云计算为代表的新一代信息网络技术发展，直接推动服务外包在交付模式、服务模式与合作模式等方面的创新。

天津鼎韬外包服务有限公司将这种基于云计算的服务外包模式定义为云外包，就是基于云平台，云模式和云理念的外包服务。其包括三个层面的内容，一是基于云平台的外包，即云计算和软件即服务（Software as a Service，SaaS）模式；二是基于云模式的外包，即外包企业将自己的服务模式从线性的传统点状服务模式转变为非线性的平台即服务（Platform as a Service，PaaS）的平台服务模式；三是基于云理念的外包，即是聚集海量个人和企业服务资源的服务云，即众包的升级版。云外包的核心就是外包企业建立标准化的统一外包服务处理平台，通过标准化，模块化和流程化将服务集成到统一云平台上，在数据库里面进行统一处理。郁德强等（2012）认为云外包是一种基于云计算的新型服务外包模式，它由软件云、平台云、设施云以及云端的云外包服务所组成。顾祎晛和戴军（2013）将云外包形象的定义为：云外包=（SaaS + PaaS + IaaS）*服务（IaaS：Infrastructure as a Service，基础设施即服务）。

2. 云外包分类

根据鼎韬《云外包概念白皮书》，云外包领域分为三类：

（1）服务云，是外包业互联网化的体现，即公共云模式。可以为用户提供较为完整的应用外包服务；完全以 SaaS 模式交付服务；由于本身已经 SOA 化，用户之后的应用扩展会变得很便利。因此，通过服务云多种服务可以一次性完成。

（2）运营云，即私有云模式。服务外包企业在内部建立统一运作的云平台，将对客户的各项外包服务，以流程化、集约化、软件化的方式执行；同时在企业内部管理也会集成在云平台进行，这是针对企业内部的云外包应用。

（3）第三类是行业云，行业云是服务云和运管云的结合。以垂直行业为基点，针对某一垂直行业的特征和需求，对内整合服务资源，对外提供全线服务的云外包模式。

3. 云外包对外包企业服务模式的影响

在云外包模式下，云服务将催生未来的虚拟企业。未来企业通过各种云外包的应用，可以只做自己擅长的业务，其他的一切都交给云服务完成。在云服务平台上，企业不用担心技术方面的问题，可以充分发挥企业用户所在行业的资源和知识储备优势，通过外包云获得各类相关的专业服务。因此，云外包正在转变传统的服务外包行业，表现在能创新外包模式，助力企业发展，重置人才结构和挑战治理关系。

首先，影响外包交付模式。在云外包的影响下，交付模式将会更多实现基于云平台一对多的交付，以集中交付模式为主。BPO 服务基于 SaaS 平台，比如采购管理外包；软件外包基于 PaaS 平台，比如测试云服务；基础设施服务基于 IaaS 平台，比如商业数据中心服务。服务商的收入从服务商收入与服务交付人员规模紧密相关的线性增长模式，转向与资源相关的非线性增长模式。

第二，助力企业发展。云计算能提升 IT 硬件使用率，并且能够以较快的速度提升大容量。在云计算时代，企业所需要的信息化的基础应用、专业化应用都会得到满足。

第三，重置人才结构。在云计算环境下，企业对软件和网络设计、运营、管理、应用人才的需求将会有所提升。

第四，挑战治理结构。服务外包是一种基于发包方和接包方关系型契约的双边治理模式。在云外包的情境下，发包方选择外包服务时将具有更大的弹性。另外由于云平台是一对多个客户服务，所以在顾客需求发生变化时，可通过协议中的弹性条款减少对接包方的影响。

参考文献

[1] Ahuja, G. Collaboration Networks, Structural Holes, and Innovation: A longitudinal Study[J]. Administrative Science Quarterly, 2000, 45(3): 425–455.

[2] Ahuja, G. & Lampert, C. M. Entrepreneurship in the Large Corporation: A Longitudinal Study of How Established Firms Create Breakthrough Inventions[J]. Strategic Management Journal, 2001, 22(6–7): 521–543.

[3] Argyres, N. Evidence on the Role of Firm Capabilities in Vertical Integration Decisions[J]. Strategic Management Journal, 1996, 17(2): 129–150.

[4] Atuahene-Gima, K. Resolving the Capability—Rigidity Paradox in New Product Innovation[J]. Journal of Marketing, 2005, 69(4): 61–83.

[5] Azadegan, A., Dooley, K. J.,Carter, P. L. & Carter, J. R. Supplier Innovativeness and the Role of Interorganizational Learing in Enhancing Manufacturer Capabilities[J]. Journal of Supply Chain Management, 2008, 44(4): 14–35.

[6] Azadegan, A. & Dooley, K. J. Supplier Innovativeness, Organizational Learning Styles and Manufacturer Performance: An Empirical Assessment[J]. Journal of Operations Management, 2010, 28(6): 488–505.

[7] Azadegan, A. Benefiting from Supplier Operational Innovativeness: The Influence of Supplier Evaluations and Absorptive Capacity[J]. Journal of Supply Chain Management, 2011, 47(2): 47–64.

[8] Barney, J. Firm Resources and Sustained Competitive Advantage[J]. Journal of Management, 1991, 17(1): 99–120.

[9] Bengtsson, L., Lakemond, N. & Dabhilkar, M. Exploiting Supplier Innovativeness through Knowledge Integration[J]. International Journal of Technology Management, 2013, 61(3/4): 237–253.

[10] Bettis, R. A., Bradley, S. P. & Hamel, G. Outsourcing and Industrial Decline[J]. Academy of Management Perspectives, 1992, 6(1): 7–22.

[11] Brown, J. S. & Duguid, P. Knowledge and Organization: A Social-Practice Perspective[J]. Organization Science, 2001, 12(2): 198–213.

[12] Brown, S. L. & Eisenhardt, K. M. The Art of Continuous Change: Linking

Complexity Theory and TimePaced Evolution in Relentlessly Shifting Organizations[J]. Administrative Science Quarterly, 1997, 42(1): 1－34.

[13] Brusoni, S., Prencipe, A. & Pavitt, K. Knowledge Specialization, Organizational Coupling, and the Boundaries of the Firm: Why Do Firms Know More than They Make?[J]. Administrative Science Quarterly, 2001, 46(4): 597－621.

[14] Burt, R. S. The Contingent Value of Social Capital. Administrative Science Quarterly, 1997, 42(2): 339－365.

[15] Cabral, J. & Traill, W. B. Determinants of A Firm's Likelihood to Innovate and Intensity of Innovation in the Brazilian Food Industry[J]. Journal on Chain and Network Science, 2001, 1(1): 33－48.

[16] Casciaro, T. & Piskorski, M. J. Power Imbalance, Mutual Dependence, and Constraint Absorption: A Closer Look at Resource Dependence Theory[J]. Administrative Science Quarterly, 2005, 50(2): 167－199.

[17] Cassiman, B. & Veugelers, R. In Search of Complementarity in Innovation Strategy: Internal R&D and External Knowledge Acquisition[J]. Management Science, 2006, 52(1): 68－82.

[18] Chen, K. M. & Liu, R. J. Interface Strategies in Modular Product Innovation[J]. Technovation, 2005, 25(7): 771－782.

[19] Chesbrough H W. Why Companies Should Have Open Business Models[J]. MIT Sloan Management Review, 2007, 48(2): 22－28.

[20] Chesbrough, H. & Schwartz, K. Innovating Business Models with Co-Development Partnerships[J]. Research Technology Management, 2007, 50(1): 55－59.

[21] Choi, T. Y. & Krause, D. R. The Supply Base and Its Complexity: Implications for Transaction Costs, Risks, Responsiveness, and Innovation[J]. Journal of Operations Management, 2005, 24(5): 637－652.

[22] Ciravegna, L. & Maielli, G . Outsourcing of New Product Development and the Opening of Innovation in Mature Industries: A Longitudinal Study of Fiat During Crisis and Recovery[J]. International Journal of Innovation Management, 2011, 15(1): 69－93.

[23] Corsten, D. & Felde, J. Exploring the Performance Effects of Key-Supplier Collaboration: An Empirical Investigation into Swiss Buyer-Supplier Relationships[J]. International Journal of Physical Distribution & Logistics

Management, 2005, 35(6):445 – 461.
[24] Cousins, P. D & Crone, M. J. Strategic Models for the Development of Obligation Based Inter-Firm Relationships[J]. International Journal of Operations & Production Management, 2003, 23(12): 1447 – 1474.
[25] Croom, S. The Dyadic Capabilities Concept: Examining the Processes of Key Supplier Involvement in Collaborative Product Developmen[J]. European Journal of Purchasing and Supply Management, 1999, 7(1): 29 – 37.
[26] Cui, Z. & Loch, C. A Strategic Decision Framework for Innovation Outsourcing[J]. International Journal of Innovation Management, 2011, 15(05): 899 – 930.
[27] Daft, R. L. & Weick, K. E. Toward A Model of Organizations As Interpretation Systems[J]. Academy of Management Review, 1984, 9(2): 284 – 295.
[28] Davis, D. F. & Golicic, S. L. Gaining Comparative Advantage in Supply Chain Relationships: The Mediating Role of Market-Oriented IT Competence[J]. Journal of the Academy of Marketing Science, 2010, 38(1): 56 – 70.
[29] Doz, Y. L. The Evolution of Cooperation in Strategic Alliance: Initial Conditions or Learning Processes?[J]. Strategic Management Journal, 1996, 17: 583 – 613.
[30] Dyer, J. H. & Nobeoka, K. Creating and Managing A High-Performance Knowledge-Sharing Network: The Toyota Case[J]. Strategic Management Journal, 2000, 21 (3): 345 – 367.
[31] Easterby-Smith, M. Disciplines of Organizational Learning: Contributions and Critiques[J]. Human Relations, 1997, 50(9): 1085 – 1113.
[32] Fichman, R. G. & Kemerer, C. F. The Assimilation of Software Process Innovations: An Organizational Learning Perspective[J]. Management Science, 1997, 43(10): 1345 – 1363.
[33] Forker, L. B. & Stannack, P. Cooperation versus Competition: Do Buyers and Suppliers Really See Eye-to-Eye?[J]. European Journal of Purchasing & Supply Management, 2000, 6(1): 31 – 40.
[34] Gavetti, G. & Levinthal, D. Looking Forward and Looking Backward: Cognitive and Experiential Search[J]. Administrative Science Quarterly,

2000, 45(1): 113 – 137.

[35] Gerbl, M., McIvor, R., Loane, S., et al. A Multi-Theory Approach to Understanding the Business Process Outsourcing Decision[J]. Journal of World Business, 2015, 50(3): 505 – 518.

[36] Gobble, M. A. M. Outsourcing innovation[J]. Research-Technology Management, 2013, 56(4): 64 – 67.

[37] Granovetter, M. S. The Strength of Weak Ties[J]. American Journal of Sociology, 1973, 78(6): 1360 – 1380.

[38] Grant, R. M. Toward a knowledge-Based Theory of the Firm[J]. Strategic Management Journal, 1996, 17(S2): 109 – 122.

[39] Grant, R. M. & Baden-Fuller, C. A Knowledge Assessing Theory of Strategic Alliances[J]. Journal of Management Studies, 2004, 41(1): 61 – 84.

[40] Greve, H. R. & Taylor, A. Innovation as Catalysts for Organizational Change: Shifts in Organizational Cognition and Search[J]. Administration Science Quarterly, 2000, 45(1): 54 – 80.

[41] Hagedoorn, J., Link, A. N. & Vonortas, N. S. Research Partnerships[J]. Research Policy, 2000, 29(4 – 5): 567 – 586.

[42] Halvey, J. K. & Melby, B. M. Business Process Outsourcing: Process, Strategies, and Contracts[M]. New Jersey: John Wiley & Sons, 2007.

[43] Hamel, G. Competition for Competence and Interpartner Learning within International Strategic Alliances[J]. Strategic Management Journal, 1991, 12(1): 83 – 103.

[44] Henke, J. W. J. & Zhang, C. Increasing Supplier-Driven Innovation[J]. Sloan Management Review, 2010, 51(2), 41 – 46.

[45] Howells, J., James, A. & Malik, K. The Sourcing of Technological Knowledge: Distributed Innovation Processes and Dynamic Change[J]. R&D Management, 2003, 33(4): 395 – 409.

[46] Hult, G. T. M., Hurley, R. F. & Knight, G. A. Innovativeness: Its Antecedents and Impact on Business Performance[J]. Industrial Marketing Management, 2004, 33(5): 429 – 438.

[47] Inemek, A. & Matthyssens, P. The Impact of Buyer-Supplier Relationships on Supplier Innovativeness: An Empirical Study in Cross-Border Supply Networks[J]. Industrial Marketing Management, 2013, 42(4): 580 – 594.

[48] Jean, R. J., Kim, D. & Sinkovics, R. R. Drivers and Performance Outcomes

of Supplier Innovation Generation in Customer-Supplier Relationships: The Role of Power-Dependence[J]. Decision Science, 2012, 43(6): 1003 – 1036.

［49］ Jean, R. J. &Sinkovics R R. Relationship Learning and Performance Enhancement via Advanced Information Technology: The Case of Taiwanese Dragon Electronics Firms[J]. International Marketing Review, 2010, 27(2): 200 – 222.

［50］ Jean, R. J., Sinkovics, R. R. & Kim, D. Information Technology and Organizational Performance within International Business to Business Relationships: A Review and an Integrated Conceptual Framework[J]. International Marketing Review, 2008, 25(5): 563 – 583.

［51］ Kale, P., Dyer, J. H. & Singh, H. Alliance Capability, Stock Market Response, and Long-Term Alliance Success: The Role of the Alliance Function[J]. Strategic Management Journal, 2002, 23(8): 747 – 767.

［52］ Kim, B. Coordinating an Innovation in Supply Chain Management[J]. European Journal of Operational Research, 2000, 123(3): 568 – 584.

［53］ Kogut, B. & Zander, U. Knowledge of the Firm, Combinative Capabilities, and the Replication of Technology[J]. Organization Science, 1992, 3(3): 383 – 397.

［54］ Krause, D. R., Pagell, M. & Curkovic, S. Toward a Measure of Competitive Priorities for Purchasing[J]. Journal of Operations Management, 2001, 19(4): 497 – 512.

［55］ Kumar, N., Scheer, L. K. & Steenkamp, J. E. M. The Effects of Perceived Interdependence on Dealer Attitudes[J]. Journal of Marketing Research, 1995, 32(3): 348 – 356.

［56］ Lacity, M. C., Khan, S. A. & Willcocks, L. P. A Review of the IT Outsourcing Literature: Insights for Practice[J]. The Journal of Strategic Information Systems, 2009, 18(3): 130 – 146.

［57］ Lahiri, S. & Kedia, B. L. Co-Evolution of Institutional and Organizational Factors in Explaining Offshore Outsourcing [J]. International Business Review, 2011, 20: 252 – 263.

［58］ Lee, Y. & O'Connor, G. C. The Impact of Communication Strategy on Launching New Products: The Moderating Role of Product Innovativeness[J]. Journal of Product Innovation Management, 2003, 20(1): 4 – 21.

［59］ Lema, R. Adoption of Open Business Models in the West and Innovation in

India's Software Industry[J]. IDS Research Reports, 2010, 2010(62): 1－144.
[60] Levitt, B. & March, J. G. Organizational Learning[J]. Annual Review of Sociology, 1988, 14(1): 319－338.
[61] Loch, C. H., DeMeyer, A. & Pich, M. Managing the Unknown: A New Approach to Managing High Uncertainty and Risk in Projects[M]. New York: Wiley, 2006.
[62] Loh, L. & Venkatraman, N. Determinants of Information Technology Outsourcing: A Cross-Sectional Analysis[J]. Journal of Management Information Systems, 1992, 9(1): 7－24.
[63] Long, N. V. Outsourcing and Technology Spillovers[J]. International Review of Economics & Finance, 2005, 14(3):297－304.
[64] Lonsdale, C. Locked-in to Supplier Dominance: On the Dangers of Asset Specificity For the Outsourcing Decision[J]. The Journal of Supply Chain Management, 2001, 37(2): 22－27.
[65] Malerba, F. Innovation and the Dynamics and Evolution of Industries: Progress and Challenges[J]. International Journal of Industrial Organization, 2007, 25(4): 675－699.
[66] Malhotra, A., Gosain, S. & Sawy, O. A. E. Absorptive Capacity Configurations in Supply Chains: Gearing for Partner-Enabled Market Knowledge Creation[J]. MIS Quarterly, 2005, 29(1): 145－187.
[67] Manning, S., Massini, S. & Lewin, A. Y. A Dynamic Perspective on Next-Generation Offshoring: The Global Sourcing of Science and Engineering Talent[J]. Academy of Management Perspectives, 2008, 22(3): 35－54.
[68] Meyers, P. W., Sivakumar, K. & Nakata, C. Implementation of Industrial Process Innovations:Factors, Effects, and Marketing Implications[J]. The Journal of Product Innovation Management, 1999, 16:(3): 295－311.
[69] Mol, M. Does Being R&D Intensive Still Discourage Outsourcing? Evidence from Dutch Manufacturing?[J]. Research Policy, 2005, 34: 571－582.
[70] Mowery, D. C., Oxley, J. E. & Silverman, B. S. Technological Overlap and Interfirm Cooperation: Implications for the Resource-Based View of the Firm[J]. Research Policy, 1998, 27(5): 507－523.
[71] Nohria, N. HBR Case Study: Feed R&D or Farm It Out?[J]. Harvard

Business Review, 2005, 83 (7): 17 – 26.

[72] Oza, A. & Hill, K. L. Outsourcing to India: Advantage or Disadvantage?[C]//Allied Academies International Conference. Academy of Management Information and Decision Sciences. Proceedings. Jordan Whitney Enterprises, Inc, 2007, 11(1): 15 – 20.

[73] Pfeffer, J. & Salancik, G. R. The External Control of Organizations[M]. New York: Harper & Row, 1978.

[74] Podolny, J. M. & Stuart, T. E. A Role-Based Ecology of Technological Change[J]. American Journal of Sociology, 1995, 100(5): 1224 – 1260.

[75] Poppo, L. & Zenger, T. Testing Alternative Theories of the Firm: Transaction Cost, Knowledge-Based, and Measurement Explanations for Make-or-Buy Decisions in Information Services[J]. Strategic Management Journal, 1998, 19(9): 853 – 877.

[76] Powell, W. W., Koput, K. W. & Smith-Doerr, L. Interorganizational Collaboration and the Locus of Innovation: Networks of Learning in Biotechnology[J]. Administrative Science Quarterly, 1996, 41(1): 116 – 145.

[77] Quinn, J. B. & Hilmer, F. G. Strategic Outsourcing[J]. MIT Sloan Management Review, 1995, 35(4): 43 – 55.

[78] Rindfleisch, A. & Moorman, C. The acquisition and utilization of information in new product alliances: A strength-of-ties perspective[J]. Journal of Marketing, 2001, 65(2): 1 – 18.

[79] Rosenkopf, L. & Nerkar, A. Beyond Local Search: Boundary-Spanning, Exploration, and Impact in the Optical Disk Industry[J]. Strategic Management Journal, 2001, 22(4): 287 – 306.

[80] Rottman, J. W. & Lacity, M. C. Proven Practices for Effectively Offshoring IT Work[J]. MIT Sloan Management Review, 2006, 47(3): 56.

[81] Roy, S. & Sivakumar, K. Global Outsourcing Relationships and Innovation: A Conceptual Framework and Research Propositions[J]. Journal of Product Innovation Management, 2012, 29(4): 513 – 530.

[82] Ruckman, K. Technology Sourcing through Acquisitions: Evidence from the US Drug Industry[J]. Journal of International Studies, 2005, 36: 89 – 103.

[83] Salvador, F., Forza, C. & Rungtusanatham, M. Modularity, Product Variety, Production Volume, and Component Sourcing: Theorizing Beyond Generic Prescriptions[J]. Journal of Operations Management, 2002, 20(5):

549 – 575.
[84] Sanchez, R. & Mahoney, J. T. Modularity, Flexibility, and Knowledge Management in Product and Organization Design[J]. Strategic Management Journal, 1996, 17(S2): 63 – 76.
[85] Schiele, H. How to Distinguish Innovative Suppliers? Identifying Innovative Suppliers as New Task for Purchasing[J]. Industrial Marketing Management, 2006, 35(8): 925 – 935.
[86] Schiele, H. Veldman, J and Hüttinger, L. Supplier Innovativeness and Supplier Pricing: The Role of preferred customer status[J]. International Journal of Innovation Management, 2011, 15(1): 1 – 27.
[87] Schilling, M. A. & Steensma, H. K. Disentangling the Theories of Firm Boundaries: A Path Model and Empirical Test[J]. Organization Science, 2002, 13(4): 387 – 401.
[88] Selnes, F. & Sallis, J. Promoting Relationship Learning[J]. Journal of Marketing, 2003, 67(3): 80 – 95.
[89] Slater, S. & Narver, J. Intelligence Generation and Superior Customer Value[J]. Journal of the Academy of Marketing Science, 2000, 28(1): 120 – 127.
[90] Steensma, H. K. & Corley, K. G. On the Performance of Technology-Sourcing Partnerships: The Interaction between Partner Interdependence and Technology Attributes[J]. Academy of Management Journal, 2000, 43(6): 1045 – 1067.
[91] Stock, R. M. Interorganizational Teams as Boundary Spanners between Supplier and Customer Companies[J]. Journal of the Academy of Marketing Science, 2006, 34(4): 588 – 599.
[92] Stringfellow, A., Teagarden, M. B. & Nie, W. Invisible Costs in Offshoring Services Work[J]. Journal of Operations Management, 2008, 26(2): 164 – 179.
[93] Sullivan, D. M. & Marvel, M. R. Knowledge acquisition, network reliance, and early-stage technology venture outcomes[J]. Journal of ManagementStudies, 2011, 48(6): 1169 – 1193.
[94] Tangpong, C., Michalisin, M. D. & Melcher, A. J. Toward a Typology of Buyer-Supplier Relationships: A Study of the Computer Industry[J]. Decision Sciences, 2008, 39(3): 571 – 593.

[95] Tate, W. L., Ellram, L. M., Bals, L. & Hartmann, E. Offshore Outsourcing of Services: An Evolutionary Perspective[J]. International Journal of Production Economics, 2009, 120(2): 512 – 524
[96] Tidd, J. Development of Novel Products through Intraorganizational and Interorganizational Networks the Case of Home Automation[J]. Journal of Product Innovation Management, 1995, 12(4): 307 – 322.
[97] Tiwana, A. Does Interfirm Modularity Complement Ignorance? A Field Study of Software Outsourcing Alliances[J]. Strategic Management Journal, 2008, 29(11): 1241 – 1252.
[98] Tsai, W. Knowledge Transfer in Intraorganizational Networks: Effects of Network Position and Absorptive Capacity on Business Unit Innovation and Performance[J]. Academy of Management Journal, 2001, 44(5): 996 – 1004.
[99] Ulrich, K. T. & Ellison, D. J. Beyond Make-Buy: Internalization and Integration of Design and Production[J]. Production and Operations Management, 2005, 14(3): 315 – 330.
[100] Wang, Q., Bradford, K., Xu, J. & Weitz, B. Creativity in Buyer-Seller Relationships: The Role of Governance[J]. International Journal of Research in Marketing, 2008, 25(2): 109 – 118.
[101] Weigelt, C. The Impact of Outsourcing New Technologies on Integrative Capabilities and Performance[J]. Strategic Management Journal, 2009, 30(6): 595 – 616.
[102] Weigelt, C. & Sarkar, M. B. Performance Implications of Outsourcing for Technological Innovations: Managing the Efficiency and Adaptability Trade-Off[J]. Strategic Management Journal, 2012, 33(2): 189 – 216.
[103] Wheelwright, S. C. & Clark, K. B. Revolutionizing Product Development: Quantum Leaps in Speed, Efficiency,and Quality[M]. New York: Free Press, 1992.
[104] Wu, Z. & Choi, T. Y. Supplier-Supplier Relationships in the Buyer-Supplier Triad: Building Theories from Eight Case Studies[J]. Journal of Operations Management, 2005, 24(1): 27 – 52.
[105] Wuyts, S., Stremersch, S. & Dutta, S. Portfolios of Interfirm Agreements Intechnology-Intensive Markets: Consequences for Innovation and Profitability[J]. Journal of Marketing, 2004, 68(2): 88 – 100.
[106] Yli-Renko, H. & Janakiraman, R. How Customer Portfolio Affects New

Product Development in Technology-Based Entrepreneurial Firms[J]. Journal of Marketing, 2008, 72(5): 131－148.
[107] Zaheer, A. & Bell, G. G. Benefiting from Network Position: Firm Capabilities, Structural Holes, and Performance[J]. Strategic Management Journal, 2005, 26(9): 809－825.
[108] Zaheer, S. & Manrakhan, S. Concentration and Dispersion in Global Industries: Remote Electronic Access and the Location of Economic Activities[J]. Journal of International Business Studies, 2001, 32: 667－686.
[109] Zhao, X. D., Huo, B. F., Flynn, B. B. & Yeung, J. H. Y. The Impact of Power and Relationship Commitment on the Integration between Manufacturers and Customers in a Supply Chain[J]. Journal of Operations Management, 2008, 26(3): 368－388.
[110] 蔡茂森，顾丽琼. 中国承接软件外包的技术溢出效应分析［J］. 对外经贸实务，2010，（03）：93－95.
[111] 崔萍. 外包与技术创新的互动关系研究回顾［J］. 战略决策研究，2012，3（05）：22－28＋70.
[112] 崔萍. 承接服务外包对企业技术创新的影响——基于我国 IT 行业上市公司面板数据的实证研究[J] 国际经贸探索，2010，26(08)：47－51＋64.
[113] 崔萍，邓可斌. 服务外包与区域技术创新的互动机制研究——基于接包方的视角［J］. 国际贸易问题，2013，（01）：96－105.
[114] 傅家骥. 技术创新学［M］. 北京：清华大学出版社，1998.
[115] 顾祎晛，戴军. 基于云计算平台的新型服务外包模式——云外包的现状、理论及趋势［J］. 商业时代，2013，（35）：63－65.
[116] 胡宏. 全球交付模式在 Infosys 软件项目中的应用研究［D］. 大连：大连理工大学，2012.
[117] 胡水晶，余翔. 承接研发离岸外包对技术创新能力的作用机理及实证研究［J］. 中国科技论坛，2009，（11）：24－28.
[118] 黄烨菁，张纪. 跨国外包对接包方技术创新能力的影响研究［J］. 国际贸易问题，2011，（12）：90－102.
[119] 金涛，施建军. 服务外包企业协同创新研究［J］. 山东社会科学，2012，（11）：155－157.
[120] 江小涓. 服务外包：合约形态变革及其理论蕴意——人力资本市场配置与劳务活动企业配置的统一［J］. 经济研究，2008，（07）：4－10＋64.

[121] 居德华. 软件外包新台阶：提高全球交付能力 [N]. 计算机世界，2008-08-18（040）.

[122] 李宏舟. 班加罗尔软件服务外包企业构建创新能力的路径研究：基于发包方的视点——对 Rasmus Lema（2010）的解读[J]. 软件工程师，2011，（12）：36-41.

[123] 李宏舟. 班加罗尔软件服务外包企业构建创新能力的路径研究：基于接包方的视点——对 Rasmus Lema（2010）的解读（下）[J]. 软件工程师，2012，（05）：47-51.

[124] 李宏舟. 我国软件服务外包企业构建创新能力的路径研究——一个基于发包方和接包方协同进化的分析模型[J]. 宏观经济研究，2015（03）：103-111.

[125] 李艳芳，范力丹. 印度服务外包业务模式演进探析[J]. 南亚研究季刊，2011，（04）：45-50+201.

[126] 李元旭，谭云清. 国际服务外包下接包企业技术创新能力提升路径——基于溢出效应和吸收能力视角[J]. 中国工业经济，2010，（12）：66-75.

[127] 刘丽琴，刘晓辉. 面向国际服务外包的中国区域科技创新能力评价[J]. 首都经济贸易大学学报，2014，16（01）：84-89.

[128] 刘海云. 河南高技术企业创新能力实证研究 [J]. 中原工学院学报，2010，21（02）：53-57.

[129] 刘蕤，王伟军. 知识流程外包研究进展 [J]. 图书情报工作，2010，54（12）：13-16.

[130] 刘绍坚. 承接国际软件外包的技术外溢效应研究[J]. 经济研究，2008，（05）：105-115.

[131] 刘妍，冯雷鸣，黄玉杰. 基于创新能力演进的服务外包企业策略研究[J]. 科技进步与对策，2011，28（17）：90-95.

[132] 卢群英. 离岸服务外包的区位选择研究 [D]. 上海社会科学院，2011.

[133] 马方，王铁山，郭得力，等. 中国服务外包产业集聚与协同创新研究——以软件与信息服务外包业为例 [J]. 经济问题探索，2012，（7）：63-68.

[134] 秦远建，蔡文娟. 我国服务外包企业俘获型价值链突破的路径选择[J]. 现代商业，2011，（02）：51-52.

[135] 任志成，张二震. 承接国际服务外包、技术溢出与本土企业创新能力提升 [J]. 南京社会科学，2012，（02）：26-33.

[136] 宋丽丽. 跨国公司服务外包研究：东道国和承接方视角[D]. 复旦大学，2008.

[137] 孙明贵. 试析日本企业的业务外包战略［J］. 外国经济与管理，2002，(03)：36－39
[138] 谭力文，田毕飞. 美日欧跨国公司离岸服务外包模式的比较研究及启示［J］. 中国软科学，2006，(05)：128－134.
[139] 王坤，袁静. 天津滨海新区服务外包企业知识创新能力评价问题研究[A]. Wuhan University、Chung Hua University、University of Science and Technology of China、Dalian Jiaotong University、Scientific Research Publishing、Engineering Information Institute.Proceedings of International Conference on Engineering and Business Management(EBM2012)[C]. Wuhan University、Chung Hua University、University of Science and Technology of China、Dalian Jiaotong University、Scientific Research Publishing、Engineering Information Institute: 美国科研出版社，2012:5.
[140] 王晓红. 全球服务业离岸外包的发展趋势与中国的政策选择［J］. 宏观经济研究，2007，(06)：14－20.
[141] 王燕妮，王利群. 印度服务外包发展模式分析及启示［J］. 科技管理研究，2010，30(03)：160－162.
[142] 王习农. 服务外包不等于服务业外包——服务外包概念再认识与理论新析［J］. 国际贸易问题，2012，(08)：91－100.
[143] 熊小丽. 武汉市软件服务外包企业技术创新能力评价研究［D］. 武汉：华中农业大学，2011.
[144] 徐辉. 知识流程外包产业发展模式研究［D］. 哈尔滨：哈尔滨工程大学，2011.
[145] 徐凯波，高书丽，陈建斌. 我国服务外包产业知识创新现状分析［J］. 科技与经济，2013，26(1)：65－69.
[146] 徐兴锋. 服务外包国家竞争优势分析及对策研究［D］. 北京：对外经济贸易大学，2007.
[147] 杨丹辉. 服务外包与中国产业升级：基于全球化的视角［J］. 当代经济管理，2009，31(08)：49－52.
[148] 杨艳，朱恒源，吴贵生. 我国企业创新能力的解构与演进［J］. 经济管理，2007，(09)：30－35.
[149] 殷国鹏，杨波. 我国服务外包企业承接能力评估模型研究——基于北京的实证调查与分析［J］. 科学学研究，2010，28(03)：388－396.
[150] 郁德强，王燕妮，李华. 一种基于云计算的服务外包模式：云外包［J］. 情报理论与实践，2012，35(08)：97－100.

[151] 喻美辞. 国际服务外包、技术外溢与承接国的技术进步 [J]. 世界经济研究，2008,（04）：50-55+65+88.

[152] 张大龙. 印度服务外包的成功经验及对我国的启示 [J]. 改革与开放，2013,（01）：18-20.

[153] 张慧颖，王江平. 基于接包方视角的服务外包企业创新能力实证研究——以天津滨海新区为例 [J]. 技术经济，2012，31（10）：7-12+59.

[154] 张秋菊，朱钟棣. 跨国外包的承接与我国技术进步关系的实证分析——基于 VECM 的长、短期因果关系检验 [J]. 世界经济研究，2008,（6）：74-79.

[155] 张同健，蒲勇健. 互惠性偏好、隐性知识转化与技术创新能力的相关性研究——基于研发型团队的数据检验 [J]. 管理评论，2010，22（10）：100-106.

[156] 赵楠. 印度发展服务外包模式探析 [J]. 当代亚太，2007,（03）：39-43+64.

第三章
服务外包企业创新的评价体系与经验总结

在 20 世纪 90 年代以前，离岸研发都发生在经济合作与发展组织（Organization for Economic Cooperation and Development，简称经合组织，OECD）的 34 个成员之间（Gerybadze & Reger，1999）。由于外界对企业创新能力的提升提出了更高的要求，以及成本控制的压力与日俱增，外包行业应运而生：一方面，一些跨国公司开始在发达国家以外寻找研发人力资源丰富且成本较低的发展中国家进行离岸研发（Paju & Taina，2007），其动机正由最初的成本驱动向创新驱动转变（Maskell et al.，2007）；另一方面，承接外包业务的国家或企业希望以此来学习发达国家的先进技术和管理经验，同时也希望技术外溢能提高本土企业的技术研发和创新能力。

然而，在服务外包行业，服务外包企业是否真的如双方所预期的那样，具备发包方所需的创新能力，同时也在提供外包业务中提升了自身的创新能力？这就需要一个科学、准确、实用的服务外包企业创新评价体系，对涉及服务外包企业创新能力的各项指标进行测定与评价。由此可见，服务外包企业创新评价体系的构建，是正确评价服务外包企业创新能力的前提和基础。通过评价体系掌握其创新活动的本质及规律、总结技术创新经验，这不仅为服务发包方提供了选择外包企业的依据，还有利于服务外包企业正确制定创新策略、不断提升企业创新水平、增强企业的竞争力，从而影响到服务外包企业创新的进程。

本章针对服务外包企业创新能力的评价指标，建立了评价体系模型，基本步骤是：首先界定服务外包创新能力的含义；再将服务外包企业的创新能力视为一个系统化的整体，根据文献梳理和总结，抽象为若干个指标系统；最后对问卷数据进行描述性统计、信效度检验及交叉分析。

第一节 服务外包企业创新评价的理论模型构建

一、服务外包企业创新能力的内涵

（一）企业创新能力的内涵

企业的创新能力的意义最早由 Burns 和 Stalker（1961）提出，其最初只应用于经济学和管理学，被定义为“组织成功采纳或实施新思想、新工艺及新产品的能力”。在此之后，国内外学者提出了一系列补充和延伸的观点。

一种观点是从能力角度出发，将企业创新能力解构成不同维度的能力。

广义上看，创新能力是有助于目标实现的各种要素的总和。例如，现代管理学之父 Drucker（1998）指出，创新的行为就是资源创造财富的能力。换言之，企业的创新能力可以提升企业的竞争力，而不仅仅是指技术上的创新。Tura 和 Hamaakorpi（2003）是这样界定创新能力的：在创新活动中，社会行为主体（如个体、组织或网络）所具备的利用已有资源的能力和对环境变化做出快速反应的能力。

狭义上看，企业的创新能力特指技术创新能力。过去的很多研究提供了值得参考的技术创新能力框架，包括研发能力（Guan & Ma，2003；Burgelman et al.，1996；Yam et al.，2004）、决策能力、营销能力（Guan & Ma，2003；Yam et al.，2004）、生产制造能力（Guan & Ma，2003；Yam et al.，2004）和资本能力（Yam et al.，2004）。

从不同的视角来看，企业创新能力的内涵不尽相同。从战略管理的角度来看，企业创新能力包括可利用资源及分配、对行业发展的理解能力、对技术发展的理解能力、结构和文化条件、战略管理能力（Burgelman et al., 1998）。从企业创新的基本性质角度来看，企业创新能力是企业支持创新战略实现的系统整体功能，由创新资源投入能力、创新管理能力、企业家创新倾向、研究开发能力、制造能力和营销能力组成。从创新资源的要素角度来看分为创新资源的投入能力、创新管理能力、创新激励能力、创新实践能力（林平凡和高怡冰，2006）。

另一种观点认为，创新能力被认为是这样一个过程：企业在这个过程中从内部或外部获取市场知识和技术知识，并将这些知识整合起来获得了新的创意、新的思想，最终将这些创意或思想与企业相应的资源组合起来，为市场创造出有价值的新产品（Kogut & Zander，1992）。

此外，也有学者认为：创新能力是一种能力、一种制度和一种文化（李金明，2001）。陈力田（2012）结合创新过程视角和创新内容视角，基于资源观、知识基础观、吸收能力观和动态能力观等理论，将创新能力的内涵界定为：企业搜寻、识别、获得外部新知识，或发现已有知识的新组合，或发现知识的新应用，进而产生能创造市场价值的内生性新知识所需要的一系列战略、组织、技术和市场惯例。

Adler & Shenhar（1990）从市场需求、技术工艺和反应能力角度总结了创新能力的四个特性：（1）生产满足市场需求产品的能力；（2）为生产这些新产品提供相应的加工工艺；（3）生产创造满足未来需求产品以及与之相匹配的加工方式；（4）对技术变革和竞争对手意外创造机会快速反应的能力。

由此可见，创新能力对于企业竞争力的保持以及整体战略的实施至关重要。创新能力是企业的无形资产和企业竞争力的核心。

（二）服务外包企业创新能力的内涵

服务外包企业的创新能力是其承接服务外包领域高端业务的基础。服务外包，有别于生产制造外包，是伴随生产制造过程而来的，如生产制造前的市场调研、产品设计，生产过程中的物流、库存管理、财务、客户服务等。服务外包业务具有以下三个特点：（1）与信息技术密切相关，很大程度上依赖互联网和通信技术；（2）与传统的制造业外包相比，附加值更高；（3）属于绿色产业，低消耗，无污染。

结合企业创新能力的含义以及服务外包行业的特点，本文将服务外包企业的创新能力界定为“对服务外包业务各创新要素创造性集成和融合的能力”，具体表现为：在市场机制的作用下，接包方在与外界环境的互动中，对创新资源进行的创造性集成，最终形成综合竞争能力。

服务外包企业创新能力既不同于一般企业的创新能力，也区别于生产制造外包企业的创新能力，突出地表现为通过创新资源的创造性集成融合而实现的综合竞争能力，推动服务外包业务快速增长，使技术创新成为服务外包企业发展的内在动力，并依靠管理创新、创新产出、协同创新和流程创新实现企业的可持续发展。因而，本文将创新要素分为技术创新能力、管理创新能力、创新产出能力、协同创新能力和流程创新能力五个维度。

二、服务外包企业创新能力评价的理论模型构建

（一）国内外关于服务外包企业创新能力的研究综述

1. 服务外包企业创新能力评价体系的研究

国外学者绝大多数的研究是基于服务发包方视角的，而服务外包企业的创新能力测评的研究则是国内学者更为关注的，且多数研究是凭借已有企业创新能力

评价体系的所构建起来的。下面按照上文对服务外包创新能力所划分的五个维度，系统整理了有关服务接包企业创新能力的已有研究文献，见表 3－1。

表 3－1　　服务外包企业创新能力研究文献整理

文献作者	技术创新能力		管理创新能力					创新产出能力			协同创新能力			流程创新能力
	研发投入	人才素质	组织文化	行业知识	信息收集	管理制度	关系管理	市场竞争	服务交付	产出效率	政策扶持	产学研合作	产业集聚	
Tufan Koc	√													√
Bertrand & Mol									√	√				√
刘小艺	√		√		√	√								
刘海云	√	√						√		√	√			
杨波等	√	√		√		√	√	√	√					√
刘妍等	√	√	√			√		√			√	√	√	√
熊小丽	√	√	√	√	√	√		√		√	√	√	√	
张慧颖	√	√	√	√		√	√		√		√	√	√	√
任志成等		√	√								√			

资料来源：作者根据服务外包企业创新能力研究文献整理

Koc（2007）认为外包软件企业的创新能力包括创意的产生及人力资源对企业创新能力产生积极影响。Bertrand 和 Mol 在离岸研发外包和在岸研发外包的创新效果的研究中，将产品创新和流程创新作为衡量创新的两个维度。

刘小艺（2009）认为软件企业的技术创新能力包含信息收集能力、企业文化、组织管理能力、生产制造能力、企业研发能力、市场营销能力；并构建了影响企业技术创新的 24 个指标，并针对不同类型的研发产品的软件企业进行了实证分析，得出研究开发和市场营销能力是软件企业技术能力最终要的因素，其次是组织管理能力和生产制造能力，信息收集能力对企业技术创新能力的影响并不是最重要的，但其数据整合水平作为其核心指标对企业技术创新起着关键性的作用。

刘海云（2010）构建了企业技术创新能力评价指标体系，将企业的技术创新过程分为 3 个阶段——企业创新投入过程、创新活动过程和创新产出过程，认为技术创新对外部环境有很大的依赖性，其中外部环境包括融资环境、政府支持力度、中介服务体系及其与上下游厂商信息关联度。

杨波和殷国鹏（2010）建立的评价指标有技术能力、人力资源能力、项目与流程管理能力、关系管理能力、行业经验与领域知识和服务交付能力，共6个一级指标，20个二级指标，其中技术能力包括基础设施、技术组合、新技术开发三方面。刘妍等（2011）对此研究进行补充，在关于创新能力演进的服务外包企业策略研究中提出：影响服务接包企业创新能力的演进的因素包括企业规模、研发经费投入、人才素质、管理制度、组织学习能力、扶持政策、法律惯例、产业集聚、产学研合作和市场竞争。张慧颖和王江平（2012）在这两个研究基础之上，构建了天津滨海新区服务外包企业创新能力维度，分别为外推力因素、内驱力因素（内向型能力、跨域型能力和外向型能力），以及创新产出能力。

熊小丽（2011）构建了软件服务外包企业技术创新能力的评价指标体系，包括研究与开发能力、创新管理能力、创新产出能力、营销能力及创新网络（即与其他组织的合作联结）。此外，她指出，其中前三种能力对于评价企业技术创新能力普遍被认为非常重要。而企业对于营销能力和创新网络的重要性的认识还存在差异。

任志成和张二震（2012）在软件行业承接国际服务外包获得的技术溢出对创新能力提升作用时，针对服务外包技术创新动力因素结构分析，拟定了4 大类（人力资本、技术转移、企业文化与制度、政府服务与外部环境）、21 个测量指标的问卷和量表。

综上所述，目前服务外包企业创新评价体系领域的研究存在着以下两个问题：一是，在为数不多的关于服务外包企业创新能力评价的文献中，国内学者的研究居多，且缺乏一致的研究理论框架；二是，绝大多数研究数据都是基于软件服务外包行业的，对 KPO 和 BPO 领域的研究鲜有涉及。但是仍要指出的是，多数研究以实地调研数据为支撑，因此研究结论具有一定的借鉴意义。

2. 企业创新能力评价方法研究

近年来，企业创新能力评价研究成为技术创新领域研究的热点。许多学者对技术创新能力的评价体系及评价方法做出了深入的探讨，为今后的研究奠定了坚实的基础，并提供了许多可借鉴的评价体系和评价方法。

国内外关于企业创新能力评价的方法很多，使用最为广泛的是综合评价法，即将多个指标转化为一个能够反映综合情况的指标来进行评价。根据权重确定方法的不同，大致可分为两类：

一类是主观赋权法，如多层次模糊综合评判模型（胡恩华，2001；李群和凌亢，2004）、因子评价法（牛莲芳，2007；刘小艺，2009）等，这类方法是采用综合咨询评分的定性方法，受人为因素的影响较大，往往会夸大或降低某些指标的作用，致使排序的结果不能完全真实地反映事物间的现实关系。

另一类是客观赋权法，如数据包络法（DEA）（赵林峰等，2007）、BP 神经网络法（李文博和郑文哲，2005）、灰色关联法（苏越良和罗剑宏，2002）、熵值法（和炳全等，2010）、层次分析法（AHP）（田依林，2009）等，这类方法是根据各指标间的相关关系和各项指标值的变异程度来确定权数，以避免人为因素带来的偏差。

另外，也有学者将两种方法相结合来对企业技术创新能力进行综合评价，以弥补不同方法的缺陷，扬长避短。如，薛立和曲世友（2003）先利用层次分析法测算各企业以往的状况即得到评价指标的综合指数状态，再采用数据包络方法中的BCC模型对其进行相对评价，从而消除客观基础条件优劣影响。张智越（2010）先后采用主成分和数据包络方法进行企业技术创新能力的评价。

由以上可以看出，评价方法具有多样性，且各具有优势，实际上由于方法本身的难以比较以及不同的评价目的，很难评判评价方法的好坏及进行取舍，而正基于此才出现了许多的评价方法。

（二）评价指标体系构建原则

制约服务外包企业技术创新能力的因素是多层次的动态系统，涉及评价能力的因素众多，结构复杂，只有从多个角度和层面来设计指标体系，才能准确反映服务外包企业的创新能力，因此，为保证评价结果的客观、准确，服务外包企业创新评价指标体系的设计应遵循以下原则：

1. 科学性原则。指标体系的科学性是确保评估结果准确合理的基础。它能够客观、真实地反应服务外包企业的创新现状、成效和未来潜力，并且，以较少的综合性指标反映出服务外包企业创新能力的内涵和基本要求。因此，设计服务外包企业创新能力评估指标体系时要考虑到企业创新元素及指标结构整体的合理性，从不同侧面设计若干反映企业技术创新状况的指标，并且指标要有较好的可靠性、独立性、代表性、统一性。

2. 动态性原则。服务外包企业技术创新能力是一个动态积累的过程：对企业创新能力的影响作用存在着滞后性，因而很难在较短的时间内反映出来；同时由于不断变化的企业内外部因素，服务外包企业的模式及发展方向也会不断变化。对服务外包企业创新能力的测定不仅要分析过去与当前创新行为的业绩，还要研究企业潜在的、未来的创新能力。因此，为了切实反映企业的动态发展过程，必须既要有测度创新能力结果的静态指标，又要有反映整个创新活动过程的动态指标，这样才能更准确更全面地反映服务外包企业创新能力的发展现状及未来趋势、可持续性，使指标体系具有更强的生命力。

3. 硬性指标与软指标相结合原则。我国的服务企业外包创新能力的评价处于探索阶段，由于不同服务外包企业存在着经济、技术等条件和水平的差异，企业所面临的问题也不相同。在指标体系中所采用的指标应全面、系统，力求反映创新能力的内涵与本质。同时由于评价问题比较复杂，要根据实际情况，采取硬性指标与软指标相结合。因为，硬指标是显性的，它只代表过去与现在；软指标是内在的，更有前瞻性，个性化信息保留较多，对未来的把握远比硬指标好。

（三）评价体系的构建

基于上述原则，并结合前文对服务外包企业创新能力的有关文献综述，依据企业创新能力体系及各指标的特点，从技术创新的过程出发，并结合服务外包企业与发包方的特殊关系，构建了服务外包企业创新能力的评价指标体系，包括创新资源投入能力、创新管理能力、产出能力、协同创新能力及流程创新能力五个方面。

从服务外包企业创新能力结构的研究出发，综合现有的对企业创新能力的评价体系，广泛收集了各零散指标，结合上文对服务外包企业创新研究的系统分析，本文在上述构建原则基础上后构建了服务外包企业创新评价体系（见表3－2）。

表3－2　　服务外包企业创新评价体系

一级指标	二级指标	题　项
技术创新能力	研发能力	与主要竞争者相比，研发人员占员工总数的比重
		与主要竞争者相比，研发费用占销售额的比重
		过去三年里由本企业开发全新产品的开发费用占这些产品销售收入的比重
		在产品技术与开发新产品方面，我们比竞争者有创新性
		在发挥高水平研究与开发职能方面，我们比竞争者更有创新性
	其他技术创新能力	在流程技术和开发新生产流程方面，我们比竞争者更有创新性
		在经营中采用新技术方面，我们比竞争者更有创新性
		我们在利用信息技术方面，表现出比竞争对手更大的创新性
管理创新能力	文化创新	我们高层特别强调不断尝试新的机会
		我们公司在新员工的招聘中特别强调创新与创造能力
	战略创新	在决定用什么方法实现目标方面，我们比竞争者更有创新性
		我们的绩效评价方法有助于部门主管了解公司目标实现情况
		在探索实现公司目标的新途径方面，我们比竞争者更有创新性
		在工作内容更新/方法改进方面，我们比竞争者更有创新性
	激励机制创新	我们的员工福利制度可以有效调动员工求新务实的积极性

续表

一级指标	二级指标	题　项
管理创新能力	协调能力创新	我们会根据营销管理的要求动态调整各部门的分工与协作
	制度创新	我们的财务管理制度可以有效地监控绩效与目标之间的差距
		我们公司的新员工招聘制度不仅效率高，而且效果明显
		在推出新制度或信息系统管理方面，我们比竞争者更有创新性
创新产出能力	专利发明	过去三年里公司获得专利的数量
	新产品销售比重	来自过去三年由本企业所开发的全新产品的销售收入占公司总销售收入的比重
		来自过去三年由本企业所开发的改良产品的销售收入占公司总销售收入的比重
	市场竞争力	我们推出新产品和新服务的速度往往比竞争对手要快
		竞争对手常常会模仿我们公司所开发的新产品和新服务
		我们公司经常开发出深受市场欢迎的新产品与新服务
		我们在产品/服务研究与开发方面拥有比竞争者更强的实力
	产品改进能力	我们一直努力开发可以把老产品改进为新产品的创新技能
协同创新能力	与发包方	我们与发包方（顾客）联合进行开发/服务开发
	与接包方	我们与主要的接包方联合进行开发/服务开发
	与政府	各级政府积极为服务外包和自主创新的个人和组织提供援助
流程创新能力	流程开发与改进	我们公司不断获取新技术以便改进生产流程或服务流程
		我们公司可以设计开发出更有效的制造流程或作业流程
		我们采用的制造流程或工艺总是会引起竞争对手的模仿

调查问卷主要包括服务外包企业基本情况与企业的创新能力方面的调查，由于指标往往涉及企业的商业机密，如果将其设置为绝对性量化指标，被调查企业往往不愿意接受调查或者是准确回答，可行性较差，且可能造成很大的系统偏差，从而使研究失去意义。因此，为了便于统计分析，本文在评价指标设计中将部分量化指标都设计为参照其他竞争企业情况的描述性问题或者是范围值，所有评价指标都采用了 Likert 的五点量表和分项量表（Itemized Rating Scale）。服务外包企业创新能力的评价指标体系具体如下：

1. 技术创新能力，是指企业在研发活动和非研发类活动（流程、经营、信息等）方面的创新能力。Wang 等（2008）认为企业的技术创新能力是多维度、复杂的、交互式的创新活动。同时他认为，研发能力能帮助企业改进已有技术，以及开发新的技术或提高研发职能。本文认为服务外包企业的技术创新能力包括研发能力和其他技术创新能力。国际惯例一般采用研发投入/销售额和研发人员数/总体员工数目，代表研发强度（Sterlacchini & Venturini，2013；Manu & Sriram，1996）。

2. 管理创新能力，是企业发展和评价创新机会、组织及策划创新活动的能力。这种能力体现在：企业各个层面具有创新愿望，能够激起和调动企业技术创新活动的积极性；快速捕捉对市场需求、竞争对手状况、新技术发展的预测及评价等信息，并及时作出决策和调整；企业内研发、生产、营销与综合管理部门存在良好的共同方式和渠道，部门间能够开展旨在实现创新的大协作；人员流动和奖励的效果明显等。参照胡恩华（2001）、王立新等（2006）、唐炜等（2007）创新管理能力的内容，本文认为服务外包企业的管理创新能力包括创新文化创、创新战略、新激励机制、创新协调能力四个方面。

3. 创新产出能力，是指新产品或改进产品、专利和市场竞争能力的综合体现。同时产出能力也是创新产品或技术的市场获利环节的能力，是技术创新能力最终结果的评价，是企业技术创新能力的直观体现，实际上反映的是企业效益的实现以及技术的进步。参照刘洪波（2008）、党兴华和郑登攀（2007）等创新产出能力的内容，本文认为产出能力包括专利发明、新产品销售比重、市场竞争力和改进产品能力。

4. 协同创新能力，是指将服务外包企业外部所有各种要素协同起来，使其效率最大化。服务外包企业外部各种要素包括发包方、政府、高校及科研机构、竞争企业、金融机构等（金涛和施建军，2012）。服务外包企业从最初的被动接受者（在发包方要求中进行吸收、消化、转化）转变为交流互动者（在完成发包方要求的基础上，向发包方提出更多可行的意见，通过交流，发包方可以获得更多有价值的信息），这样就完成了使发包方、接包方都从中受益的协同创新。反之亦然，服务外包企业通过互动，与其接包方形成协同创新效益。政府通过审批、税收、财政等各种政策引导和支持企业的创新；同时，服务外包企业也可以通过自身的努力，为政府出谋划策，使政府制定出更有利于鼓励企业创新发展的政策。这样，政府与企业之间形成良好的协同，更有利于创新。本文将协同创新能力划分为：与发包方、接包方和政府的协同创新三个维度。

5. 流程创新能力，是指对生产、制造和作业等流程的改进和创造能力（Damanpour，1991；Prajogo & Ahmed，2006）。流程创新能力可以有效地帮助服务外包企业优化生产或服务流程，提高服务效率。

第二节 服务外包企业创新评价的实证模型与评价

一、服务外包企业创新评价方法

（一）数据来源

本节所用数据均来自南京大学商学院和对外经济贸易大学国际商学院编制的《服务外包企业创新能力研究》调查问卷。该问卷发放对象是位于北京、深圳、无锡、东莞、广州等地区的服务外包企业项目经理和战略经理，共计发放 271 份配对问卷，回收 199 份问卷，剔除缺失值较多的问卷，最终获得 174 份有效问卷，有效回收率为 64.21%。

（二）分析方法

本文采用 SPSS17.0 作为问卷数据分析的研究工具，对有效问卷的数据进行统计分析包括以下内容。

1. 描述性统计分析

针对有效问卷的基本资料，进行汇总后将对样本展开平均数、标准差等项目的分析，以全面了解数据的集中趋势和离散趋势，从而把握被调查服务外包企业创新能力的具体情况。

2. 信度检验及探索性因素分析

为了解问卷的可靠性，对数据进行信度和效度检验。信度是测量数据一致性和稳定性的程度。效度是测量的有效性程度，即测量工具确能测出其所要测量特质的程度。本文用总项相关系数（CITC）值和 Cronbach's Alpha 系数来检验所有量表的信度。探索性因素分析是一种可将原始变量归类浓缩成较少的因素（变量）的方法，而这些浓缩后的变量能够涵盖原有因素所测量的特征。用 KMO 取样适当性测量值（Kaiser-Meyer-Olkin Measure of Sampling Adequacy）和巴特利特球体检验统计量（Bartlett's Test of Sphericity）作为检验能否进行因素分析的工具。

3. 服务外包企业基本信息与各创新能力指标的交叉分析

将服务外包企业基本信息与各个创新能力指标进行交叉分析，以探究何种性质的服务外包企业在哪些维度上的创新能力相对较高。

二、服务外包企业创新能力的实证分析

（一）描述性统计分析

1. 被调查的服务外包企业基本情况

如表 3-3 所示，从样本企业性质来看，被调查的服务外包企业中有 63.2%为民营控股企业，21.8%为合资/合作企业，6.9%为外商独资企业，2.3%为国有控股企业。大部分企业成立年限较长，70.7%的企业成立年限在 3 年及以上的，而成立年限在 1 年以下的企业仅为 2.9%。相对应的从事外包业务年数在 3 年及以上的企业占比为 54.6%。六成的企业从事外包业务在 5 年以内，由此可见服务外包行业是一个新兴的行业，且处于起步阶段。企业的职工总数在 51～150 人的最多，占 53.4%；其次是 151～500 人，为 25.3%；达到 500 人以上的大型企业占比仅为 10.3%，可见大部分被调查的服务外包企业的规模为中小型企业。近五年向市场推出的新产品占全部产品的比重集中在 11%～20%和 21%～30%，分别占 34.5%和 21.8%。

表 3-3　被调查企业特征描述

题项	选项	样本数	百分比（%）
企业性质	国有企业	4	2.3
	外商独资	12	6.9
	民营企业	110	63.2
	合资/合作	38	21.8
	其他	4	2.3
成立年限	1 年以下	5	2.9
	1～2 年	44	25.3
	3～4 年	43	24.7
	5～10 年	51	29.3
	10 年以上	29	16.7
承接服务外包业务年限	1 年以下	13	7.5
	1～2 年	60	34.5
	3～4 年	39	22.4
	5～10 年	43	24.7
	10 年以上	13	7.5

续表

题项	选项	样本数	百分比（%）
近三年平均每年的员工数	50 以下	19	10.9
	51～150	93	53.4
	151～500	44	25.3
	501～1 000	10	5.7
	1 001 以上	8	4.6
近三年年均销售额	200 万以下	19	10.9
	201～500 万	67	38.5
	151～999 万	45	25.9
	1 000～4 999 万	18	10.3
	5 000 万以上	22	12.6
近五年向市场推出的新产品占全部产品的比重	10%以下	32	18.4
	11%～20%	60	34.5
	21%～30%	38	21.8
	31%～40%	18	10.3
	41%以上	17	9.8

数据来源：课题组调查问卷

2. 各项创新能力指标的均值和方差

如表 3－4 所示，技术创新能力、管理创新能力、协同创新能力和流程创新能力的平均值均超过 3，且标准差均小于 1，说明被调查企业普遍认为自身的技术创新能力、管理创新能力、协同创新能力和流程创新能力处于“还可以/与竞争者差不多”与“比较赞同/比竞争者好”之间的水平。而产出能力的平均值仅为 2.93，表明目前被调查的服务外包企业的产出能力普遍不高，处于“比竞争者差”但接近于“还可以/与竞争者差不多”的水平。

其他技术创新能力的平均值高于研发能力的平均值，表明被调查的服务外包企业在流程、经营、信息方面的技术创新能力要高于研发活动的创新能力。文化创新、战略创新、激励机制创新、协调能力创新、制度创新、市场竞争力、产品改进能力、与发包方/接包方/政府协同创新能力、流程开发与改进能力的平均值均大于 3.10，标准差小于 1，说明企业在这些方面的创新能力跟竞争者差不多，其中与发包方协同创新能力最强，平均值为 3.55，这表明服务外包企业与发包方之间的创新活动普遍非常活跃，同时也说明服务外包企业的创新主要发生在与接包方的互动之中。

需要指出的是，专利发明和新产品销售比重的平均值分别为 2.29 和 2.71，说明被调查企业普遍在过去三年里获得专利的数量为 3～5 个，由本企业开发的全新/改良产品的销售收入占公司总销售收入比重为 6%～15%；此外，它们的标准差均大于 1，说明这些分值分布较为离散，反映了不同企业在这两项指标上的差异较大。

表 3－4　企业创新能力指标的描述性分析

一级指标	平均值	标准差	二级指标	平均值	标准差
技术创新能力	3.19	0.74	研发能力	3.06	0.95
			其他技术创新能力	3.34	0.91
管理创新能力	3.34	0.72	文化创新	3.40	0.88
			战略创新	3.31	0.92
			激励机制创新	3.33	0.89
			协调能力创新	3.40	0.85
			制度创新	3.30	0.93
创新产出能力	2.93	0.74	专利发明	2.29	1.23
			新产品销售比重	2.71	1.10
			市场竞争力	3.15	0.91
			产品改进能力	3.31	0.82
协同创新能力	3.44	0.58	与发包方	3.55	0.84
			与接包方	3.31	0.83
			与政府	3.38	0.86
流程创新能力	3.25	0.93	流程开发与改进	3.25	0.93

数据来源：课题组调查问卷

（二）信度检验及探索性因素分析

1. 信度检验

对全部样本进行信效度检验，具体过程如下：首先进行问题项的纯化，即分析总项相关系数（CITC）值，如果问题项的 CITC 太低（小于 0.5），则该问题项应予以删除，除非该题具有较大的理论意义；然后用 Cronbach's Alpha 系数来检验所有量表的信度，一般认为 Cronbach's Alpha 系数大于 0.9，测试因素内在信度很高；0.8～0.9 之间，信度较好；0.7～0.8 之间，信度一般；0.6～0.7 之间，信度可以接受；小于 0.6 则考虑需要对量表的问题项进行改进。

从表 3－5 可以看出，在 C1 至 C8 中，除 C3 之外，所有题项的 CITC 均大于 0.5，但“开发全新产品的开发费用占这些产品销售收入的比重”，是国际惯用的衡量研发能力的重要硬性指标，故不删除这个题项。总体 Cronbach's Alpha 系数等于 0.910，表明题项的信度很高。

在 C9 至 C19 中，所有题项的 CITC 均大于参考值 0.5，总体 Cronbach's Alpha 系数等于 0.943，表明题项信度很高。

在 C20 至 C27 中，除 C20 和 C21，但由于“专利的数量”和“开发的全新产品的销售收入占公司总销售收入的比重”是衡量创新产出的重要指标，可以反映企业创新的结果和程度，故保留这两个题项。总体 Cronbach's Alpha 系数等于 0.864，表明题项信度较好。

C28 至 C30 均低于参考值 0.5，其中 C29 的 CITC 为 0.377，且 KMO 小于 0.5，故删除 C29。而 C28 和 C30 涉及服务外包的两个重要的共同创新伙伴，即发包方与政府，故不删除。总体 Cronbach's Alpha 系数等于 0.582，表明题项信度可接受。

在 C31 至 C33 中，所有题项的 CITC 均大于参考值 0.5，总体 Cronbach's Alpha 系数等于 0.815，表明题项信度较好。

表 3－5　　题项的信度分析及因素分析

题　项	CITC	删除后 Alpha 值
C1：与主要竞争者相比，研发人员占员工总数的比重	0.679	0.901
C2：与主要竞争者相比，研发费用占销售额的比重	0.646	0.904
C3：过去三年里由本企业开发全新产品的开发费用占这些产品销售收入的比重	0.416	0.924
C4：在产品技术与开发新产品方面，我们比竞争者有创新性	0.802	0.890
C5：在发挥高水平研究与开发职能方面，我们比竞争者更有创新性	0.772	0.893
C6：在流程技术和开发新生产流程方面，我们比竞争者更有创新性	0.813	0.889
C7：在经营中采用新技术方面，我们比竞争者更有创新性	0.805	0.890
C8：我们在利用信息技术方面，表现出比竞争对手更大的创新性	0.766	0.894
Cronbach's Alpha =0.910		
KMO =0.865，Sig.=0.000		
C9：我们高层特别强调不断尝试新的机会	0.568	0.947
C10：我们公司在新员工的招聘中特别强调创新与创造能力	0.762	0.937
C11：在决定用什么方法实现目标方面，我们比竞争者更有创新性	0.807	0.935

续表

题　项	CITC	删除后 Alpha 值
C12：我们的绩效评价方法有助于部门主管了解公司目标实现情况	0.772	0.937
C13：在探索实现公司目标的新途径方面，我们比竞争者更有创新性	0.800	0.936
C14：在工作内容更新/方法改进方面，我们比竞争者更有创新性	0.797	0.936
C15：我们的员工福利制度可以有效调动员工求新务实的积极性	0.671	0.941
C16：我们会根据营销管理的要求动态调整各部门的分工与协作	0.804	0.936
C17：我们的财务管理制度可以有效地监控绩效与目标之间的差距	0.778	0.937
C18：我们公司的新员工招聘制度不仅效率高，而且效果明显	0.811	0.935
C19：在推出新制度或信息系统管理方面，我们比竞争者更有创新性		
Cronbach's Alpha =0.943		
KMO =0.929，Sig.=0.000		
C20：过去三年里公司获得专利的数量	0.434	0.875
C21：来自过去三年由本企业所开发的全新产品的销售收入占公司总销售收入的比重	0.498	0.862
C22：来自过去三年由本企业所开发的改良产品的销售收入占公司总销售收入的比重	0.566	0.853
C23：我们推出新产品和新服务的速度往往比竞争对手要快	0.806	0.825
C24：竞争对手常常会模仿我们公司所开发的新产品和新服务	0.644	0.844
C25：我们公司经常开发出深受市场欢迎的新产品与新服务	0.698	0.839
C26：我们在产品/服务研究与开发方面拥有比竞争者更强的实力	0.749	0.836
C27：我们一直努力开发可以把老产品改进为新产品的创新技能	0.664	0.844
Cronbach's Alpha =0.864		
KMO =0.848，Sig.=0.000		
C28：我们与发包方（顾客）联合进行开发/服务开发	0.435	0.523
C29：我们与主要的接包方联合进行开发/服务开发	0.377	0.254
C30：各级政府积极为服务外包和自主创新的个人和组织提供援助	0.403	0.551
Cronbach's Alpha =0.582		
KMO =0.558，Sig.=0.000		
C31：我们公司不断获取新技术以便改进生产流程或服务流程	0.672	0.740
C32：我们公司可以设计开发出更有效的制造流程或作业流程	0.758	0.654
C33：我们采用的制造流程或工艺总是会引起竞争对手的模仿	0.580	0.838
Cronbach's Alpha =0.815		
KMO =0.669，Sig.=0.000		

数据来源：课题组调查问卷

2. 探索性因素分析

在进行因素分析前，须确定各变量观察值之间是否具有共同变异性。本文采用 KMO（Kaiser-Meyer-Olkin）取样适当性测量值和 Bartlett 球体检验统计量，以测试样本是否适合做因子分析。一般而言，KMO 在 0.9 以上为极好，0.8～0.9 之间表示很好，0.6～0.7 之间表示一般，0.5～0.6 之间表示差，0. 5以下表示不能接受。Bartlett 球形检验了题项间是否具有共同变异性的存在：当 P 值接近于 0，说明数据具有相关性但无共同变异性，适宜做因子分析。

由表 3 – 5 可知，KMO 取样适当性均大于 0.5。Bartlett's 球形检验 P 值也均达显著标准，表示皆可使用因素分析对变量做因素萃取。针对服务外包企业创新能力量表做因素分析，首先对量表的输入数据进行主成分分析，分析结果的最大变异旋转法（Varimax）作正交转轴，萃取重要因素。作为每个可变因素的选择标准，根据 Hair 和 Anderson 的建议，提取特征值大于 1，因子载荷大于 0.5，提取的主成分因子解释变异量累计达到 50%以上，最后参照因子载荷量给予适当的命名。服务外包企业创新能力量表共 32 个题项，经因素分析后，萃取结果得出 5 个主成分因素。转轴后因素负荷量，均大于 0.5，如表 3 – 6 所示。各因素的特征值均大于 1，累计解释的变异量高于 50%，显示各因素具有较好的解释能力。此外，各因素内容与本研究的操作性定义相一致，因素分析结果如表 3 – 7 所示。

表 3 – 6　　转轴后的因素矩阵

旋转成分矩阵[a]					
	成分				
	1	2	3	4	5
C11	.739				
C12	.737				
C10	.730				
C17	.656				
C19	.645				
C15	.603				
C18	567				
C16	.565				
C9	.534				
C13	.534				
C14	.529				

续表

	1	2	3	4	5
C6		.744			
C3		.722			
C4		.702			
C7		.672			
C1		.659			
C2		.636			
C8		.624			
C5		.526			
C25			.713		
C26			.668		
C27			.588		
C23			.581		
C22			-.542		
C20			.533		
C21			.519		
C24			.503		
C33				.780	
C32				.651	
C31				.618	
C28					.764
C30					.532

提取方法：主成分分析法。
旋转法：具有 Kaiser 标准化的正交旋转法。
a. 旋转在 14 次迭代后收敛。

表 3-7　　服务外包企业创新能力因素分析结果

因素名称	特征值	累积解释变异量（%）
管理创新能力	7.053	64.115
技术创新能力	5.020	62.754
创新产出能力	4.392	54.905
流程创新能力	2.203	73.438
协同创新能力	1.145	57.274

第一个因素共有 11 个题项，命名为管理创新能力；第二个因素共有 8 个题项，命名为技术创新能力；第三个因素共有 8 个题项，命名为创新产出能力；第四个因素共有 3 个题项，命名为流程创新能力；第五个因素共有 2 个题项，命名为协同创新能力。

（三）服务外包企业基本信息与各要素能力指标的交叉分析

如表 3－8 所示，将服务外包企业基本信息与各个创新能力指标进行交叉分析。首先计算各个二级指标的平均值，并规定均值大于 4 的代表该项创新能力较强，再采用 SPPS17.0 对企业的基本信息和各项二级指标的均值进行交叉分析，最后得出在不同创新能力维度上均值大于 4 的样本，占具有该特征的企业总数的百分比，以探究何种性质的服务外包企业在哪些维度上的创新能力较强。

从企业类型来看，外资企业在技术创新能力方面最强，而国有企业的研发能力最弱，但国有企业在企业文化中是最强调创新能力的。民营企业在战略、激励机制和制度创新方面的水平稍领先于其他类型企业。外资企业的协调能力最强，说明外企在动态调整各部门的分工与协作方面较为灵活。国有企业的专利发明能力最强，50%的被调查的国有企业在过去三年的专利数量在 10 个以上，而仅有 14.6%的民营企业在三年里获得 10 个以上的专利。83.3%的外资服务外包企业与发包方联合开发新产品，60%的外资企业在创新方面得到政府的支持。外资企业在流程创新能力方面也明显高于其他类型企业。

从成立年限来看，成立不到一年的服务外包企业在文化创新方面较强。研发能力较强的企业中，成立 3～5 年的企业占的比重较多，为 21.6%。在研发能力较高的企业范围内，成立年限与研发能力呈现出近似倒 U 的形状，即成立小于 3 年的企业随时间增加创新能力不断提升，在 3～5 年阶段达到顶峰，大于 5 年的企业创新能力有所降低。此外，成立在 10 以上的企业在其他技术创新、产品改进能力和流程创新方面较为突出。

从承接服务外包业务年限来看，承接服务外包业务超过 10 年的企业，在其他技术创新、文化创新、专利发明、与发包方的协同创新和流程创新能力方面最强。而具有 5～10 年外包经验的企业在研发能力、战略创新、新产品销售比重和市场竞争力方面表现最突出。

从近三年平均每年的员工数来看，员工大于 1 000 人的服务外包企业在技术创新能力、协同创新能力和流程创新能力方面均占有较大优势，员工人数为 151～500 的服务外包企业，在战略、制度创新能力方面更为突出。

从近三年年均销售额来看，在技术创新和协调创新能力方面，年均销售额为 151～999 万元的企业所占比重更高。而年均销售额小于 100 万元的企业研发能力极弱。年均销售额为 1 000～4 999 万元的企业在管理创新和创新产出方面优势较为明显。而销售额超过 5 000 万元的企业在流程创新方面具有优势，但在其他创新能力方面表现得并不突出。

很明显，近五年向市场推出的新产品占全部产品的比重高于 41%的企业，各项创新能力普遍最强。

表 3－8　　服务外包企业基本信息与各要素能力指标的交叉分析（%）

		技术创新能力		管理创新能力					创新产出能力				协同创新能力		流程创新能力
		研发	其他技术	文化	战略	激励机制	协调能力	制度	专利	新产品	市场竞争力	产品改进	与发包方	与政府	开发与改进
企业性质	国有	0.0	25.0	66.7	25.0	25.0	25.0	0.0	50.0	0.0	25.0	25.0	25.0	25.0	25.0
	外独	33.3	50.0	25.0	25.0	25.0	66.7	25.0	41.7	16.7	25.0	50.0	83.3	60.0	58.3
	民营	9.1	32.7	25.0	30.9	43.0	43.5	33.6	14.6	20.9	19.1	42.7	51.4	48.9	27.3
	合资	15.8	18.4	30.9	23.7	37.8	34.3	21.1	23.5	24.3	23.7	35.1	47.4	25.8	23.7
	其他	25.0	50.0	21.1	25.0	25.0	25.0	25.0	0.0	0.0	25.0	50.0	25.0	33.3	25.0
成立年限	＜1	4.5	0.0	40.0	20.0	40.0	20.0	20.0	0.0	0.0	0.0	20.0	40.0	0.0	0.0
	1～3	7.0	4.5	22.7	18.2	20.5	23.8	22.7	4.9	4.5	2.3	15.9	55.8	21.6	6.8
	3～5	21.6	39.5	32.6	27.9	41.9	42.9	25.6	20.0	23.3	25.6	46.5	48.8	58.3	20.9
	5～10	17.2	41.2	29.4	37.3	52.0	44.0	41.2	28.9	28.0	29.4	50.0	56.9	51.2	39.2
	＞10	12.2	44.8	34.5	31.0	37.9	64.3	27.6	24.0	20.7	27.6	51.7	48.3	41.4	51.7
承接服务外包业务年限	＜1	0.0	15.4	23.1	23.1	30.8	16.7	15.4	0.0	15.4	15.4	23.1	41.7	33.3	7.7
	1～3	5.0	20.0	31.7	30.0	32.7	34.5	26.7	9.6	10.0	15.0	25.0	55.2	34.0	15.0
	3～5	12.8	35.9	30.8	25.6	50.0	52.6	38.5	27.3	21.1	17.9	53.8	43.6	56.3	33.3
	5～10	23.3	39.5	20.9	32.6	37.2	34.9	32.6	23.7	27.9	30.2	47.6	58.1	43.2	32.6
	＞10	15.4	46.2	46.2	23.1	46.2	75.0	15.4	38.5	23.1	23.1	46.2	61.5	46.2	61.5

续表

		技术创新能力		管理创新能力					创新产出能力				协同创新能力		流程创新能力
		研发	其他技术	文化	战略	激励机制	协调能力	制度	专利	新产品	市场竞争力	产品改进	与发包方	与政府	开发与改进
近三年平均每年的员工数	＜50	5.3	21.1	31.6	21.1	38.9	44.4	21.1	10.5	10.5	10.5	31.6	38.9	60.0	21.1
	51～150	7.5	22.6	24.7	26.9	31.8	32.2	23.7	10.0	18.3	16.1	31.5	54.9	33.3	19.4
	151～500	20.5	43.2	34.1	36.4	54.5	52.3	45.5	33.3	23.3	27.3	50.0	47.7	38.5	36.4
	501～1 000	20.0	40.0	30.0	20.0	30.0	50.0	30.0	30.0	20.0	40.0	70.0	60.0	75.0	50.0
	＞1 001	25.0	62.5	50.0	25.0	62.5	85.7	25.0	37.5	37.5	25.0	75.0	62.5	87.5	75.0
近三年年均销售额	＜100	0.0	10.5	21.1	10.5	42.1	31.6	15.8	17.6	10.5	5.3	26.3	26.3	35.3	15.8
	201～500	6.0	22.4	20.9	28.4	29.5	23.8	23.9	7.4	10.4	13.4	20.9	58.5	30.9	10.4
	151～999	24.4	46.7	35.6	35.6	40.0	51.1	44.4	28.6	27.3	33.3	59.1	61.4	64.9	42.2
	1 000～4 999	11.1	44.4	38.9	33.3	66.7	61.1	44.4	23.5	33.3	38.9	66.7	44.4	43.8	44.4
	＞5 000	18.2	31.8	40.9	22.7	36.4	61.9	13.6	23.8	18.2	13.6	50.0	50.0	36.4	45.5
近五年向市场推出的新产品占全部产品的比重	＜10%	0.0	15.6	18.8	15.6	34.4	29.0	12.5	6.9	3.1	6.3	31.3	32.3	28.6	15.6
	11%～20%	8.3	26.7	16.7	31.7	27.3	26.3	28.3	10.7	10.0	13.3	28.3	59.3	30.6	18.3
	21%～30%	13.2	42.1	36.8	23.7	48.6	52.6	34.2	33.3	18.9	28.9	44.7	54.1	54.8	34.2
	31%～40%	16.7	22.2	16.7	16.7	38.9	50.0	33.3	12.5	22.2	16.7	58.8	50.0	50.0	44.4
	＞41%	41.2	47.1	76.5	52.9	70.6	82.4	41.2	33.3	64.7	47.1	76.5	64.7	64.7	52.9

数据来源：课题组调查问卷

参考文献

[1] Adler, P. S. & Shenhar, A. Adapting Your Technological Base: The Organizational Challenge[J]. MIT Sloan Management Review, 1990, 32(1): 25-37.

[2] Bertrand, O. & Mol, M. J. The Antecedents and Innovation Effects of Domestic and Offshore R&D Outsourcing: The Contingent Impact of Cognitive Distance and Absorptive Capacity[J]. Strategic Management Journal, 2013, 34(6): 751-760.

[3] Burgelman, R. A., Maidique, M. A. & Wheelwright, S. C. Strategic Management of Technology and Innovation[M]. Chicago: Irwin, 1996.

[4] Burns, T. & Stalker, G. M. The Management of Innovation[M]. London: Tavistock Publishing, 1961.

[5] Damanpour, F. Organizational Innovation: A Meta-Analysis of Effects of Determinants and Moderators[J]. The Academy of Management Journal, 1991, 34(3): 555-590.

[6] Drucker, P. F. The Discipline of Innovation[J]. Harvard Business Review, 1998, 76(6): 149-157.

[7] Gerybadze, A. & Reger, G. Globalization of R&D: Recent Changes in the Management of Innovation in Transnational Corporations[J]. Research Policy, 1999, 28(2-3): 251-274.

[8] Guan, J. & Ma, N. Innovative Capability and Export Performance of Chinese Firms[J]. Technovation, 2003, 23(9): 737-747.

[9] Koc, T. Organizational Determinants of Innovation Capacity in Software Companies[J]. Computers & Industrial Engineering, 2007, 53(3): 373-385.

[10] Kogut, B. & Zander, U. Knowledge of the Firm, Combinative Capabilities, and the Replication of Technology[J]. Organization Science, 1992, 3(3): 383-397.

[11] Manu, F. A. & Sriram, V. Innovation, Marketing Strategy, Environment, and Performance[J]. Journal of Business Research, 1996, 35(1): 79-91.

[12] Maskell, P., Pedersen, T., Petersen, B., et al. Learning Paths to Offshore Outsourcing: From Cost Reduction to Knowledge Seeking[J]. Industry and Innovation, 2007, 14(3): 239-257.

［13］Paju, T. Conceptual Model of R&D Offshore Outsourcing[J]. Journal of Global Business and Technology, 2007, 3(1): 49.

［14］Prajogo, D. I. & Ahmed, P. K. Relationships between Innovation Stimulus, Innovation Capacity, and Innovation Performance[J]. R&D Management, 2006, 36(5): 499 – 515.

［15］Sterlacchini, A. & Venturini, F. Boosting Manufacturing Productivity through R&D: International Comparisons with Special Focus on Italy[J]. Journal of Industry, Competition and Trade, 2013, 13(2): 187 – 208.

［16］Tura, T. & Harmaakorpi, V . Social Capital in Building Regional Innovative Capability: A Theoretical and Conceptual Assessment[C]// ERSA conference papers. European Regional Science Association, 2003.

［17］Wang, C., Lu, I. & Chen, C. Evaluating Firm Technological Innovation Capability Under Uncertainty[J]. Technovation, 2008, 28(6): 349 – 363.

［18］Yam, R. C. M., Guan, J. C., Pun, K. F., et al. An Audit of Technological Innovation Capabilities in Chinese Firms: Some Empirical Findings in Beijing, China[J]. Research Policy, 2004, 33(8): 1123 – 1140.

［19］陈力田. 企业技术创新能力演进规律研究［D］. 杭州：浙江大学，2012.

［20］党兴华，郑登攀. 技术创新网络中核心企业影响力评价因素研究［J］. 科研管理，2007，(S1):19 – 25+18.

［21］和炳全，杜春喜，郑洋. 基于熵值法的企业技术创新能力评价[A]. Intelligent Information Technology Application Research Association, Hong Kong、Huazhong Normal University, China、Huazhong University of Science and Technology, China.Proceedings of 2010 International Conference on Bio-inspired Systems and Signal Processing(ICBSSP 2010)[C].Intelligent Information Technology Application Research Association, Hong Kong、Huazhong Normal University, China、Huazhong University of Science and Technology, China:智能信息技术应用学会，2010:4.

［22］胡恩华. 企业技术创新能力指标体系的构建及综合评价［J］. 科研管理，2001，(04)：79 – 84.

［23］金涛，施建军. 服务外包企业协同创新研究［J］. 山东社会科学，2012，（11）：155 – 157.

［24］李金明. 企业创新能力的分析模型［J］. 东华大学学报（自然科学版），2001，（02）：27 – 30.

［25］李群，凌亢. 企业技术创新能力指标体系的模糊理论综合评价［J］. 数学的

实践与认识，2004，（05）：41－46.
[26] 李文博，郑文哲. 基于神经网络的企业技术创新能力综合评价研究［J］. 科技进步与对策，2005，（01）：55－57.
[27] 林平凡，高怡冰. 企业自主技术创新能力评价指标体系研究［J］. 科技管理研究，2006，（12）：40－42+52.
[28] 刘海云. 河南高技术企业创新能力实证研究［J］. 中原工学院学报，2010，21（02）：53－57.
[29] 刘洪波. 北京市高科技中小企业技术创新能力评价研究［D］. 北京：北京化工大学，2008.
[30] 刘小艺. 软件企业技术创新能力评价研究［D］. 大连：大连大学，2009.
[31] 刘妍，冯雷鸣，黄玉杰. 基于创新能力演进的服务外包企业策略研究［J］. 科技进步与对策，2011，28（17）：90－95.
[32] 牛莲芳. 兰州市企业技术创新能力评价研究［D］. 兰州：兰州理工大学，2007.
[33] 任志成，张二震. 承接国际服务外包、技术溢出与本土企业创新能力提升［J］. 南京社会科学，2012，（02）：26－33.
[34] 苏越良，罗剑宏. 企业技术创新能力的灰色关联分析［J］. 中南工业大学学报（社会科学版），2002，（02）：120－122.
[35] 唐炜，蒋日富，鹿盟. 企业技术创新能力评价理论研究综述［J］. 科技进步与对策，2007，（05）：195－200.
[36] 田依林. 企业技术创新能力评价指标体系模型研究［J］. 科技管理研究，2009，29（07）：173－175.
[37] 王立新，高长春，任荣明. 企业创新能力的评价体系和评价方法研究［J］. 东华大学学报（自然科学版），2006，（03）：34－37+56.
[38] 熊小丽. 武汉市软件服务外包企业技术创新能力评价研究［D］. 武汉：华中农业大学，2011.
[39] 薛立，曲世友. 二次相对评价法在企业技术创新能力中的应用［J］. 科技与管理，2003，（04）：53－55.
[40] 杨波，殷国鹏. 中国 IT 服务外包企业能力研究［J］. 管理学报，2010，7（02）：199－203.
[41] 殷国鹏，杨波. 我国服务外包企业承接能力评估模型研究——基于北京的实证调查与分析［J］. 科学学研究，2010，28（3）：388－396.
[42] 张慧颖，王江平. 基于接包方视角的服务外包企业创新能力实证研究——以天津滨海新区为例［J］. 技术经济，2012，31（10）：7－12+59.

[43] 张智越. 基于主成分分析和 DEA 的企业技术创新能力评价 [J]. 商场现代化，2010，(25)：32－33.
[44] 赵林峰，周翔，杜宇，谭荔丹. 企业技术创新能力的 DEA 综合评价 [J]. 中国科技论坛，2007，(06)：49－52.

第四章
服务外包企业创新的驱动因素研究

当前，服务外包已成为我国解决就业问题和推动经济增长的重要途径。如何在承接服务外包业务中提升自己的创新能力，正日益成为企业界以及学术界迫切需要解决的战略问题。然而，在现有实践中，有关服务外包中创新能力提升机制的相关研究却十分零散。本文借助知识转移理论、动机、机遇、能力（MOA）框架以及信息处理等知识，从服务承包方和发包方两个不同视角解释了承包方创新能力的提升机制。

第一节　服务外包企业创新的驱动模型构建

中国已经成为继印度之后的第二大服务外包强国。服务外包成为我国经济发展和解决就业问题的重要途径。据统计，“2020 年中国服务外包产业总规模已超过 1.7 万亿元人民币，占国内生产总值（GDP）的比重为 2.97%；服务外包产业累积吸纳从业人员达 1 290.9 万人”[①]，占城镇就业人口的 6.1%。在服务外包业中，中国不仅仅承包传统低附加值的业务，如数据录入和呼叫中心等，而且越来越多地承包一些高新技术相关的业务，如从研发外包、IT 外包、营销外包、解决方案外包到咨询外包等[②]。但是中国一些企业在世界上还是留下了“低价低质，侵犯知识产权”的外部形象。特别是随着云计算、移动互联网、物联网和大数据等

① 中国服务外包产业吸纳从业人员达 1 290.9 万，http://www.mofcom.gov.cn/article/i/jyjl/l/202102/20210203038253.shtml，2021－02－10

② 中国服务外包企业最新发展模式研究，http://chinasourcing.mofcom.gov.cn/c/2013－08－07/155133.shtml，2013－08－07

数字化革命到来的今天，有更多的挑战和困难，然而如何抓住机遇，并进行成功转型显得尤为迫切和重要①。创新能力的提升可以促使企业成功转型，同时增强企业核心竞争力。服务外包是促进企业创新能力快速积累的重要途径之一（Alcacer & Oxley，2014）。然而服务外包中创新能力的机制是什么？如何有效地提升外包企业的创新能力？

本文主要从创新能力内容进行探讨，如科技、营销、产品、流程等创新能力。在服务外包业中，对创新能力的研究很有限。虽然有些研究认识到能力积累在服务外包业中的重要性，但是这些研究重点是对发包方的能力进行探讨，如外包能力、管理能力和科技能力等（Ranganathan & Balaji，2007）。总体来说，对承包企业能力积累的相关研究还比较缺乏。特别是在中国外包业从传统向新型服务外包业转型的过程中，创新能力的积累是企业解决转型之痛的重要途径之一。

在能力形成方面，相关研究只是从企业内部来探讨如何积累能力，或者单单从知识接受方或知识分享方来探讨企业的能力形成机制。仅仅从企业内部入手的相关研究可能使得企业过于关注内部，忽略外部的变化；仅仅关注企业外部的相关研究却忽略了企业内部，使得企业难以有效吸收外部知识。实际上，知识的学习和能力的积累应从师徒（teacher-student）角度来分析，不仅仅要关注企业内部能力积累，而且要关注如何借助外力向外部企业学习（Lane & Lubatkin，1998）。如 Lewis（2013）指出，能力的形成要从企业内部和外部双方面进行系统研究。知识的学习和转移不仅仅需要知识传授方有动机、有机会和有能力传授，而且需要接受方有动机、机会和能力接受知识并形成自己的能力（Easterby-Smith et al.，2008；Larsson et al.，1998）。

除了从组织学习和 MOA 框架入手，企业不仅仅需要利用外部资源获取外部知识，而且需要在内部对外部资源进行整合。由于跨边界的知识可能会产生各种不确定性和模糊性，也就是产生信息处理的需求，企业内部的资源将扫除各种整合障碍，促进内外部知识的融合和吸收。

对发包方来说，他们需要在“制造”（make）和“购买”（buy）中做出权衡，外包属于一种“购买”决策。然而双方已经不仅仅是买和卖这样的一次性交易，他们通常还需要进行较为密切的沟通和联系（Li et al.，2008），这也为承包方的知识转移和能力积累提供了机会。下面从发包方和承包方双方来探讨动机（motivation）、机遇（opportunity）、能力（ability）以及承包方的内外部整合对承包方能力形成的影响机制。对承包方和发包方双方角度的研究以及承包方外部整

---

① 解读埃森哲 IT6 大趋势：大型企业将凭借数字化展开反攻？http://chinasourcing.mofcom.gov.cn/c/2014-05-22/169536.shtml，2014-05-22

合的角度有利于系统全面地了解从内外部获取知识和积累能力的系统机制。

一、基于 MOA 框架相关的理论背景

（一）创新能力的简述

创新能力是指企业采取和执行新实践的能力（Lin et al.，2010）。不少研究将创新能力作为一个整合的维度进行探讨，如创新性（innovativeness）（产品或方法等的新颖程度）（吴晓波等，2007），此时创新能力将失去丰富的内涵。也有研究按照创新的程度或创新的类型来研究创新能力，但是他们对创新能力的认识和分类比较零散，并没有达到一致的看法（Crossan et al.，2010；Damanpour，1991a）。如吕一博和苏敬勤（2009）将创新能力分为学习能力、战略管理能力、资源支持能力、研究与开发能力、制造能力、营销能力和组织能力；张鹏和付佰灵（2009）将其分为创新投入能力，研究开发能力，生产能力，市场营销能力和创新管理能力；Subramaniam 和 Youndt（2005）将其分为激进式和渐进式创新能力。对创新能力零散研究不利于对其进行深入地认识。由此，有必要对创新能力开发新量表。

创新能力主要是为了保持企业持续创新并获取利润。由此，对创新能力的认识可以从创新的研究出发。这里首先对创新的相关研究进行综述，如表 4－1 所示。在这里，横轴表示已有研究包括主要的创新内容，如技术创新是指企业各种技术方法的改进和创新的能力，包括产品、流程、运营等信息技术方面的创新以及研发上的投入（Becheikh et al.，2006；林如海和彭维湘，2009）；管理创新是对组织架构和企业内部管理流程的改进和创新，如包含人力招聘程序、财务、营销规程以及工作方法等的改进和创新（Lin et al.，2010；谢洪明等，2007）；产品创新是指对产品或服务的引进、改进和开发（Becheikh et al.，2006；苏敬勤等，2014）；流程创新是指对生产、制造和作业等流程的改进和创造（Damanpour，1991b；Prajogo et al.，2006）。制度创新是指为了适应企业自身和外部市场的变化，而对现有制度的改进和替代（林如海和彭维湘，2009）。市场创新是指与外部顾客的关系和营销手段的改进和创新，以及对新市场的挖掘和探索（饶扬德，2008；魏江等，2008）。商业模式创新是指企业向顾客创造、销售和传递价值的过程（Crossan et al.，2010）。通过综述发现已有创新的分类主要集中在产品、流程、管理和技术四方面。不同的创新类型若要长期存在，需要有能力进行支撑。由此，本文按照创新的分类对创新能力进行分类，具体分为产品、流程、管理和技术创新能力。

表 4-1 创新类型的相关研究

文献	产品创新	流程创新	管理创新	技术创新	市场创新	制度创新	商业模式创新
林如海和彭维湘，2009			√	√		√	
谢洪明等，2007			√	√			
秦佩恒等，2014	√	√		√			
饶扬德，2008			√	√	√		
苏敬勤等，2013	√		√				
魏江等，2008	√	√	√		√		
Prajogo & Ahmed，2006	√	√		√			
Crossan & Apaydin，2010	√	√					√
Damanpour，1991	√	√	√	√			
Becheikh et al.，2006	√	√		√			

注：√表示研究中含有的创新内容。

在服务外包业中，随着外部环境的动荡和竞争的加剧，创新能力被视为承包企业在竞争中处于不败之地的重要因素之一。一方面，承包方产品或流程创新能力使得企业可以有效地应对内部和外部需求的不断变化（Calantone et al.，2002）。另外，服务外包作为高附加值的产业之一，如何使用 IT 技术来布置战略计划也显得尤为重要（Plugge et al.，2013），即技术创新能力使得企业在技术迅速发展的今天保持持续的竞争力。对企业内部的管理如人力、绩效和制度的改进，是外包企业自身得到提升的重要途径之一。在这里，产品创新和技术创新是企业创新能力的重要表现，是创新能力硬性条件的体现。产品和技术能力的创新是企业持续发展的重要条件之一，然而技术和产品并非企业的稀缺资源，这是可以被模仿的。流程创新、管理创新和创新文化是促进创新的软因素。这些因素构成了企业的隐性知识，难以被模仿和复制，是组成企业核心竞争力的重要内容。

（二）创新能力的提升机制研究

在外界环境动荡的情况下，创新能力能促进企业更好地应对外部不确定性，同时有助于企业提升绩效。由此，如何提升创新能力成为实践界和学术界较为关注的问题。已有的相关研究基于资源基础理论、组织学习理论和知识管理视角，从企业内部文化和管理来探讨创新能力的提升机制。如 Damanpour（1991）和 Crossan、Apaydin（2010）发现冗余资源和资源分配是促进企业创新的重要因素；Hurley 和 Hult（1998）以及 Calantone et al.（2002）指出企业的市场导向和学习导向是创新能力的重要源泉；张小娣、赵嵩正和王娟茹（2011）指出内部知识集成、外部知识集成促进了技术和管理创新能力。

然而在网络迅速发达的今天，企业并非一个封闭的组织，他们需要和外部建立各种关系。外部关系帮助他们获取各种信息和知识，并积累自己的能力。外部的知识源泉将和企业内部知识并非“非此即彼”的替代关系，他们之间需要形成较好的互补关系以促进企业创新能力的形成（Caloghirou et al.，2004）。如何将外部知识转化为企业内部能力的关键是知识接受方有效地学习和吸收，并成功地进行企业间知识的转移（Chang et al.，2012；Lee et al.，2008）。

（三）企业间知识的转移

企业间知识的转移是指知识从有知识的一方转向知识接受的一方传递（Easterby-Smith et al.，2008）。知识的学习是积累能力的一个重要途径，虽然大量研究认为知识转移和组织学习通常发生在合资企业、联盟企业、母子公司之间等稳定长期的企业之间（Chang et al.，2012；Lee et al.，2008），但是近来一些研究发现知识转移也会发生在企业交易之间、共同合作项目之间以及外包商和承包方的交易中（Li et al.，2008；Zhou et al.，2014）。随着技术的发展，组织之间的边界原来越模糊，不同组织已经不单单是一次性的“买”和“卖”的关系，他们通常有深入和密切的合作（Yli-Renko et al.，2001）。企业间的知识不仅仅包括明确的知识，如在合同中提到的技术和管理知识，也包括潜在双方的关系和沟通合作中的知识，这些知识也成了企业能力积累的重要源泉之一（Fang，2008；Li et al.，2010；Li et al.，2008）。从合作者那里获取的外部知识将为企业能力积累提供可能。

但是组织之间的学习和知识的转移并不是畅通无阻的，企业在分享知识的时候通常有很多顾虑，如将知识泄露给对方，使得对方有更多的话语权而弱化了自己的权力（Zhou et al.，2014）。另外在组织间学习中，合作的一方如果学习速度更快，则会占主导地位，即存在学习速率（learning race）的不对等性而产生的权力不对等问题（Larsson et al.，1998）。由此，在组织学习中，总是存在知识传授方和知识接受方，也就是教和学的过程（teach vs. learn），教和学的动机、机遇和能力对知识转移尤为重要。如果没有这些因素，则知识难以传递（Larsson et al.，1998）。然而已有的大量研究只是从知识传授方或接受方某一方单独进行研究，将教和学隔离开来不利于对组织之间的知识转移进行深入认识。下面将对动机、机遇和能力进行分析和探讨。

（四）动机（motivation）、机遇（opportunity）、能力（ability）

已有关于 MOA 的研究主要关注了团队之间知识分享的 MOA（教授知识的一方）或知识获取的 MOA（接受知识的一方），深入探析了团队间学习和知识管理（Argote et al.，2003；Reinholt et al.，2011）。在跨边界的企业组织之间，同样存在着学习机会和知识转移，MOA 近年来也被引入到母子公司之间、联盟企业之间或交易企业之间知识分享的一些研究（Chang et al.，2012；Norman，2004；Wang et al.，2013）。企业之间的知识转移是积累能力重要途径之一，这不仅仅依赖教授知识的机会、动机和能力等，同样依赖接受知识的机会、动机和能力等因素，仅仅依靠单方难以完成知识的传递（Larsson et al.，1998）。本文将主要探讨知识传授和接受主体的 MOA 对接受方创新能力形成的重要影响。

动机是指从事一种实践的意愿，机遇是指是否有一定的资源或者外界条件来从事一种实践；能力是指是否有知识、技能和经验来从事一种实践（Blumberg et al.，1982；Chang et al.，2012）。在本文的研究情景中，对发包方来说，知识传授方的动机是将知识传授给承包方的意向。这里，将与承包方的长期合作意向视为知识传授的动机。如果合作一方愿意与合作者长期合作，他们之间有较好的信任关系（Ganesan，1994），这样，就愿意向合作方分享知识，进而促进合作方的能力积累。

机遇是指是否有机会将知识传授给承包方。本文将发包方和承包方的关系互动视为一种机会。发包方参与，是指顾客作为信息提供者或者共同开发者参与到新产品开发中去（Fang，2008）。在这个过程中，发包方的参与行为为双方知识转移提供了条件和机会。

能力是指是否有一定技能将知识传授给承包方。这里将发包方的创新性视为知识传授方的能力，是指尝试并改进学习风格的程度（Azadegan et al.，2010）。发包方如果持续不断地去改进方法进行创新和学习，则其拥有更强的创新能力，为承包方树立了学习的标杆。发包方的创新能力也为知识转移提供可能，即提供知识的一方拥有能力和知识。

对承包方来说，创新能力的积累从一定程度上取决于他们是否有动机从发包方那里获取知识，是否有机会从发包方那里获取知识，是否有能力从发包方那里学习知识。具体来说，学习意向是指企业是否愿意进行学习，这常常可以视为企业知识获取和能力积累的重要动机（Norman，2004）。学习的机会是从机会寻求角度来探讨，机会寻求强调企业去冒险进行创新，同时努力寻求各种创新机会（Hull et al.，2010），这为企业创新能力的积累提供条件。最后，承包方的吸收能力是企业是否进行能力积累和知识转移的重要因素，在这里，吸收能力是指识别、获取、处理和应用新技术的能力（Chang et al.，2012）。遵循已有的研究，吸收能力主要强调了技术相关的知识，因为技术能帮助企业运用并整合企业的内外部知识，也是促进企业创新的主要因素之一（Cohen et al.，1990；Lichtenthaler，2009）。

本文除了形成创新能力的研究内容之外，还主要探讨了创新能力积累的机制。基于组织间知识转移和动机、机会和能力（MOA）理论，本文研究了知识传授方和知识接受方动机、机会和能力如何转化成创新能力的过程。同时，为了研究的完整性，本文还探讨了创新能力对企业绩效的影响。

（五）企业内部的信息处理

外包企业不仅仅应该利用企业内部的资源，而且也应通过获取外部资源进行创新能力的积累。外部整合是对外部企业技术和创新知识的获取和融合，内部整合是对内部创新资源的分配和整合（Koufteros et al.，2005）。当企业努力获取边界外的知识时，总是存在着各种不确定性，也就产生了信息处理需求。企业内部的整合可以有效地管理外部的不确定性，也就形成了信息处理能力。也就是说两者需要很好地匹配以最终促进创新。本文主要基于信息处理理论（Information Processing Theory）（Galbraith，1973）进行探讨，强调在组织面临不确定性环境的时候，信息处理需求和信息处理能力之间的匹配（fit）。组织需要搜集信息、理解信息、转化信息和利用信息，以在组织内部达到共同理解。

信息处理理论强调匹配（fit）、相互补充和一致性（Fang et al.，2011；Siggelkow，2002；Vorhies et al.，2003），不同的因素要达到匹配（alignment among elements）（Kabadayi et al.，2007）以及和谐（harmony）（Bensaou et al.，1995）。这些术语都表达了一致的观点：企业内部与企业之间的各种要素不是独立存在的，而是相互依赖，相互促进的（Kabadayi et al.，2007）。这强调了全面的（holistic），而不是片面的和零散的（piecemeal）观点，所以它适合处理复杂的组织情景（Flynn et al.，2010）。已有构型理论主要可以分为两大类：内部的匹配（internal fit）和外部的匹配（external fit）。内部的匹配是指内部资源之间达到的一致性和协调性，如企业内部的创新资产和企业外部拥有的资产如何达到最佳匹配来促进企业绩效（Fang et al.，2011），以及企业内部组织特点与战略的匹配（Vorhies et al.，2003），这些研究忽略了外部活动或环境的相关影响。外部的匹配很好地补充了这一不足，它是指企业根据外部的环境，调整企业的资源或战略以更好地与外部匹配来促进企业竞争绩效（Bensaou et al.，1995；Dwyer et al.，1987；Fang et al.，2011）。如 Kabadayi et al.（2007）认为企业内部战略和架构需要与外界环境匹配才能有更好的绩效。Bensaou 和 Venkatraman（1995）发现企业内部的信息处理能力需要和外部信息处理需求吻合，才能更有效地促进绩效。

二、服务外包企业创新能力提升的概念框架

在服务外包企业中，承包企业和发包企业的动机、机会和能力会影响到承包企业创新能力的提升，同时承包企业外部整合以及内部整合也可以促进创新能力的提升。下面为结构框架图。

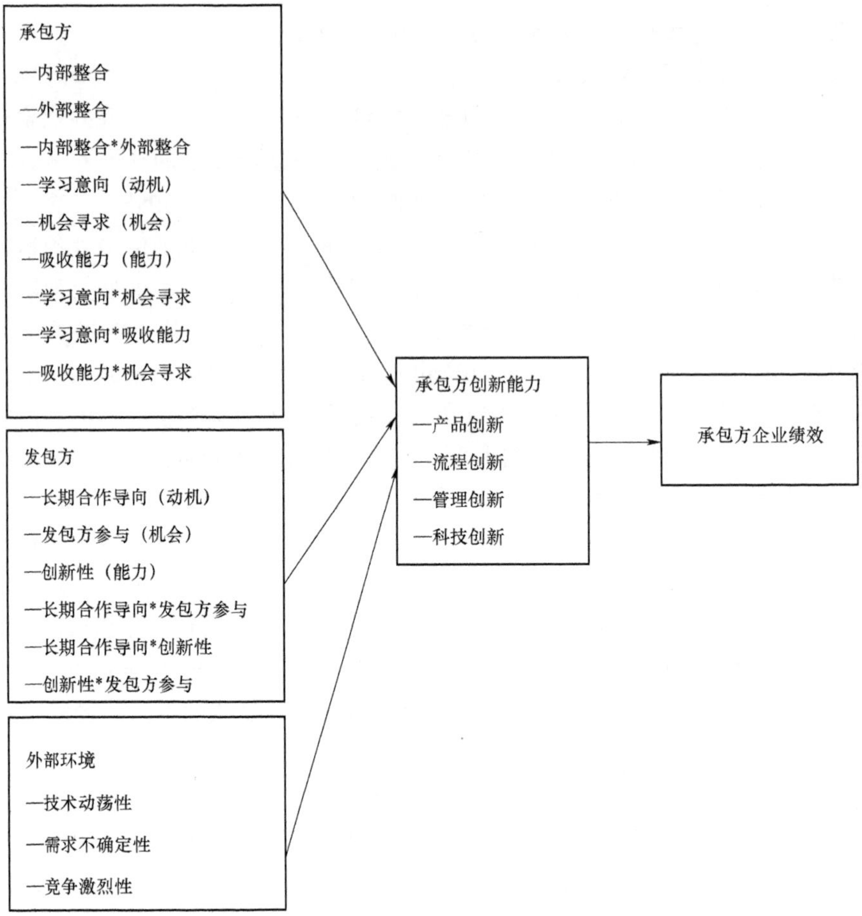

图 4-1　承包企业创新能力提升的概念框架

第二节　服务外包企业创新的驱动因素与驱动机制的实证研究

一、基于 MOA 的驱动模型研究：

（一）发包方的动机、机会和能力（MOA）与承包方的创新能力

知识转移是指知识从有知识的一方向合作方进行转移。然而跨边界组织之间的知识转移并非畅通无阻的，这可能受到权力不均衡、机会主义以及不对称学习等因素的阻碍。由此，知识转移方在转移知识的时候总是比较犹豫（Zhou et al.,

2014）。跨边界的知识转移是有粘性的（Szulanski，1996），是否有效进行知识转移需要双方企业共同努力，而不是通过单方企业的努力就可以完成的。对知识传授一方的企业来说，他们分享的动机、机会和能力可能会影响知识转移过程以及接受方的能力积累。知识传授方的能力积累不是被动的和单独的学习过程，而是知识分享方进行交互式的学习，形成难以复制的资源或能力（Lane et al.，1998）。知识转移主要取决于两个方面：知识的透明性（transparency）和接受方的接受能力（receptivity）（Larsson et al.，1998）。在本文中，知识的透明性通过发包方的MOA来决定，接受方的接受能力通过承包方的MOA来决定。

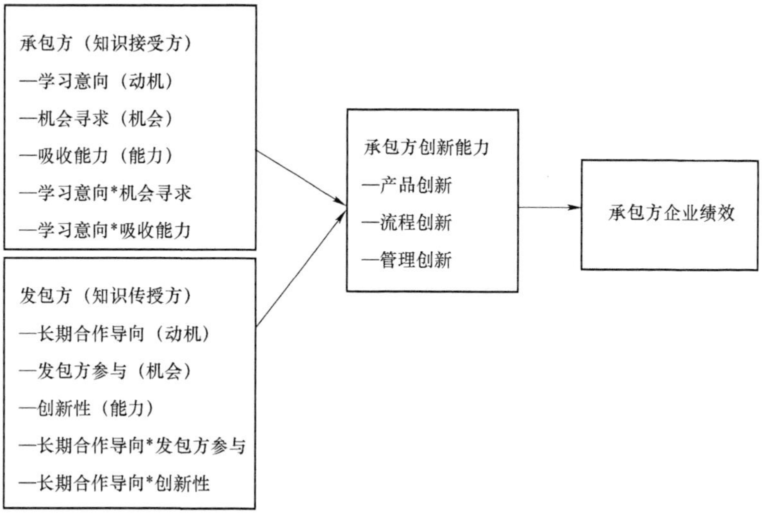

图 4-2　基于 MOA 的概念框架

首先，知识分享的动机促进了知识分享方向合作者公开知识并持续传授知识（Reinholt et al.，2011）。当发包方愿意同承包方进行长期合作时，其将在一定程度上信任承包方，认为对方有较低的机会主义，这将促进知识的分享。由于企业间知识存在粘性，知识的转移并非轻而易举实现的，同时知识的转移也需要企业各个合作方进行大量的努力（Chang et al.，2012）。如果发包方没有意愿同合作方进行长期合作，则他们并不愿意向合作方泄露企业相关信息，使得知识难以传递至承包方。

其次，知识分享的机会为知识分享提供了平台。在本文中，知识分享的机会是通过发包方参与新产品开发来体现的。在新产品开发的过程，发包方作为需求信息提供者和共同开发者参与进来（Fang，2008），为隐秘知识的转移提供了机会。发包方参与促进了和承包方的沟通和频繁的互动，利于他们对同一事物达成一致的观点和认识（Brown et al.，2001）。在这个过程中，一些知识没有必要通过明细的书面形式表达出来，承包方可以观察并学习那些难以表达的隐秘性知识，以促进能力的积累。

最后，知识分享的能力为知识分享提供了可能。这里，发包方是否引进新思想和方法，是发包方创新能力的主要体现（Calantone et al.，2002），这可以视为发包方的知识基础和知识存储（knowledge base and knowledge stock）（Wang et al.，2004），为承包方学习提供了源泉。如果发包方有足够的能力进行知识分享，他们将起到示范作用，这时候知识转移才有可能发生。若发包方为一些技术落后、没有创新知识的企业，这时候发包方并没有新知识向承包方转移。知识分享方 MOA 的三个因素使得知识更加开放，促进了隐秘和粘性知识的转移，进而为知识接受方能力的积累提供了外部条件（Chang et al.，2012）。由此，得到如下假设：

假设 1：承包方的创新能力与知识传授方的（a）长期合作意向（动机）、（b）参与（机会）和（c）创新性（能力）呈正相关，知识的转移不单单取决于 MOA 中的单个因素，而且取决于这些因素之间的结合（Blumberg et al.，1982）。首先，如果发包方只有知识分享的动机，若没有机会，则知识难以进行传递。在本文中，若发包方只有意愿和承包方长期合作，但是双方如果不能进行有效地沟通和互动，则难以将隐秘的知识进行转移。同样地，如果发包方深入地参与到承包方的新产品开发中来，但是他们总是对自己的知识有所保留，不愿意向承包方公开，则知识的转移也并不一定是有效的（Chang et al.，2012）。所以，如果发包方有意愿和承包方进行长期的合作，同时双方企业之间经常进行沟通，保持较好的关系，则更有效地促进隐秘知识的转移和承包方能力的积累。

同样地，知识分享方的能力和知识分享方的动机也需要紧密结合的。若知识分享方单单有能力，这时，对知识的接受方来说，这种能力也不一定是开放和透明易学的（Larsson et al.，1998）。当知识传授方有意向对合作者公开知识的时候，知识分享方的知识和能力更有可能进行转移（Hamel，1991）。在本文的研究情景中，当发包方和承包方有意向进行长期合作时，他们则更有动机向承包方公开自己的知识。同时，发包方如果有较强的创新能力，又有动机来分享知识，这将促进隐秘知识从发包方向承包方进行有效转移。由此，知识分享的动机和能力的结合将促进承包方的创新能力积累。

最后，发包方的能力和机会同样需要结合起来，这样可以更有效地促进隐秘知识的分享和转移（Blumberg et al.，1982）。当发包方具有较强创新的能力的时候，就为知识转移提供了可能。但如果没有转移的平台和机会，知识转移也将受阻。在本文中，发包方的参与促进了双方关系的形成，使得接包方有更多的机会认识和了解发包方。发包方对接包方的创新能力有更多的了解，也利于发包方创新能力的积累。由此，得到如下假设：

假设 2：动机、机会和能力之间因素的交互，即（a）长期合作意向与参与（动机和机会）、（b）长期合作意向与发包方的创新性（动机和能力）、（c）发包方的创新性与参与（能力和机会），与承包方的创新能力呈正相关。

（二）承包方的动机、机会和能力（MOA）与承包方的创新能力

知识转移不仅仅需要知识分享方分享知识，而且需要知识接受方有效地吸收和转化知识。这同样可以从接受方的动机、机会和能力这些方面进行理解。接收方的动机表明了接受的意愿、方向和强度（Chang et al.，2012）。如果接受方有向合作者学习的意向，他们愿意投入更多的时间和精力学习合作者的知识（Wang et al.，2004）。发包方较强的学习意向则能促进他们的主动性和投入程度，利于外部知识的转移（Hamel，1991）。

接受方如果努力寻求创新和学习的外部机会，则有利于为企业内部创新能力的积累提供条件。具体来说，在这里机会寻求主要是强调企业的一种创业者导向。拥有机会寻求的企业采取主动的态势，同时有冒险倾向，并努力追求创新机会（Lumpkin et al.，1996）。这种创业者导向为机会的创造、机会的发现和机会的执行创造了条件（Zahra et al.，2006），使得知识接受者更有效地去获取创新知识，积累能力。

如果接受方有一定的能力吸收外部知识，则可以有效地转化外部粘性知识并对其应用以促进创新能力的形成（Chang et al.，2012）。企业间的吸收能力便于企业认识外部环境，获取外部知识，同时将外部知识进行商业化，促进企业长期能力的积累（Lewin et al.，2010）。承包方的 MOA 较强地促进了企业内部的知识接受能力，进而促进了企业间的知识转移。由此，得出如下假设：

假设 3：承包方的创新能力与承包方的（a）学习意向（动机）、（b）机会寻求（机会）和（c）吸收能力（能力）呈正相关。

接受方 MOA 的这些因素通常需要结合在一起，才可以更好地提高企业的创新能力（Blumberg et al.，1982）。首先，学习的意向和机会寻求需要结合才能更有效地促进承包方创新能力的积累。学习的动机是学习的意愿、方向和强度，这并不意味企业会把这些动机付诸实践。学习的动机通常需要企业有机会和平台等外部条件来实施这些意愿（Blumberg et al.，1982；Siemsen et al.，2008）。如果企业能认识到外部创新的机会，这将为企业创新提供更好的方向，为企业采取创新行动提供平台（Hull et al.，2010）。也就是说，接受者的学习动机和机会寻求结合起来将可能更有效地促进企业创新能力的形成。

同样地，学习的动机还需要与吸收能力密切结合，才能更有效地促进企业创

新能力的积累（Larsson et al.，1998）。吸收能力是过程为基础的能力，帮助企业持续地识别、吸收和利用外部知识（Lichtenthaler，2009）。如果承包方有动机向发包方学习各种知识，吸收能力可以帮助企业实施这些动机。如果企业吸收能力较弱，不能对外部的知识进行吸收和整合，则即使承包企业有较强的意愿进行学习，这些意愿也将成为“美好的愿景”。

最后，吸收能力要和机会寻求结合起来才能更有效地促进承包方的创新能力。企业的吸收能力越高，他们就越强化企业的技术知识，造成“能力陷阱”，而忽略企业外部环境的变化（Lichtenthaler，2009）。对外部机会的寻求，能帮助企业更好地了解最新外部环境的变化，以获取更好的机会进行创新（Hull et al.，2010）。这样，有一定吸收能力的企业可以通过技术将外部的创新机会进行整合和有效利用，促进承包企业创新能力的积累。由此，得出如下假设：

假设 4：知识接受方动机、机会和能力之间因素的交互，即（a）学习意向与机会寻求（动机和机会）、（b）学习意向与吸收能力（动机和能力）、（c）吸收能力与机会寻求（能力和机会），与承包方的创新能力呈正相关。

（三）创新能力与企业绩效

企业的创新能力具体表现在产品、流程、技术和管理上的创新，这一方面帮助企业对现有资源的挖掘和利用，提高现有资源的利用效率；另一方面，帮助企业应对外部动荡的环境，以获取并整合外部资源，提高企业竞争力（李婧等，2010）。创新能力提升企业内部高效率地管理，将提高企业的利润率；同时技术、产品等方面的创新帮助企业更好地应对外部顾客多变的需求，提高企业的市场份额和销售量（Huang et al.，2013）；有效的流程创新以及管理上的创新帮助企业更好地提高投资回报率（Calantone et al.，2002；Hurley et al.，1998；Prajogo et al.，2006）。创新能力的全面提升有利于企业从各个方面提升绩效。由此，得到如下假设：

假设 5：企业的创新能力与企业的绩效呈正相关关系。

研究方法

本文通过问卷的方式收集数据，以承接服务外包业务的企业为研究对象，将问卷发放在北京、深圳、无锡、东莞、广州这些地区的外包企业。本文在大规模发放问卷之前，首先对 5 家外包企业的产品和战略经理进行访谈，了解承包企业的创新能力的形成和创新能力积累的机制等，最终形成调研问卷。接着，向企业的外包项目经理和战略经理分别发放 271 份配对问卷。最终回收 199 份问卷，除去缺失值较多的无效问卷，最终获得 174 份有效问卷，有效回收率为 64.21%。在这些样本中，有 112 家民营企业，占比 64.37%，62 家非民营企业，占比 35.63%；有 112 家民营企业，占比 64.37%，62 家非民营企业，占比 35.63%；78 家 5 年以及以上的企业，占比 44.83%，96 家 5 年以下的企业；有 75 家接包信息技术为主的业务，占比 43.10%；99 家接包非信息技术为主的业务，占比 56.90%；承包方和发包方合作年限上，2～5 年较多，有 73 家，占比 41.95%。

为了检验回复偏差，本文根据一些客观数据对回复和未回复的样本企业的所有权、企业承包业务的类别以及企业成立的年限进行 T-test 分析，发现不存在未回复偏差。另外，本文为了避免同源方差问题，数据来自企业产品经理和战略经理。具体来说，自变量和因变量（发包方和承包发的 MOA 因素以及承包方企业绩效）来自产品经理，中介变量（创新能力）来自战略经理，这从一定程度上解决了同源方差问题。

（一）控制变量

创新能力的形成会受到各种因素的影响，如接包企业的所有权、年限、接包的业务以及接包企业和发包企业之间关系年限（Calantone et al.，2002；Fang，2008；Lin et al.，2010）。在接包企业中，大部分企业为民企，本文将企业所有权视为，民企为 1，其他性质的企业视为 0，同国企等相比，民企可能更有创业精神。企业的年限通常也是影响创新能力主要的一个因素，在这里将其视为二分变量，5 年以及以上的企业视为 1，其他视为 0。企业年限越久，可能有更多创新能力的积累（Calantone et al.，2002）。最后，和发包企业的关系年限也会影响企业是否进行创新（Fang，2008）。

（二）创新能力的测量

本文为了获得具有理论意义的因子结构，首先使用 SPSS 软件对 174 份问卷的创新能力进行了探索性因子分析，如表 4－2 所示。分析中采用最大方差法进行旋转，同时采用主成分分析法，最终析出四个因子。结果发现，析出的四个因子的对应的载荷都在.50 以上，且不存在严重的交叉载荷现象。所有题项可以解释 67.49%的方差。

接着，通过 M-plus 6 对创新能力进行验证性因子分析，并计算出相应的平均提取方差与综合信度系数，如表 4－2 所示。各建构的验证性因子的载荷大部分都大于.7，其综合信度系数和平均提取方差也都大于门槛值.7 和.5，这表明创新能力的量表有很好的信度水平。另外，四因子模型显示了较好的拟合，如 $\chi2$（d.f.）=592.30（224），TFI（Tucker-Lewis index）=.88，CFI（the comparative fit index）=.89，SRMR（Standardized root of the mean square residual）=.05，RMSEA（root-mean-square error of approximation）=.09。

为了检验创新能力的判别效度，我们假设创新能力在高阶建构中，某一对建构相等（三因子），然后将三因子模型同创新能力高阶建构中含有四因子模型的拟合指数进行比较，如表 4－3 所示。同四因子模型相比，$\triangle\chi^2/\triangle$d.f. 都有显著的变化，表明不同的建构有显著的不同。另外，本文对不同模型的拟合指数进行了比较，发现高阶四因子模型为最优。

表 4－2　　创新能力：潜变量及其测量条目与信度等

问项	CFA 载荷	EFA 载荷	综合信度系数	平均差提取
产品创新能力				
我们公司经常开发出深受市场欢迎的新产品与新服务	.67	.74		
我们公司很大一部分利润都来自所开发的新产品和新服务	.80	.79		
竞争对手常常会模仿我们公司所开发的新产品和新服务	.70	.59	.91	.62
我们推出新产品和新服务的速度往往比竞争对手要快	.89	.75		
我们在产品/服务研究与开发方面拥有比竞争者更强的实力	.84	.73		
我们一直努力开发可以把老产品改进为新产品的创新技能	.79	.68		
过程创新能力				
我们公司不断获取新技术以便改进生产流程或服务流程	.81	.66	.82	.60
我们公司可以设计开发出更有效的制造流程或作业流程	.80	.80		
我们采用的制造流程或工艺总是会引起竞争对手的模仿	.71	.51		
管理创新能力				
我们的财务管理制度可以有效地监控绩效与目标之间的差距	.75	.69		
我们公司在新员工的招聘中特别强调创新与创造能力	.72	.70		
我们公司的新员工招聘制度不仅效率高，而且效果明显	.77	.76		
我们的绩效评价方法有助于部门主管了解公司目标实现情况	.75	.75	.93	.63
在决定用什么方法实现目标方面，我们比竞争者更有创新性	.84	.78		
在推出新制度或信息系统管理方面，我们比竞争者更有创新性	.83	.69		
在探索实现公司目标的新途径方面，我们比竞争者更有创新性	.83	.69		
在工作内容更新/方法改进方面，我们比竞争者更有创新性	.83	.63		
技术创新能力				
在产品技术与开发新产品方面，我们比竞争者有创新性	.86	.61		
在流程技术和开发新生产流程方面，我们比竞争者更有创新性	.86	.59		
在经营中采用新技术方面，我们比竞争者更有创新性	.84	.58	.91	.68
我们在利用信息技术方面，表现出比竞争对手更大的创新性	.78	.61		
在发挥高水平研究与开发职能方面，我们比竞争者更有创新性	.78	.74		

注：CFA 是探索性因子分析，EFA 是探索性因子分析。

表 4-3 备选模型比较

高阶模型	χ^2（d.f.）	$\triangle\chi^2/\triangle$d.f.	CFI	TFI	SRMR	RMSEA
三因子模型						
产品创新=过程创新	664.66（227）	68.40	.87	.85	.06	.11
产品创新=管理创新	850.49（227）	254.23	.81	.79	.07	.13
产品创新=科技创新	779.92（227）	183.66	.83	.82	.06	.12
过程创新=管理创新	673.88（227）	77.62	.87	.85	.06	.11
过程创新=科技创新	640.65（227）	44.39	.88	.86	.05	.10
管理创新=科技创新	729.63（227）	133.37	.85	.83	.06	.11
四因子模型	596.26（226）		.89	.88	.05	.09

（三）测量以及建构的信度与效度

本文的测量都尽量从已有文献获取，使用的是 7 点里克特量表，具体测量以及文献来源如表 4-4 所示。这里将创新能力视为有四因子的高阶因子进行分析。

1. 信度

首先，本文使用整体模型进行了验证性因子分析，并计算出相应的平均提取方差与综合信度系数（如表 4-4 所示）。各建构的载荷基本都大于.7，且在.001 水平上显著。另外各建构的综合信度系数大部分也都大于.7 的标准，均提取方差也大于.5 的标准，这表明本文所用量表信度较好、可靠性较高。

表 4-4 验证性因子分析：潜变量及其测量条目与信度等

问项	标准化的因子载荷	综合信度系数	平均方差提取
长期导向（动机）（改编于 Ganesan，1994）			
发包方（关键顾客）认为与我们的合作是长期关系的一部分	.87		
发包方（关键顾客）愿意投入时间和精力来发展与我们的关系	.88		
发包方（关键顾客）会考虑与我们进行长期合作	.89	.94	.76
我们合作双方努力维持一种长期互惠关系	.84		
我们合作双方密切合作	.88		
顾客参与（机会）（改编于 Fang，2008）			
发包方（顾客）积极地把相关信息传递给我们的产品开发团队	.82	.86	.60
发包方（顾客）经常向我们提供有关其需要和偏好的信息	.82		
在产品开发中，发包方（顾客）的努力和帮助起到了非常重要的作用	.74		
发包方（顾客）的参与或贡献是新产品开发努力中十分重要的组成部分	.72		

续表

问项	标准化的因子载荷	综合信度系数	平均方差提取
发包方创新性（能力）（改编于 Calantone et al.，2002）			
发包方反复试验一些重要的新创意和新方法	.69		
发包方经常会提出一些挑战常规思想的新创意	.81		
与竞争对手相比，在过去三年里来自全新产品的销售收入占销售总额的比重较高	.86	.91	.62
发包方想方设法提高效率	.73		
发包方精于提炼或改进现有技术	.83		
发包方经常会改进现有的程序、规则和政策	.78		
学习动机（动机）（改编于 Norman，2004）			
我们企业具有很强的意图从合作伙伴那里学习有关信息系统的高级知识与技能	.79		
我们企业具有很强的意图从合作伙伴那里学习有关一般管理的高级知识与技能	.90		
我们企业具有很强的意图从合作伙伴那里学习有关研究与开发的高级知识与技能	.89	.94	.75
我们企业具有很强的意图从合作伙伴那里学习有关市场营销的高级知识与技能	.87		
我们企业具有很强的意图从合作伙伴那里学习有关生产与运营流程的高级知识与技能	.88		
机会寻求（机会）（改编于 Chang et al.，2012；Hull & Covin，2010）			
相对于竞争对手而言，我们公司特别强调不断尝试的机会	.79		
相对于竞争对手而言，我们公司常常表现出积极进取的大胆姿态	.88	.89	.68
相对于竞争对手而言，我们公司具有较高的冒险倾向	.85		
相对于竞争对手而言，我们公司具有很强烈的识别新机会的愿望	.77		
吸收能力（能力）（改编于 Chang et al.，2012；Lichtenthaler，2009）			
员工会定期拜访外部机构以便获取技术知识	.75		
我们常常抓住各种技术获取机会来转移获取技术	.81		
我们会定期评估如何把新技术融入新的产品创意之中	.82	.92	.65
我们可以快速地识别出新技术知识对现有知识的意义或用途	.85		
我们经常考虑如何把技术应用到新产品中去	.83		
我们持续地思考如何更好地利用自己的技术	.79		
承包方创新能力			
产品创新	.89		
过程创新	.87	.94	.78
管理创新	.86		
科技创新	.92		

续表

问项	标准化的因子载荷	综合信度系数	平均方差提取
企业绩效（Huang & Wang，2013）			
在过去三年里，我们公司很好地实现了既定的利润目标	.73		
在过去三年里，我们公司的利润水平超出了行业平均水平	.78		
在过去三年里，我们很好地实现了既定的市场份额目标	.89		
在过去三年里，我们公司的市场份额高于主要的竞争对手	.87	.95	.70
在过去三年里，我们很好地实现了既定的销售量目标	.87		
在过去三年里，我们很好地实现了既定的销售额目标	.86		
在过去三年里，我们公司的投资回报率高于和平均水平	.82		
在过去三年里，我们公司的总体绩效高于行业平均水平	.86		
在过去三年里，我们公司的销售增长高于行业平均水平	.85		

2. 建构效度

为了比较判别效度，我们将平均提取方差与各系数平方进行比较（Fornell & Larcker，1981）（单变量如企业的所有权、年限、接包的业务以及接包企业和发包企业之间关系年限除外），发现平均提取方差大于各系数平方，也即各变量之间有较好的效度。相关系数表如表 4-5 所示。

表 4-5　　相关系数表

	1	2	3	4	5	6	7	8	9	10	11
1. 企业绩效	1.00										
2. 创新能力	.44*	1.00									
3. 长期合作导向	.33*	.43*	1.00								
4. 发包方参与	.28*	.34*	.50*	1.00							
5. 发包方创新性	.35*	.48*	.32*	.67*	1.00						
6. 学习意向	.43*	.56*	.46*	.42*	.54*	1.00					
7. 机会寻求	.50*	.54*	.44*	.37*	.39*	.60*	1.00				
8. 吸收能力	.50*	.56*	.48*	.36*	.40*	.68*	.73*	1.00			
9. 合作年限	-.09	.05	.00	-.02	-.06	.01	.03	.03	1.00		
10. 接包 IT 业务	.01	.18*	.15*	.06	.11	.20*	.09	.10	.04	1.00	
11. 企业年限	-.06	.09	.12	.03	.07	.07	-.04	.01	-.02	.15*	1.00
12. 民企	.17*	.07	.05	.04	-.06	.00	.06	.14	.05	-.03	-.22*

注：*p ＜.05

研究结果

（一）直接效应的检验

本文使用 Smart pls2.0 对主效应进行分析，路径系数如表 4-6 所示。结果发现，发包方 MOA 中，发包方长期合作导向和创新性促进了承包方的创新能力（β=.08，p<.1；β=.24，p<.01），即 H1a 与 H1c 得到支持。而发包方参与并没有影响创新能力（β=-.06，p>.1），则 H1b 没有得到支持。知识接受方的 MOA 中，三个因素都促进了创新能力（β=.18，p<.01；β=.18，p<.01；β=.20，p<.01），即 H3a、H3b、H3c 都得到支持。最后，为了研究的完整性，也验证了创新能力和绩效之间的关系。创新能力促进了企业绩效（β=.45，p<.01），即 H5 得到支持。

表 4-6　　路径系数

路径模型	路径系数 β	方向	T 值	假设是否支持
假设				
知识传授方 MOA——承包方创新能力				
H1a：长期合作导向→承包方创新能力	.08*	+	1.89	最低限度支持
H1b：发包方参与→承包方创新能力	-.06	-	1.63	不支持
H1c：发包方创新性→承包方创新能力	.24***	+	6.30	支持
知识接受方 MOA—承包方创新能力				
H3a：学习意向→承包方创新能力	.18***	+	4.29	支持
H3b：机会寻求→承包方创新能力	.18***	+	3.80	支持
H3c：吸收能力→承包方创新能力	.20***	+	3.62	支持
承包方创新能力 R^2=.458				
承包方创新能力——企业绩效 H5：承包方创新能力→企业绩效	.45***	+	10.37	支持
企业绩效 R^2=.186				

注：*p<.10，**p<.05，***p<.01。

（二）交互效应的检验

本文使用层次回归模型来验证交互效应，如表 4-7 所示。为了减少多重共线性，本文首先将主效应变量和调节变量进行去中心化处理。本文又对每个模型进行 VIF 检验，发现 VIF 值都小于 2，表明并不存在多重共线性问题。

表 4－7　层次回归模型表

	模型 1		模型 2		模型 3		模型 4		模型 5		模型 6		模型 7		模型 8	
	β	s.e.	β	s.e.	β	s.e.	β	s.e.	β	s.e.	β	s.e.	β	s.e.	β	s.e.
常数	3.02***	.12	.54*	.28	.43	.28	.41	.28	.42	.28	.37	.28	.40	.29	.36	.29
控制变量																
合作年限	.05	.10	.06	.08	.06	.08	.07	.08	.09	.08	.08	.08	.07	.08	.07	.08
接包 IT 业务	.23**	.10	.10	.08	.11	.08	.11	.08	.13	.08	.12	.08	.11	.08	.12	.08
企业年限	.11	.10	.09	.08	.09	.08	.08	.08	.07	.08	.08	.08	.08	.08	.08	.08
民企	.13	.11	.09	.09	.09	.08	.08	.08	.08	.08	.09	.08	.08	.08	.09	.08
主效应																
长期合作导向			.06	.07	.08	.07	.10	.07	.04	.07	.06	.07	.06	.07	.06	.07
发包方参与			−.08	.09	−.10	.09	−.09	.09	−.04	.09	−.06	.09	−.07	.09	−.06	.09
发包方创新性			.26***	.09	.25***	.09	.23**	.09	.28***	.09	.27***	.09	.26***	.09	.28***	.09
学习意向			.15*	.08	.14*	.08	.15*	.08	.15*	.08	.13*	.08	.15*	.08	.15*	.08
机会寻求			.19**	.08	.21**	.08	.19**	.08	.19**	.08	.18**	.08	.19**	.08	.19**	.08

续表

	模型 1		模型 2		模型 3		模型 4		模型 5		模型 6		模型 7		模型 8	
	β	s.e.	β	s.e.	β	s.e.	β	s.e.	β	s.e.	β	s.e.	β	s.e.	β	s.e.
吸收能力			.18*	.10	.18*	.10	.19*	.10	.14	.10	.21**	.10	.19*	.10	.17*	.10
交互效应																
长期合作导向×发包方参与					.13**	.06										
发包方创新性×发包方参与							.14**	.06								
发包方创新性×长期合作导向									.12*	.07						
学习意向×机会寻求											.11**	.05				
吸收能力×学习意向													.09*	.05		
吸收能力×机会寻求															.11**	.05
R2	.05		.45		.46		.47		.46		.47		.46		.46	
AR^2	.40		.01		.02		.01		.02		.01		.01			

注：*** p＜.01，** p＜.05，* p＜.1　s.e. 是指标准误差。

模型1加入控制变量对创新能力的影响；模型2加入主效应，发包方和承包方的MOA，结果与路径模型的检验中作用基本一致，发包方创新性、学习意向、机会寻求、吸收能力促进了创新能力（$\beta=.26$，$p<.01$；$\beta=.15$，$p<.1$；$\beta=.19$，$p<.05$；$\beta=.18$，$p<.1$），而长期合作导向和关系互动对创新能力没有影响（$\beta=.06$，$p>.1$；$\beta=-.08$，$p>.1$）。模型3到模型5测量了发包方的MOA两两交互效应对承包方创新能力的影响。具体来说，模型3检验了长期合作导向和发包方参与的交互效应的影响（$\beta=.13$，$p<.05$），模型4检验了发包方创新性和发包方参与的交互效应影响（$\beta=.14$，$p<.05$），模型5检验了发包方创新性和长期合作导向的交互效应影响（$\beta=.12$，$p<.1$）。模型6到模型8测量了承包方的MOA两两交互效应对承包方创新能力的影响。具体来说，模型6检验了学习意向和机会寻求的交互效应的影响（$\beta=.11$，$p<.05$），模型7检验了承包方吸收能力和学习意向的交互效应影响（$\beta=.09$，$p<.1$），模型8检验了承包方的吸收能力和机会寻求的交互效应影响（$\beta=.11$，$p<.05$）。

结果

（一）讨论

这一研究通过对服务外包企业创新能力的探讨，以及识别其形成机制和影响结果，为服务提供商积累创新能力提供了指导。

本文发现服务外包企业中，创新能力包括产品、流程、管理和技术四个方面的时候是最理想的模型。已有创新能力的相关研究较多地将其作为单个维度进行研究（Calantone et al.，2002；Hurley et al.，1998；Liao et al.，2007），这将失去创新能力丰富的内涵，也很难以为企业提供细致有效的指点。

本文从发包方和承包方双方的MOA角度探讨了创新能力的积累机制，发现这两组因素都会影响到创新能力。这较大程度地丰富了服务外包业和知识转移的相关研究。实证研究发现发包方的参与并没有促进承包方的创新能力，可能的原因在于在服务外包业中，承包方和发包方来自世界各地，发包方如果只是通过网络形式提供一些显性的知识信息，这将弱化隐性知识转移的效果。同时实证结果发现发包方和承包方MOA的其他因素都促进了创新能力。首先，这从一定程度上丰富了服务外包业的相关研究。已有的服务外包业中，较多研究更多关注发包方外包决策的选择、外包战略、外包中遇到的困境等（Barthelemy，2003；Gonzalez et al.，2006；Lacity et al.，2009），对承包企业方的研究较为有限（Plugge et al.，2013）。而本文对承包方能力积累的因素和机制的研究，对已有服务外包领域的相关研究有一定的补充。

另外，这也从一定程度上丰富了知识转移的相关研究。知识转移的大量研究从知识的接受方来探讨如何获取知识，或者从知识的传授方来分析如何促进分享知识。知识的成功转移不仅仅取决于知识传授方公开知识，而且取决于知识接受方的接受能力（Larsson et al.，1998），从双方角度进行的实证研究还比较有限。本文从发包方和承包方双方的 MOA 来探讨创新能力的积累。本文实证结果发现：虽然知识传授方中某些因素（如发包方参与）并不能影响接受方创新能力的积累，但是当和发包方其他因素（发包方的长期合作意向和发包方的创新性）同时存在的时候，将促进承包方的创新能力积累。同样地，承包方的 MOA 两两因素交互的时候，也都较强地促进了承包方创新能力的积累。

（二）实践启示

首先，在服务外包业中，对承包企业而言，它们可以在向发包方提供服务的时候，向它们学习并积累自己的创新能力。企业在积累创新能力的时候，要从产品、流程、管理和技术四方面全面发展。

接着，在服务外包业中，企业创新能力的积累不仅仅应该关注企业内部的因素对创新能力的影响，而且要对知识传授方识别并向其学习。具体来说，承包企业如果要进行创新能力的积累，他们应努力识别有动机、能力和机会进行知识转移的发包方，如长期合作导向、发包方的参与以及发包方的创新性。对待这样的发包方，承包企业努力和它们进行深入互动并保持长期合作。

最后，这些因素都不是独立存在的，需要共同结合才能更好地发挥作用（Blumberg et al.，1982）。尤其对知识传授方来说，传授的动机、传授能力和传授机会需要相互结合才可以更有效地促进发包方创新能力的积累。由此，承包企业若旨在提高创新能力，则需要有意地寻求和选择有能力、有动机和有机会传授知识的发包方。同时，作为承包企业，它们也应该首先建立一系列创新机制和文化，有意识地学习外部知识，持续寻求外部创新机会，不断提升自己的吸收和应用能力。这样，才能更有效地全面提升企业的创新能力。

（三）局限和未来的研究方向

本文主要通过服务外包企业来探讨承包企业创新能力的构成以及形成机制，但是还存在一些不足，指出局限才有利于未来更好地展开新的研究。

首先，服务外包中创新能力是个长期积累的过程，本文虽然基于横截面数据从承包方和发包方角度在一定程度上探讨了创新能力的形成机制，但是如果能采用时间序列数据进行分析则可能更有效。未来研究可以利用时间序列数据进行一些验证。

其次，本文主要探讨发包方和承包方的 MOA 如何影响创新能力的形成，未来研究可以探讨针对知识传授的发包方提供的外部知识，承包方如何将自己的吸收能力转化为自己的创新能力。另外，未来可以通过限制因素模型

（constraining-factor model）限制并排除一些因素来探讨其他因素对能力积累的影响，如 Siemsen et al.（2008）通过限制因素模型发现没有机会和能力，只有动机去分享知识是没有效果的，未来研究可以尝试通过这种模型来探讨能力的积累。

最后，本文主要探讨了创新能力的形成机制，而对不同创新能力如何影响企业绩效并没有太多探讨。如何将能力转化为企业绩效以及竞争优势也尤为必要，未来研究可以更细致地探讨哪些创新能力在哪些情景下相对更重要，这样将为承包方提供更细致地指导。

二、基于资源整合的概念模型

企业内外部整合框架如下：

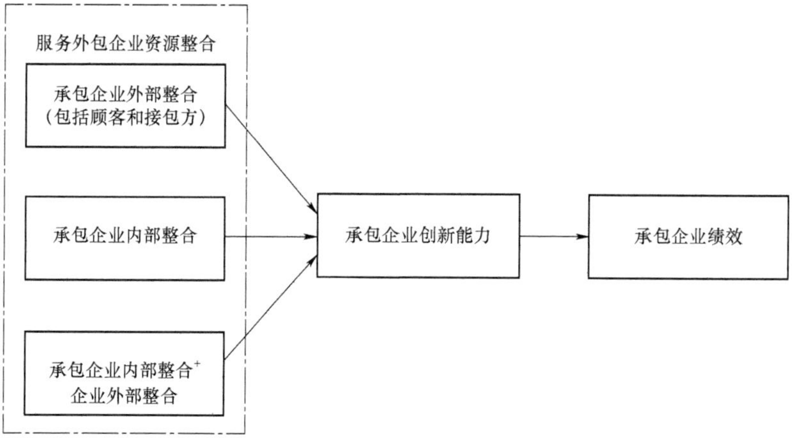

图 4－3　基于资源整合的概念框架图

假设：

内部整合是把组织程序、行为和实践规划成合作和协调以及可管理的过程（Williams et al.，2013）。这里，承包企业组织内部分配资源，和通过一些程序移除创新中的障碍，为创新提供最优条件。内部整合促进了企业内部资源的有效分配、信息的流动、知识的形成，这对组织企业来说，是一种信息处理能力。当承包企业可以有效地管理各种信息并进行内部吸收和利用的时候，就可以利用企业进行产品的改进，流程的创新，管理的提升和先进技术的突破。由此，我们得到如下假设：

H1a：内部整合促进了承包企业创新能力的积累。

企业的外部整合是从顾客和接包方那里获取技术和知识，这对组织外部是一种外部需求知识和产品供应信息等的获取。外部资源的整合对企业内部来说是跨边界的知识和技术的吸收，这些技术和知识对承包企业内部来说，并不总是显而易见的。虽然外部资源可能为企业内部带来一些模糊性，然而这些外部知识为企业内部带来了新鲜的血液，有利于企业各种创新能力的积累（Flynn et al.，2010）。由此，我们得到如下假设：

H2a：外部整合促进了承包企业创新能力的积累。

外部资源整合可能产生各种不确定性，即信息处理需求。企业内部整合是对创新资源的有效分配，对创新障碍的移除，这促进了外部知识在企业内部的沟通，由此，这种内部整合可以视为企业信息处理的能力。当信息处理能力有效解决企业信息处理需求的时候，就能达到较好的匹配，也将促进企业的创新能力（Daft et al.，1981）。如以苹果公司 iPhone 和三星的外包合作为例，三星作为主要的供应方，不仅仅从顾客苹果公司获取各种外部知识，而且提升自己的内部整合以有效利用这些知识，最终有效积累自己的创新能力，与苹果公司在国际市场上不相上下。然而中国富士康或者其他的加工厂同样为承包商，承担了大部分产品组装工作，而在利润分配上，却只分得不到 2%的利润。同时，自己的各种能力也没有有效提升。基于此，探讨外包情景下创新能力提升的内部整合和外部整合机制就显得特别有现实意义。由此，我们假设：

H2b：内部整合和外部整合相互补充，共同促进了承包企业创新能力的积累。

最后，为了模型的完整性，本文假设创新能力将促进企业的绩效。因为创新能力可能为企业带来各种机会和条件，由此，创新能力将会正向影响承包企业的绩效。

研究方法

数据搜集以及数据样本特点与以上同。

测量以及建构的信度与效度

本文的测量都尽量从已有文献获取，使用的是 7 点里克特量表，具体测量以及文献来源如表 4－8 所示。这里将创新能力视为有四因子的高阶因子进行分析。

1. 信度

首先，本文同样对整体模型进行了验证性因子分析，并计算出相应的平均提取方差与综合信度系数（如表 4－8 所示）。各建构的载荷都大于.7，且在.001 水平上显著。此外，各建构的综合信度系数分别为.891、.925、.942、.957，都大于.7 的标准，均提取方差分别为.672、.756、.804、.711，也都大于.5 的标准，这表明本文所用量表信度水较高，且聚合水平良好。

表 4-8　　验证性因子分析：潜变量及其测量条目与信度等

问项	标准化的因子载荷	综合信度系数	平均方差提取
内部整合		.891	.672
企业内部的资源分配应该有利于创新	.829		
创新员工可以从企业获得一定的稀缺资源或相关技能	.887		
创新者可以通过正式的权力来克服创新的障碍	.893		
企业为推动创新开展了系列培训	.866		
外部整合		.925	.756
我们公司努力从发包方（顾客）那里获取相关技术或创新支持	.763		
我们公司努力从接包方那里获取相关技术或创新支持	.808		
我们公司努力从大学机构那里获取相关技术或创新支持	.894		
我们公司努力从研究机构那里获取相关技术或创新支持	.811		
承包方创新能力		.942	.804
产品创新	.901		
过程创新	.870		
管理创新	.903		
科技创新	.911		
企业绩效（Huang and Wang，2013）		.957	.711
在过去三年里，我们公司很好地实现了既定的利润目标	.880		
在过去三年里，我们公司的利润水平超出了行业平均水平	.862		
在过去三年里，我们很好地实现了既定的市场份额目标	.846		
在过去三年里，我们公司的市场份额高于主要的竞争对手	.731		
在过去三年里，我们很好地实现了既定的销售量目标	.775		
在过去三年里，我们很好地实现了既定的销售额目标	.885		
在过去三年里，我们公司的投资回报率高于和平均水平	.867		
在过去三年里，我们公司的总体绩效高于行业平均水平	.868		
在过去三年里，我们公司的销售增长高于行业平均水平	.859		

2. 建构效度

为了检验判别效度，本文同样对平均提取方差与各相关系数的平方进行了比较（Fornell & Larcker，1981）（单变量如企业的所有权、年限、接包的业务以及接包企业和发包企业之间关系年限除外），发现平均提取方差均大于各相关系数的平方，即各变量之间具有较好的判别效度，如表 4-9 所示。

表 4-9　　　　相关系数矩阵

	均值	方差	1	2	3	4	5	6	7
创新绩效	3.403	.697	1						
创新能力	3.277	.668	.440 1*	1					
内部整合	3.510	.769	.379 0*	.549 6*	1				
外部整合	3.423	.742	.343 9*	.573 0*	.708 2*	1			
合作年限	.420	.495	-.091 6	.045 5	-.040 9	-.075 4	1		
接包IT业务	.431	.497	.007 90	.182 8*	.046 3	.118	.036 1	1	
企业年限	.448	.499	-.056 4	.089 2	.099 8	.069 9	-.017 0	.148 9*	1
企业性质	.644	.480	.167 9*	.071 6	.009 40	.057 5	.048 9	-.030 9	-.222 2*

注：*p ＜.05

研究结果

本文使用层次回归模型来验证研究结果，如表 4-10 所示。为了减少多重共线性，本文在检验交互效应之前，率先对主效应变量两种整合进行了“去心化”处理。同时，本文也对每个模型进行了 VIF 检验，发现 VIF 值都小于 2，这表明并不存在多重共线性问题。

首先，模型 1 分析了控制变量对创新能力的影响；然后，在模型 1 中加入了主效应，构建了模型 2，内部整合和外部整合对创新能力影响显著（β= .257，p＜.01；β= .315，p＜.01），即 H1a 和 H1b 得到支持；接着，本文将内部整合和外部整合的交互效应纳入了模型，构建了模型 3，发现交互效应对创新能力显著（β= .098 7，p＜.05）。而且同模型 2 相比，因增加交互效应增加的 R2 显著，由此，假设 2a 得到支持。模型 5 也检验了创新能力和创新绩效的关系，结果发现，两者关系显著为正（β= .356，p＜.05）。

表 4-10　　　　层次回归

	模型 1	模型 2	模型 3	模型 4	模型 5
变量	创新能力			创新绩效	
常数	3.021***	1.114***	.920***	3.309***	1.620***
	(.117)	(.216)	(.234)	(.122)	(.269)
主效应					
创新能力					.356***
					(.089 6)
内部整合		.257***	.301***		.170*
		(.074 5)	(.076 8)		(.089 2)

续表

变量	模型 1 创新能力	模型 2	模型 3	模型 4 创新绩效	模型 5
外部整合		.315***	.314***		.009 87
		(.077 8)	(.077 1)		(.094 4)
交互效应					
内部整合*外部整合			.098 7**		
			(.048 7)		
控制变量					
合作年限	.048 8	.104	.116	−.142	−.147
	(.102)	(.081 7)	(.081 1)	(.106)	(.095 0)
接包 IT 业务	.231**	.164**	.166**	.028 5	−.064 3
	(.102)	(.082 6)	(.081 9)	(.107)	(.096 8)
企业年限	.114	.041 1	.032 3	−.033 3	−.102
	(.104)	(.084 0)	(.083 3)	(.109)	(.097 3)
企业性质	.131	.077 3	.083 5	.244**	.187*
	(.107)	(.086 2)	(.085 5)	(.112)	(.100)
R^2	.047	.395	.410	.039	.260
		.348***	.015**		.221***

注：*** p<.01，** p<.05，* p<.1，括号内为标准误差。

结论

（一）讨论和启示

基于信息处理理论，对创新能力提升机制的研究发现企业内外部资源整合都会显著促进承包企业创新能力的积累，本文对管理者主要有以下几方面的启示：

首先，已有企业整合相关研究更多是从职能部门的整合和与外部不同企业信息的交换，而本文强调在服务外包的情景下，不管内部整合还是外部整合都是强调知识和技术信息的沟通和互通，从企业内部外信息需求和信息处理的角度进行探讨。由此，企业经理不仅仅应该注意企业外部知识的涉入，同时应关注企业内部知识的流通和整合。

其次，在服务外包业中，企业创新能力的积累不仅仅应该关注企业内部的因素，而且要注重从外部顾客或接包方那里进行学习。组织不是封闭的组织，企业间的知识转移不仅仅依赖于企业外部的知识获取，而且要靠内部组织的吸收、利用和整合（Easterby-Smith et al.，2008）。

最后，在服务外包企业中，要注重企业之间的协同创新，本文的研究也发现了外部组织可以为企业提供新的知识促进承包企业的创新能力积累，如何利用外部企业的智慧进行协同创新对管理者也尤为重要。

（二）局限和未来的研究方向

本文主要基于信息处理理论，通过服务外包企业来探讨承包企业创新能力的提升机制，但是还存在一些不足，指出局限才有利于未来更好地展开新的研究。

首先，在服务外包中，承包企业创新能力除了内外部整合的同时，还可能受到承包活动和承包和发包方距离等因素的影响。如本文对是否承包其他企业的核心能力并没有清晰地界定，如果承包其他企业核心竞争力的业务，则企业之间的知识转移难度更大，如何进行知识吸收和利用也是一个较大的挑战（Roy et al.，2012）；如果承包边缘化的业务，则外部企业知识的价值也是值得思考的问题。另外，虽然外部知识可能带来各种不确定性，但是本文主要核心是探讨承包企业创新能力的积累机制。外部知识的整合过程中会出现哪些不利的影响在未来研究可以进行深入探讨。

参 考 文 献

[1] Alcacer, J. & Oxley, J. Learning by Supplying[J]. Strategic Management Journal, 2014, 35(2): 204 – 223.

[2] Argote, L., McEvily, B. & Reagans, R. Managing Knowledge in Organizations: An Integrative Framework and Review of Emerging Themes[J]. Management Science, 2003, 49(4): 571 – 582.

[3] Azadegan, A. & Dooley, K. J. Supplier Innovativeness, Organizational Learning Styles and Manufacturer Performance: An Empirical Assessment[J]. Journal of Operations Management, 2010, 28(6): 488 – 505.

[4] Barthelemy, J. The Seven Deadly Sins of Outsourcing[J]. Academy of Management Perspectives, 2003, 17(2): 87 – 98.

[5] Becheikh, N., Landry, R. & Amara, N. Lessons from Innovation Empirical Studies in the Manufacturing Sector: A Systematic Review of the Literature from 1993–2003[J]. Technovation, 2006, 26(5 – 6): 644 – 664.

[6] Bensaou, M. & Venkatraman, N. Configurations of Interorganizational Relationships: A Comparison between US and Japanese Automakers[J]. Management Science, 1995, 41(9): 1471 – 1492.

[7] Blumberg, M. & Pringle, C. D. The Missing Opportunity in Organizational

Research: Some Implications for a Theory of Work Performance[J]. Academy of Management Review, 1982, 7(4): 560 – 569.

[8] Brown, J. S. & Duguid, P. Knowledge and Organization: A Social-practice Perspective[J]. Organization Science, 2001, 12(2): 198 – 213.

[9] Calantone, R. J., Cavusgil, S. T. & Zhao, Y. Learning Orientation, Firm Innovation Capability, and Firm Performance[J]. Industrial Marketing Management, 2002, 31(6): 515 – 524.

[10] Caloghirou, Y., Kastelli, I. & Tsakanikas, A. Internal Capabilities and External Knowledge Sources: Complements or Substitutes for Innovative Performance?[J]. Technovation, 2004, 24(1): 29 – 39.

[11] Chang, Y. Y., Gong, Y. & Peng, M. W. Expatriate Knowledge Transfer, Subsidiary Absorptive Capacity, and Subsidiary Performance[J]. Academy of Management Journal, 2012, 55(4): 927 – 948.

[12] Cohen, W. M. & Levinthal, D. A. Absorptive Capacity: A New Perspective on Learning and Innovation[J]. Administrative Science Quarterly, 1990, 35: 128 – 152.

[13] Crossan, M. M. & Apaydin, M. A Multi-dimensional Framework of Organizational Innovation: A Systematic Review of the Literature[J]. Journal of Management Studies, 2010, 47(6): 1154 – 1191.

[14] Daft, R. L. & Macintosh, N. B. A Tentative Exploration into the Amount and Equivocality of Information Processing in Organizational Work Units[J]. Administrative Science Quarterly, 1981, 26(2): 207 – 224.

[15] Damanpour, F. Organizational Innovation: A Meta-analysis of Effects of Determinants and Moderators[J]. Academy of Management Journal, 1991, 34(3): 555 – 590.

[16] Dwyer, F. R. & Oh, S. Output Sector Munificence Effects on the Internal Political Economy of Marketing Channels[J]. Journal of Marketing Research, 1987, 24(4): 347 – 358.

[17] Easterby-Smith, M., Lyles, M. A. & Tsang, E. W. K. Inter-organizational Knowledge Transfer: Current Themes and Future Prospects[J]. Journal of Management Studies, 2008, 45(4): 677 – 690.

[18] Fang, E. Customer Participation and the Trade-off between New Product Innovativeness and Speed to Market[J]. Journal of Marketing, 2008, 72(4): 90 – 104.

[19] Fang, E., Palmatier, R. W. & Grewal, R. Effects of Customer and Innovation Asset Configuration Strategies on Firm Performance[J]. Journal of Marketing Research, 2011, 48(3): 587 – 602.
[20] Flynn, B. B., Huo, B. & Zhao, X. The Impact of Supply Chain Integration on Performance: A Contingency and Configuration Approach[J]. Journal of Operations Management, 2010, 28(1): 58 – 71.
[21] Fornell, C. & Larcker, D. F. Evaluating Structural Equation Models with Unobservable Variables and Measurement Error[J]. Journal of Marketing Research, 1981, 18(1): 39 – 50.
[22] Galbraith, J. Designing Complex Organizations[M]. Boston: Addison-Wesley, 1973.
[23] Ganesan, S. Determinants of Long-term Orientation in Buyer-seller Relationships[J]. Journal of Marketing, 1994, 58(2): 1 – 19.
[24] Gonzalez, R., Gasco, J. & Llopis, J. Information Systems Outsourcing: A Literature Analysis[J]. Information & Management, 2006, 43(7): 821 – 834.
[25] Hamel, G. Competition for Competence and Interpartner Learning Within International Strategic Alliances[J]. Strategic Management Journal, 1991, 12(S1): 83 – 103.
[26] Huang, M. H. & Wang, E. T. G. Marketing is from Mars, it is from Venus: Aligning the Worldviews for Firm Performance[J]. Decision Sciences, 2013, 44(1): 87 – 125.
[27] Hull, C. E. & Covin, J. G. Learning Capability, Technological Parity, and Innovation Mode Use[J]. Journal of Product Innovation Management, 2010, 27(1): 97 – 114.
[28] Hurley, R. F. & Hult, G. T. M. Innovation, Market Orientation, and Organizational Learning: An Integration and Empirical Examination[J]. Journal of Marketing, 1998, 62(3): 42 – 54.
[29] Kabadayi, S., Eyuboglu, N. & Thomas, G. P. The Performance Implications of Designing Multiple Channels to Fit With Strategy and Environment[J]. Journal of Marketing, 2007, 71(4): 195 – 211.
[30] Koufteros, X., Vonderembse, M. & Jayaram, J. Internal and External Integration for Product Development: the Contingency Effects of Uncertainty, Equivocality, and Platform Strategy[J]. Decision Sciences, 2005, 36(1): 97 – 133.

[31] Lacity, M. C., Khan, S. A. & Willcocks, L. P. A Review of the IT Outsourcing Literature: Insights for Practice[J]. The Journal of Strategic Information Systems, 2009, 18(3): 130 – 146.

[32] Lane, P. J. & Lubatkin, M. Relative Absorptive Capacity and Interorganizational Learning[J]. Strategic Management Journal, 1998, 19(5): 461 – 477.

[33] Larsson, R., Bengtsson, L., Henriksson, K., et al. The Interorganizational Learning Dilemma: Collective Knowledge Development in Strategic Alliances[J]. Organization Science, 1998, 9(3): 285 – 305.

[34] Lee, R. P., Johnson, J. L. & Grewal, R. Understanding the Antecedents of Collateral Learning in New Product Alliances[J]. International Journal of Research in Marketing, 2008, 25(3): 192 – 200.

[35] Lewis, M. W. & Andriopoulos, C. Managing Innovation Paradoxes for Organizational Ambidexterity[M]. John Wiley & Sons, Ltd, 2013.

[36] Lewin, A. Y., Massini, S. & Peeters C. Microfoundations of internal and external absorptive capacity routines[J]. Organization Science, 2011, 22(1): 81 – 98.

[37] Li, J. J., Poppo, L. & Zhou, K. Z. Relational Mechanisms, Formal Contracts, and Local Knowledge Acquisition by International Subsidiaries[J]. Strategic Management Journal, 2010, 31(4): 349 – 370.

[38] Li, Y., Liu, Y., Li, M., et al. Transformational Offshore Outsourcing: Empirical Evidence from Alliances in China[J]. Journal of Operations Management, 2008, 26(2): 257 – 274.

[39] Liao, S., Fei, W. C. & Chen, C. C. Knowledge Sharing, Absorptive Capacity, and Innovation Capability: An Empirical Study of Taiwan's Knowledge-intensive Industries[J]. Journal of Information Science, 2007, 33(3): 340 – 359.

[40] Lichtenthaler, U. Absorptive Capacity, Environmental Turbulence, and The Complementarity of Organizational Learning Processes[J]. Academy of Management Journal, 2009, 52(4): 822 – 846.

[41] Lin, R. J., Chen, R. H. & Chiu, K. K. S. Customer Relationship Management and Innovation Capability: An Empirical Study[J]. Industrial Management & Data Systems, 2010, 110(1 – 2):111 – 133.

[42] Lumpkin, G. T. & Dess, G. G. Clarifying the Entrepreneurial Orientation

Construct and Linking it to Performance[J]. Academy of Management Review, 1996, 21(1): 135－172.

［43］ Norman, P. M. Knowledge Acquisition, Knowledge Loss, and Satisfaction in High Technology Alliances[J]. Journal of Business Research, 2004, 57(6): 610－619.

［44］ Plugge, A., Bouwman, H. & Molina-Castillo, F. J. Outsourcing Capabilities, Organizational Structure and Performance Quality Monitoring: Toward a Fit Model[J]. Information & Management, 2013, 50(6): 275－284.

［45］ Prajogo, D. I. & Ahmed, P. K. Relationships Between Innovation Stimulus, Innovation Capacity, and Innovation Performance[J]. R&D Management, 2006, 36(5): 499－515.

［46］ Ranganathan, C. & Balaji, S. Critical Capabilities for Offshore Outsourcing of Information Systems[J]. MIS Quarterly Executive, 2007, 6(3), 147－164.

［47］ Reinholt, M. I. A., Pedersen, T. & Foss, N. J. Why a Central Network Position isn't Enough: The Role of Motivation and Ability for Knowledge Sharing in Employee Networks[J]. Academy of Management Journal, 2011, 54(6): 1277－1297.

［48］ Roy, S. & Sivakumar, K. Global Outsourcing Relationships and Innovation: A Conceptual Framework and Research Propositions[J]. Journal of Product Innovation Management, 2012, 29(4): 513－530.

［49］ Siemsen, E., Roth, A. V. & Balasubramanian, S. How Motivation, Opportunity, and Ability Drive Knowledge Sharing: The Constraining-factor Model[J]. Journal of Operations Management, 2008, 26(3): 426－445.

［50］ Siggelkow, N. Evolution Toward Fit[J]. Administrative Science Quarterly, 2002, 47(1): 125－159.

［51］ Subramaniam, M. & Youndt, M. A. The Influence of Intellectual Capital on the Types of Innovative Capabilities[J]. Academy of Management Journal, 2005, 48(3): 450－463.

［52］ Szulanski, G. Exploring Internal Stickiness: Impediments to the Transfer of Best Practice within the Firm[J]. Strategic Management Journal, 1996, 17(S2): 27－43.

［53］ Vorhies, D. W. & Morgan, N. A. A Configuration Theory Assessment of Marketing Organization Fit with Business Strategy and its Relationship with Marketing Performance[J]. Journal of Marketing, 2003, 67(1): 100－115.

[54] Wang, P., Tong, T. W. & Koh, C. P. An Integrated Model of Knowledge Transfer from MNC Parent to China Subsidiary[J]. Journal of World Business, 2004, 39(2): 168 – 182.

[55] Wang, Y., Wu, J. & Yang, Z. Customer Participation and Project Performance: The Mediating Role of Knowledge Sharing in the Chinese Telecommunication Service Industry[J]. Journal of Business-to-Business Marketing, 2013, 20(4): 227 – 244.

[56] Williams, B. D., Roh, J., Tokar, T., et al. Leveraging Supply Chain Visibility for Responsiveness: The Moderating Role of Internal Integration[J]. Journal of Operations Management, 2013, 31(7 – 8): 543 – 554.

[57] Yli-Renko, H., Autio, E. & Sapienza, H. J. Social Capital, Knowledge Acquisition, and Knowledge Exploitation in Young Technology-based Firms[J]. Strategic Management Journal, 2001, 22(6 – 7): 587 – 613.

[58] Zahra, S. A., Sapienza, H. J. & Davidsson, P. Entrepreneurship and Dynamic Capabilities: A Review, Model and Research Agenda[J]. Journal of Management Studies, 2006, 43(4): 917 – 955.

[59] Zhou, K. Z., Zhang, Q., Sheng, S., et al. Are Relational Ties Always Good For Knowledge Acquisition? Buyer–supplier Exchanges in China[J]. Journal of Operations Management, 2014, 32(3): 88 – 98.

[60] 李婧，贺小刚，茆键. 亲缘关系、创新能力与企业绩效［J］. 南开管理评论，2010，13（03）：117 – 124.

[61] 林如海，彭维湘. 企业创新理论及其对企业创新能力评价意义的研究［J］. 科学学与科学技术管理，2009，30（11）：118 – 121.

[62] 吕一博，苏敬勤. 基于创新过程的中小企业创新能力评价研究［J］. 管理学报，2009，6（3）：331.

[63] 秦佩恒，赵兰香，李美桂. 企业创新能否推动节能技术的运用？——基于中国制造业创新调查的实证分析［J］. 科学学研究，2014，32（01）：140 – 147+129.

[64] 饶扬德. 市场、技术及管理三维创新协同机制研究［J］. 科学管理研究，2008，（04）：46 – 49.

[65] 苏敬勤，林海芬，李晓昂. 产品创新过程与管理创新关系探索性案例研究［J］. 科研管理，2013，34（01）：70 – 78.

[66] 魏江，陶颜，陈俊青. 服务创新的实施框架及其实证［J］. 科研管理，2008，（06）：52 – 58.

[67] 吴晓波，胡松翠，章威. 创新分类研究综述 [J]. 重庆大学学报（社会科学版），2007，（05）：35－41.

[68] 谢洪明，王成，罗惠玲，李新春. 学习、知识整合与创新的关系研究 [J]. 南开管理评论，2007，（02）：105－112.

[69] 张鹏，付佰灵. 企业创新能力和绩效评价的关系 [J]. 科研管理，2009，30（S1）：1－3+23.

[70] 张小娣，赵嵩正，王娟茹. IT 能力与社会资本对企业知识集成能力的影响研究 [J]. 科学学与科学技术管理，2011，32（03）：144－151.

第五章 服务外包企业创新的绩效影响研究

第一节 服务外包企业创新的绩效影响模型

相关调查研究表明，服务外包企业具有较强的创新导向，其创新能力和绩效的提高有助于接包方保持和吸引更多的原始设备制造商（original equipment manufacturer，OEM），并能直接强化顾客能力，使供需双方更好地适应环境变化（Azadegan et.al.，2008；Azadegan & Dooley，2010）。因此，服务外包企业创新成为当前我国经济转型时期企业构建核心竞争优势的必由之路。

综合现有文献的研究观点，创新就是企业开发和引进新产品或新过程的能力（Hult，Hurley & Knight，2004）。在外包情境下，立足于服务外包企业与发包方客户的关系视角，创新实质上就是在双方关系中引进一些新战略、新过程或新技术，以达到预期的创新性结果（Weeks & Feeny，2008）。一般而言，服务外包企业多承担接包方企业的角色，多数企业规模较小、处于技术劣势地位。因此，对服务外包企业创新的研究多集中在供应链研究的相关文献中。通常，立足于供应链视角的、对接包方创新的研究都蕴含着一个前提或假设，即接包方创新首先是对顾客或发包方有益的。基于此，我们对服务外包企业创新的研究也建立在上述假设基础之上，我们认为，服务外包企业创新能力和绩效提高首先是为了满足在外包双方所签订的契约范围内顾客提出的创新性需求，交付满足顾客需求的产品或服务；反过来，顾客也可以充分利用创新性的服务外包企业的能力以响应外部环境的变化，同时也提高自身的新产品开发绩效（Petersen，Handfield & Ragatz，2003，2005）。在我国当前经济转型背景下，服务外包企业创新能力和绩效提升具有重要的战略意义，其终极目的是提升外包企业自身的核心竞争能力，实现由价值链低端向高端的转移，从而为我国整体国民经济向“创新驱动型”转型服务。

无论在实业界还是学术界，服务外包企业创新都是管理人员和学者们关心的重要问题。服务外包企业实践为学术界的理论探索提出了诸多具有挑战性的研究问题。在当前学术界，服务外包接包方创新研究的热点问题主要有：服务外包企业参与新产品开发、服务外包企业创新能力的影响因素及驱动机制、服务外包企业创新绩效的影响因素及提升机制、服务外包企业与顾客企业间的权利—依赖关系与创新的关系等。在本节，我们将关注服务外包企业创新绩效及其影响因素的研究，提出一个综合的服务外包企业创新绩效影响因素模型。

目前关于创新绩效，现有研究并未给出统一的界定。Pullen，Weerd- Nederhof，Groen 和 Fisscher（2012）认为创新绩效就是新产品开发（New product development，NPD）活动所产生的某种结果。而 Prajogo 和 Ahmed（2006）在综合众多先前研究观点的基础上，认为创新绩效应该包含产品创新和过程创新两方面的内容。Hauser，Tellis 和 Griffin（2006）则认为创新的结果主要反映为一种投放到市场中的产品为公司所创造的销售额和利润，主要涉及新产品投放市场的市场回报、抵御市场竞争和企业内部回报三个方面的内容。总之，创新绩效一般是指对企业技术创新活动效率和效果的评价（陈学光，2007）。对于外包企业的创新绩效，王荣浩（2012）则认为务外包企业主要集中在高科技企业，其创新绩效应该通过技术创新和管理创新来衡量。我们认为，服务外包企业的创新应该具有一般企业创新绩效的共性，服务外包企业创新的程度、形式、类型与一般企业是类似的。具体而言，按照创新程度分，服务外包企业创新可以分为激进式创新与渐进式创新；按照创新的形式分，服务外包企业创新可以分为产品创新、服务创新、过程创新和商业模式创新；按照创新的类型分，服务外包企业创新可以分为管理创新和技术创新。因此，服务外包企业创新绩效也可以依据上述对创新的划分加以展开并进行评估。服务外包企业的创新绩效应该通过两个方面来衡量，一是与新产品开发相关的绩效，二是通过完成创新性任务所带来的财务绩效。

作为衡量企业经营业绩的重要结果变量，尽管创新绩效的研究面临着绩效评价困难、影响因素多且具有复杂性等诸多难题，但一直以来，学术界始终在不断探索创新绩效的影响因素及驱动机制，研究成果层出不穷。在现有研究中，对创新绩效影响因素的研究构成了组织创新研究的主流，多数研究的主体为一般企业（相对服务外包企业而言）。一般而言，创新绩效的影响因素是多方面的，现有文献中对创新绩效影响因素的研究大体分为以下几个方面。

1. 企业内部结构性因素对创新绩效的影响

如 Prajogo 和 Ahmed（2006）提出了整合的创新管理模型，研究发现创新激励因素（领导力、人员管理、知识管理机创新性管理）会激发企业创新能力（技术管理和研发管理），进而对创新绩效产生影响。Berchicci（2013）研究了企业内部研发投入和外部知识获取对创新绩效的影响。Alegre 和 Chiva（2008）验证了组织学习能力通过实验、风险承担、与外部环境的互动以及参与决策制定等五种机制对产品创新绩效产生影响。

2. 企业间因素对创新绩效的影响

如 Zeng、Xie 和 Tam（2010）探讨了企业间合作、企业与中介机构合作、企业与研究机构合作等合作网络与创新绩效之间的关系。Knudsen（2007）研究发现不仅不同类型的组织间合作关系会影响创新绩效，而且不同类型的合作伙伴参与也会通过知识转移对创新绩效的影响会有所差异。

3. 外部情境因素对创新绩效的影响

如 Woodside（2005）研究发现市场竞争、社会政治环境、创新挑战、需求不可预测性、竞争者行为等因素都会对创新绩效产生影响。Frishammar 和 A°ke Ho¨rte（2005）通过对 206 家中型制造企业的研究发现，企业对外部信息的管理和创新绩效密切相关，企业对外部技术分部信息的关注对创新绩效有积极影响，而对顾客、接包方和竞争者信息的关注对创新绩效有消极影响。Köhler、Sofka 和 Grimpe（2012）分析了企业不同类型的知识搜索策略（科技推动型知识搜索策略、接包方驱动型知识搜索策略和产品市场驱动型知识搜索策略）会因产品是新上市产品还是模仿型产品而对创新绩效的影响有所不同。Berchicci（2013）研究发现，企业对外部 R&D 活动一定程度的依赖会产生较高的创新绩效，但过多的对外部 R&D 活动的依赖会降低创新绩效。

虽然当前学术界对企业创新绩效影响因素的研究产生了诸多有价值的研究成果，但针对服务外包企业创新绩效影响因素的研究却非常匮乏。因此，基于上述对一般企业创新绩效的研究，对外包企业而言，其创新绩效的影响因素也应从多个视角展开，并且这些影响因素应具有区别于其他一般企业创新绩效影响因素的典型特征。因此，本节拟从以下几个方面探讨服务外包企业创新绩效的影响因素及其作用机理：服务外包企业内部因素对创新绩效的影响；服务外包企业与顾客企业间的关系因素对创新绩效的影响；外部情境因素对服务外包企业创新绩效的影响。通过对服务外包企业创新绩效的影响因素进行系统而深入地分析，我们拟建立服务外包企业创新绩效的影响模型。

一、服务外包企业内部因素与创新绩效

自20世纪60年代以来，组织理论研究的学者们就致力于探索微观/公司层面上高创新性企业所具备的独特特征（Souitaris，2002）。与一般企业创新绩效的影响因素类似，服务外包企业内部因素主要涉及公司规模与公司年龄（Tether，1998；）、领导力和管理团队（Prajogo & Ahmed，2006；Romijn & Albaladejo，2002）、人力资源管理（Weeks & Thomason，2011）、组织结构（Darroch & McNaughton，2002）、组织战略（Souitaris，2002；Beneito 2003；Laursen & Salter，2006；Zhang et al.，2009）等方面。

由于服务外包企业主要承担外包业务的生产、组装等操作层次的工作，其首要任务就是应获取和具备必要的能力来帮助顾客企业取得较高的创新绩效。Weeks 和 Feeny（2008）认为，外包接包方企业应首先具备业务过程设计知识。这种知识主要是指外包企业“先前具备的相关知识”，这不仅反映了发包方对接包方技术知识储备的要求，而且是接包企业进一步巩固与发包企业的合作关系，获取高创新绩效的首要条件。企业先前的知识存储可以作为组织记忆沉淀于组织之中。在外包情境下，接包企业的组织记忆，即其先前技术知识的存储，有利于买卖双方的协调，促进发包方向接包方的知识转移，强化接包企业创新能力（王永贵和王娜，2012）。接包企业创新能力的提高可以有效地提高创新绩效（Prajogo & Ahmed，2006）。Weeks 和 Feeny（2008）还认为，接包方与发包行业内其他发包企业之间关系的深度和广度是决定其创新主动性的重要因素。接包方与其他发包方的深度联系可以使接包方具备解决当前客户提出相似问题的经验。接包方与产业内多个发包方的广泛联系有助于接包方产生激进式的创新性想法。同时，Chung 和 Kim（2003）研究发现，高水平的接包方参与，尤其是接包方参与到早期产品设计阶段会很大程度上促进接包方的创新和现金流动速度。接包方参与新产品开发可以促进供需双方异质性观点和关于产品市场知识的交换，这样接包方可以通过与顾客直接而广泛的交流获取有价值的知识，从而有效地理解当前产品或服务中迫切需要创新或改进的部分，激励接包方进行更多的创新活动，并提高创新绩效。

二、服务外包企业与顾客企业间的关系因素与创新绩效

服务外包企业创新绩效不仅受到企业自身内部环境的影响，而且受到发包方顾客及其与顾客间关系因素的影响。现有文献中，专门针对外包情境、探讨独具外包特色的关系因素对外包企业创新绩效的研究非常有限。有限的研究主要有：Roy 和 Sivakumar（2012）提出，在以知识为基础的服务外包过程中契约阶段的

早期或转型时期，外包活动的特性（与顾客核心竞争力的接近性和知识内容的隐性程度）需要发包方实施行为控制（严格而明确的行为控制和温和而规范的行为控制），进而对接包方创新产生影响。顾客实施严格而明确的行为控制有利于接包方进行渐进式创新，而不利于接包方进行激进式创新；而发包方实施温和而规范的行为控制有利于接包方进行激进式创新，而不利于接包方进行渐进式创新。

Jean、Kim 和 Sinkovics（2012）立足于国际 OEM 关系中的接包方商视角，提出接包方市场知识获取、关系学习、与顾客间的系统协同是激发接包方创新的重要前置因素。这些因素对接包方创新的积极影响会显著提高接包方的绩效水平。Weeks 和 Feeny（2008）认为有三种接包方与发包方之间的关系机制会影响最终的创新绩效，这三种机制分别为：外包接包方企业与发包之间的高度信任、外包双方所签订合同中外包任务规定及监控的明确性以及高效的创新治理机制。同时，Weeks 和 Feeny 也构建了一个基于外包关系的创新驱动因素模型，如图 5－1 所示。

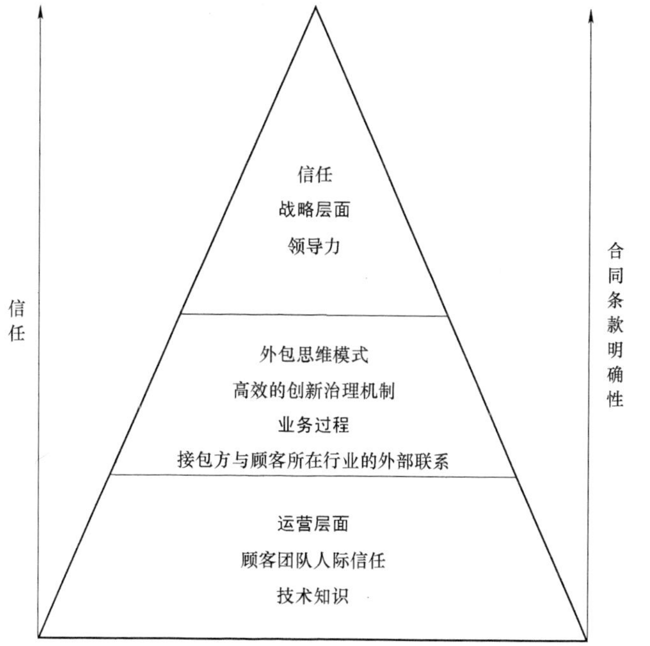

图 5－1　基于外包关系的创新驱动因素模型

资料来源：Weeks & Feeny，2008

Jean 等（2012）认为接包方与顾客企业之间的关系学习可以激发接包方企业进行更多的创新活动。根据 Selness 和 Sallis（2003）对关系学习的定义，Jean 等将关系学习定义为接包方与顾客之间的一种共同活动，在这种共同活动中，双方分享信息，这些信息经过双方的共同理解和解释，融入一个共享的特定记忆中，从而改变某些特定的基于关系的行为。接包方企业可以通过与顾客的关系学习，获取多样化的知识和观点，进而提高其创造力水平和创造新知识的能力，从而有利于提高创新绩效。

在国内研究方面，郭休霞（2012）提出服务外包企业网络能力分为三个维度：网络愿景能力、网络构建能力和网络关系管理能力，并探讨了三种网络能力与创新绩效的关系，研究发现服务外包企业的网络愿景能力通过识别创新网络中创新的机会，在战略层面上确定服务外包企业的创新导向，从而对企业创新绩效有正向影响；服务外包企业的网络构建能力有助于企业构建丰富的外部合作创新网络，获取多种创新资源，从而提高企业创新绩效，但现阶段我国服务外包企业的网络构建能力对创新绩效的影响并不显著；服务外包企业的网络关系管理能力可以强化外包企业与合作企业的交流与协调，从而有利于外包企业顾客获取较多的创新性技术和资源，有效提高创新绩效。王荣浩（2012）研究发现服务外包企业网络嵌入通过吸收能力对服务外包企业创新绩效有显著的正向影响，外包企业吸收能力在网络嵌入与创新绩效间的关系中扮演部分中介作用。

三、外部情境因素与服务外包企业创新绩效

在外部情境因素中，环境不确定性一直都是影响企业创新行为的关键因素。由于服务外包企业多处于高技术行业，技术不确定性更成为影响外包企业创新绩效的重要因素。Jean 等（2012）立足于接包方视角，将接包方企业所面临的技术不确定性定义为：在接包方与其进行跨组织边界合作的顾客关系中，技术动荡、变化及不可预测的程度。为了适应和应对接包方与顾客关系中的技术不确定性，接包方企业必须采取更多的创新性措施和行动。同时，为了在市场竞争中处于领先地位，接包方企业还必须不断进行创新以改进现有产品和服务，来满足新的市场需求（Li & Atuahene-Gima，2001）。此外，接包方企业也倾向于通过产品开发来获取更多的技术知识，以应对变化的市场需求。这种对技术知识的获取也可以加强企业的吸收能力，强化学习效应，提升企业的创新绩效（Autry，Grawe，Daugherty & Richey，2010）。

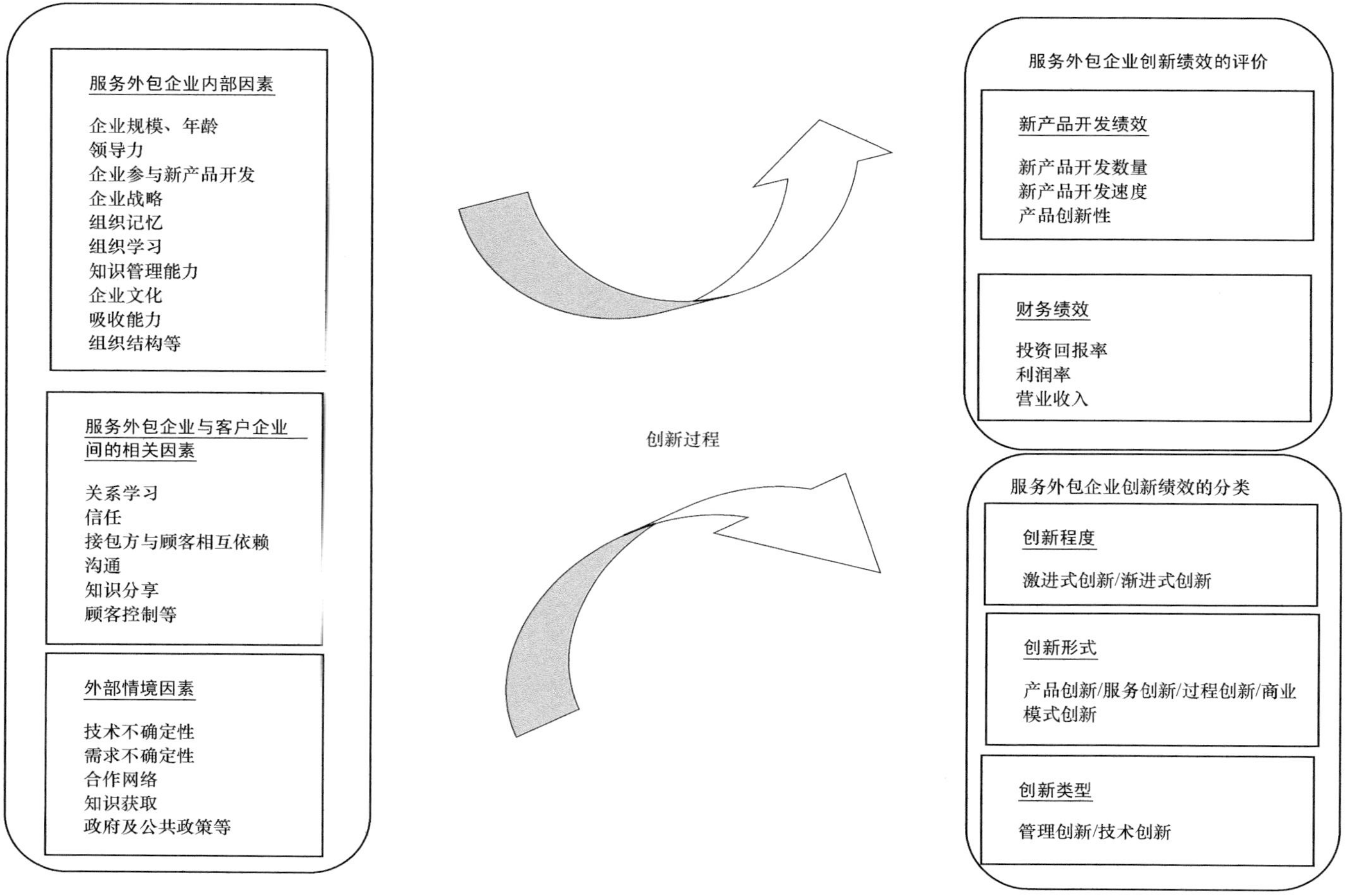

图 5-2 服务外包企业创新绩效影响模型

第二节　服务外包企业创新绩效影响因素的理论阐述和实证分析

随着经济全球化的发展，我国企业的国际分工地位正发生着变化，另外，经营环境的动态变化、发包方的需求变化、第三世界和周边国家的兴起也使得我国的服务外包企业的经营面临着更多的不确定性。外包作为一种新形势、新环境下企业专注核心竞争力的战略选择已经成为一种企业发展的必经之路，这种分工范式，使企业集中物力、财力做自己最擅长的事情，而把不擅长或者利润比较低的环节外包出去，这种关系使服务外包企业获得多样化的能力和资源，为企业创新提供动力。

本文的研究对象是服务外包中接包方，所谓接包方就是，承接服务任务的一方。根据智研咨询发布的《2017—2023年中国软件测试市场竞争态势及未来发展趋势报告》，目前全球接包市场分为三个梯队；第一梯队，是印度、中国、爱尔兰和加拿大；第二梯队以菲律宾、墨西哥和俄罗斯为主。马来西亚、新西兰、澳大利亚属于第三梯队。

关于服务外包企业创新绩效的研究在国内还刚刚起步，提升服务外包企业创新绩效的途径有很多，通过对国内外相关文献的系统整理，我们主要从服务外包企业内部、服务外包企业与顾客的关系质量和服务外包企业的外部环境三个方面进行详细的梳理、总结和阐述。

一、服务外包企业创新绩效提升的内部影响机制

（一）服务外包企业知识管理能力与创新绩效提升

能力是企业为达某一目标所具有的调用、部署和继承信息资源的综合。企业能力划分有很多，不同部门不同层次单位所要求的能力也不尽相同。作为服务外包企业，自身知识对其竞争力和在产业链的重要程度的影响大于一般企业，本文按照知识流动过程来分析外包企业的能力。随着对知识管理研究的逐步深入，企业的知识管理能力在创新绩效的提升中作用越来越受到重视。服务外包企业的知识吸收能力越强，在外包关系中的话语权越大，就越有利于企业创新绩效的提高。

关于知识管理的界定有很多不同的观点。代表性的研究主要包括 Polanyi（1966）、Drucker（1988）、Hansen（1999，2004）。夏敬华（2003）对国外知识管理进行了系统的综述，发现知识管理的概念概括起来共有两类：以信息为对象的知识管理和以人为对象的知识管理。其中以信息为对象的知识管理主要是把知识

作为处理对象，聚焦于隐性知识的显性化和先行知识的系统化，利用知识管理系统加以加工。以人为对象的知识管理认为知识管理是一个认知过程，强调知识的贡献、应用和创新、关注知识交流和分析的环境。本文的知识管理是从以人为本的视角出发，研究提高企业知识管理对创新绩效提升的作用。

关于知识的研究有很多不同流派，我们采用被人们最认可一个视角——知识管理过程论。Gilbert 和 Hayes（1996）对某家大银行进行深入案例分析，研究知识转移的框架及其对组织变革和技术变革的影响，他们将知识转移分为四阶段：获取、整理、应用、吸收（同化）。（1）获取，所谓组织获取知识即组织从其发展的历史中、从实践经验中、从它的员工那里获取组织发展所需的知识，同时也可以通过跨界搜索知识或者通过契约“借用”知识。不过我们通常讲的知识获取指的是企业如何通过跨界搜索获得企业所需的知识。（2）整理：即在组织获取知识之后，势必会有组织不需要的知识或者知识需要重新编码才能被组织内部运用，因此，需要组织把获取的知识进行整理，重新编码。（3）应用：知识只有被应用才能产生价值，因此组织的知识应用能力是至关重要的，一些稀缺的知识如果组织不加以充分的应用也是负担。（4）吸收是知识转移的关键，通过吸收将知识内化为组织内部的知识，甚至转变为组织的惯例。

Hollingshead、Fulk 和 Monge（2002）将知识管理界定为企业为开展个体和组织工作所需的各种数据、信息和知识的组织定位、存储和重新检索的过程。

所谓知识管理能力是一个企业判断、吸收和利用外部新知识以及最终进行商业化的能。本文采用 Zahra（2002）的观点，认为知识吸收能力包括潜在吸收能力和实际吸收能力。前者强调获取与消化外部知识的能力，后者包括转换与利用知识的能力。他们认为企业吸收能力应该包括知识获取能力、知识消化能力、知识整合能力及知识利用能力四个方面。

外包企业之间对创新绩效有明显提升作用的知识一般是隐性知识，因为隐性知识难以解码、不容易被清晰表达和传递，因此企业的吸收能力至关重要。提高企业知识吸收能力是企业创新成功的关键因素。

Tasi（2001）认为，网络成员间的知识边界越模糊，知识传递的难度就越低，知识共享的效果就越好。创新流程包括新知识的获取和已有知识的利用（Datnanpour，1991）。创新活动主要依赖技术知识提高服务产品的研发速度、质量和成功率。知识获取是前提，知识整合能力将企业获取来的知识同企业现有的知识整合在一起，有助于将分散的、支离破碎的知识重新整合，变成对服务外包企业有利的知识。知识整合能力可以帮助企业避免路径依赖和组织惰性，保证企业创新的成功。中国的一些学者研究也表明，在外部知识获取量一定的情况下，具有更高知识整合能力的企业可以更有效地将新知识应用到创新中，提高外部知识获取对企业创新的影响程度。

（二）服务外包企业文化与创新绩效提升

企业文化是企业的软实力，对服务外包企业创新绩效的提升有重要作用。所谓企业文化是根植于组织内部的特定的价值观和基本信念，这种价值观和信念为组织提供行为准则。Wallach 根据企业的氛围和工作环境，把企业文化分为两种类型：官僚型文化、创新型文化。Cameron 则在此基础上增加了效率型文化（efficient culture）。Bass 和 Avolio（1993）提出的变革型领导文化与交易型领导文化，并认为两种文化互不排斥，纯粹的单一文化类型都不可能获得成功。Parry 和 Proctor（2001）甚至发现，最好的组织文化形式可能表现为高度的变革型特质和中度的交易型特质（转引：朱兵，2010）。组织文化影响管理层的战略制定以及普通员工的价值和态度。因此企业文化是把双刃剑，一方面为企业的创新提供动力和支持，另一方面也阻碍企业的创新和前进。本文借鉴 Wallach 的观点把组织文化分为官僚型和创新型。官僚型的组织文化是指高层管理者做出决策之后，通过严格的上下级关系，可以迅速将决策传递到组织的各个层级，所以在决策信息传递的速度上，官僚型组织有着很大的优势。但是官僚型文化不利于知识的流动，创新需要灵感和头脑风暴，需要宽松的工作方式。这种文化组织之间层级性以及组织之间的沟通较少，组织内部主要依赖命令或指令来进行信息的传递和沟通，所以，官僚型企业文化不利于进企业创新。但这种组织方式在信息的沟通和传递方面有助于降低企业内部的交易成本。

因此，我们认为有以下假设：

P1b1：服务外包企业应避免官僚性企业文化，以便提升创新绩效。

在创新型文化的企业中，管理者给员工更多的自由，管理者比较民主，乐于倾听不同的意见。在创新型文化中，员工常常挑战自我和现有状况、并且敢于承担风险、充满激情和活力。

基于以上分析我们认为，

P1b2：创新型企业文化有利于提升服务外包企业创新绩效。

（三）服务外包企业治理结构与创新绩效提升

根据 OECD 的定义，公司治理结构就是公司内部不同参与者（董事会、管理者、股东和其他利益相关者）权力和责任的分配，以及为处理公司事务所指定的一套规则和程序。概括起来公司治理结构主要包括股权集中度、股权制衡、股权激励等方面内容，是公司创新绩效的影响因素研究的重点。大股东通常注重公司的可持续发展，因而更喜欢投资有一定风险的、高回报创新项目。然而小股东偏重于短期的财务回报。较集中的所有权，意味着股东利益与服务外包企业的长期发展相关性更大，企业投资创新的力度越大，对经营者的创新活动的监督和支持

也越大，因此我们认为，

P1c1：服务外包企业股权集中度的提高有利于创新绩效的提升。

理想的股权结构需要多个大股东的存在，多股制衡加大了公司内部控制权活动的成本，降低了大股东对小股东的利益侵占程度，能在一定程度上避免管理者的短视行为，减少低效投资行为，有利于企业研发活动的开展，从而实现企业的长远目标。

由此假设：

P1c2：股权制衡度越高，R&D 投资力度越大，越能促进企业绩效提升。

一般认为管理层更重视短期经营绩效、个人的声望、财富积累等，由于研发投入会影响当期损益，甚至是加速经理人员自身人力资本的折旧，所以，他们在较短的任期内不愿意过多地投入研发。管理层持股或股票期权激励可以使代理人与委托人的利益趋向一致，有利于减少在技术创新投入时的决策冲突，且更有动力改善对创新投入的管理。由此假设：

P1c3：股权激励（高管持股比例）越大，服务外包企业创新绩效越好。

（四）服务外包企业创新能力与创新绩效提升

Burgelman et al.（1996）把创新能力定义能够促进和支持创新的综合组织特征。此后，Burgelman et al.（2004）对创新能力的概念进行了更深的界定，他认为创新能力是制定（预测、计划和分配）能力以及实现（组织和商业化）的能力。Yam et al.（2004）把创新能力定义为学习、R&D、资源配置、制造、影响和战略管理能力。因为外包企业与发包方的特殊关系和在整个供应链中的特殊地位，服务外包企业的创新能力和普通企业的创新能力有很大差别，在对创新绩效的提升上也存在差异。尽管如此，本文基于组织能力理论和创新能力视角，参考Y.－C.Chang（2012）组织功能—组织需求、计划、组织、探索，我们把外包企业的创新能力分为四个方面，即开放能力，整合能力、自治能力、探索能力。

开放能力要求服务外包企业拓展边界，管理创新是企业边界开发的关键（Chesbrough，2003），所以，越来越多的企业采取开放式创新战略。如：宝洁公司奉行“联合开发”战略，大大降低了产品的成本，提高了产品质量和交货速度。这种外部来源的知识给外包企业创新提供可能性（Phene et al.，2006）。而且，技术复杂性的增加及其生命周期的缩短，造成并不是每个企业都可以在企业内部发展技术。企业需要迅速整合内部技术和外部可用技术并及时发布新产品（Iinton，2009）。此外，创新能力还包括企业的自治能力。Cabrales et al.（2008）表明长期激励和短期激励的结合会促进企业的创新。Kanter et al.（1991）认为，在战略规划阶段，加强研发单位和业务部门之间的合作，是一个关键的成功因素。Stringer（2000）实证分析结果是企业应该雇佣更有创造力和创新性的员工，来提高企业的创新绩效。Ekvall（2000）发现一个创造性的文化以及组织自治和组织资源，能够使企业的创新性提高。而探索能力则是指企业的竞争优势不仅来自企业内部的 R&D，也越来越依赖外部技术资源。开放式创新需要企业具有向外搜索开放能力，从遥远而广阔的方向搜索激进创新的来源。成功的创新要求企业具备从各种各样的途径搜索思维和能力的能力（McLaughlin et al.，2008）。

因此，我们认为：

P1d1：创新能力对外包企业的创新绩效提升有促进作用。

二、服务外包企业创新绩效提升的关系影响机制

目前关于信任的研究已经成为管理学、经济学领域的热点。关于关系质量的研究主要集中以下几个方面：不同管理活动中的关系质量；关系质量的维度；关系质量对企业绩效的影响。同时也有不少学者在该领域做了大量的实证研究，如 Turnbull（2002）通过对日本企业制造业的研究发现，在供应链的上下游企业之间，稳定的长久合作关系能够降低成本、提高企业的适应能力，某个项目上的合作良好的关系可以降低信息的不对称和环境不确定的冲击。

发包方与承包方的关系是战略联盟关系的一种表现形式，也是一种长期博弈的关系。因此他们之间的关系与承包方的创新绩效有密切的关系。通常伙伴关系定义为长期承诺、共同合作、公担风险和共享利益的组织间关系。这种关系包括彼此承诺、信息分享以及风险与利益的共担。很多学者认为伙伴关系应该加入信任这一因素。Grouer et al.（1996）研究了服务质量和伙伴关系对于外包成功的影响，发现信任、沟通、满意和合作四个方面是影响伙伴关系的主要因素，他认为关系对承包方的成功获利有重要关系。Geyskens et al.（1996）认为合作伙伴之间的良好关系有利于提高联盟整体的组织学习水平。伙伴关系是一种互相信任、公开、分享风险与报酬的联合商业关系，是单一企业无法完成的，因此这种关系可产生无形的稀缺资源。从资源基础理论的视角，我们认为关系质量的提高可以提升企业的创新绩效。另外良好的关系质量有利于服务外包企业间的沟通。Tasi（2001）认为沟通有利于知识共享、创造良好的知识共享环境，及时解决彼此在契约达成后合作过程中遇到的问题，实现高效沟通。良好的沟通在科研团队知识共享过程中起着重要作用（陶裕春和解英明，2008）。

关系质量原本在营销领域运用流行，其主要描述的是顾客对企业的期望、预期目标和愿望感知。对于关系质量维度的划分，不同的派别有不同的划分方法。其中比较有代表性的是 Spekman（1988）将其总结为信任、有效沟通、参与、合作、承诺和冲突六个方面；Lee et al.（2010）指出关系质量包括信任、理解、共享利益和共担风险、承诺和冲突五个方面。另外不得不提的是，外包关系与传统

合作关系存在很大差异，如上面所说，外包关系更多的是一种长期关系，一种超越契约关系的关系，他们更多是对彼此的依赖和信任，以利益双方的共同发展为目标。

最后我们认为，可以用“信任”涵盖信任和承诺，“相互依赖”概括前者定义中的参与、合作与后者定义中的理解、共享利益和共担风险，并应该将双方的冲突管理具体化，体现和谐冲突管理思想。于是，本文将关系质量分为四个维度：信任、有效沟通、相互依赖和冲突管理。

企业之间的信任是外包关系双方得以存在的保障，信任有利于知识共享顺利进行，降低交易成本。组织间信任是合作关系中的基石。特别是离岸外包，在外包关系双方的文化差异的条件下，信任可以降低风险、提高效率、增加专项投资。因此我们认为，

P2a：关系质量中的信任有利于提高接包方的创新绩效。

有效沟通是外包双方分析知识、思路的过程。Hellweg 和 Philips（1981）曾提出有效沟通可以提高人们的生产效率。按照这一思路，我们认为：

P2b：有效沟通可以提升服务外包企业创新绩效。

相互依赖就是双方相互依存，并且对方都获得自己需要的资源，利害相关。这种相互依赖的关系会提高外包企业间的风险程度，增加专项投资力度。因此我们认为相互依赖使得服务外包企业与其顾客利害共担，这样服务外包的企业竞争压力相对较小，因此创新动力减弱。所以我们认为：

P2c：相互依赖对服务外包企业的创新绩效提升有负向作用。

冲突管理是在契约签订以后，对出现的一些事件的处理能力。冲突可能来自外包双方在语言、文化等差异的情况可能出现的突发事件，也可能是外界环境发生变化，出现没有预料的事件。而本文所探讨的冲突管理类似于建设性冲突管理，将其控制于适当水平和适当类型有利于冲突主体间的知识共享及服务外包创新绩效的实现，建立良好的冲突管理有利于避免机会主义和专项投资的保护，进而提高企业创新的决心，因此我们提出：

P2d：冲突管理能力的提高有利于服务外包企业创新绩效的提升。

三、服务外包企业创新绩效提升的外部影响机制

创新的最后一个阶段是收益，即创新知识的商业化阶段，但是商业化阶段不是在企业内部完成的。因此，在整个创新过程中，外部环境对服务外包企业创新绩效的提升有至关重要的作用。从国际经验看，Mondal 和 Gupta（2006）认为，在发展中国家（或地区）从知识产权的弱保护阶段向强保护阶段过渡的过程中，强化知识产权保护后，原来不重视自主创新的企业，在侵权会受到严厉惩罚的压

力下，不得不重视自主创新，经历一段时间的磨合后，本地企业不仅没有因为环境更严峻而无法生存，反而提高了创新能力。本文对外部环境考量参考了杨振宁等（2010）的观点，从政府监管和竞争机制两个方面分析外部环境的控制对服务外包企业创新绩效提升的影响。服务外包企业所在环境的知识产权监督制度越完善、服务外包企业的获得的发展资源和能力越多，进而能促进服务外包企业创新绩效的提升。另外，服务外包企业所处的竞争环境越激烈，企业的经营成本越高。政府提倡自主创新、保护知识产权并进行制度监管是促进企业创新绩效的重要渠道。然而，服务外包企业创新主要是通过借鉴国外现有的技术知识，通过引进和消化，把国外现成的技术应用到本国的生产中来，这种在企业竞争过程中实现的知识交换和溢出可以大大促进服务外包企业的创新绩效提升，监管和竞争缺一不可，政府营造的竞争环境应保持合理性和公平性。

因此我们提出：

P3a：知识产权监督机制有利于提升服务外包企业创新绩效。

P3b：良性的竞争机制有利于服务外包企业创新绩效的提升。

P3c：恶性的竞争机制不利于服务外包企业创新绩效的提升。

综上所述，我们认为服务外包企业创新绩效的提升需要从企业内部、外部和与顾客的关系质量上着手。因此服务外包企业在提升创新绩效时首先要从企业内部、经营环境、与顾客的关系质量上努力。

四、服务外包企业创新绩效影响模型及实证研究

为了进一步了解外包企业的创新实践、对服务外包企业创新进行更为深入细致的研究，我们采用问卷调查和访谈相结合的方式，对我国承接外包业务的重点企业进行调查研究。问卷发放主要选择在北京、深圳、无锡、东莞、广州等外包企业聚集区域进行。

在进行正式调查之前，本研究首先对所选取的目标企业是否有兴趣参与调查进行了排筛，然后选择了 5 家外包接包方企业进行了预调研，并根据多方反馈意见，对问卷进行了修正，最终形成了正式调研问卷。然后分别针对选定的外包企业中负责外包业务、战略合作、市场或顾客的中高层管理者以及负责技术、战略、研发、财务或人力等业务的中高层管理者进行了调查。正式调查主要对上述两类管理者分别发放了 271 份问卷，共 542 份。经整理，回收的配对有效问卷共 177 份，有效问卷回收率为 65.3%。

基于本节提出的服务外包企业的影响因素模型，利用 177 家中国服务外包企业的数据，我们有选择地提取了影响服务外包企业创新的关键因素，分别为顾客参与、组织记忆、组织学习、合作网络和需求不确定性，进行了简要的实证分析，

具体实证结果如表 5-1 所示。

根据表 5-1 所显示的回归结果，首先，我们将所有控制变量均加入模型 1 中。然后，我们将所有自变量和控制变量均加入模型 2 中。模型 2 的结果显示发包方顾客参与（β=0.216，p＜0.05）、服务外包企业的组织记忆（β=0.241，p＜0.05）、组织学习（β=0.250，p＜0.05）、合作网络（β=0.217，p＜0.05）和需求不确定性（β=0.223，p＜0.05）对创新绩效都有显著的正向影响。

表 5-1　　回归结果

	模型 1		模型 2	
自变量				
顾客参与			0.216**	(2.050)
组织记忆			0.241**	(2.200)
组织学习			0.250**	(2.260)
合作网络			0.217**	(2.000)
需求不确定性			0.223**	(1.990)
控制变量				
销售收入	-0.024	(-0.140)	0.255*	(1.550)
企业文化	0.396***	(4.230)	-0.115	(-0.940)
R^2	0.153		0.529	
F 值	9.060			10.59

注：*表示 p＜0.1（双侧），**表示 p＜0.05（双侧），***表示 p＜0.01（双侧）。

参 考 文 献

[1] Alegre, J. & Chiva, R. Assessing the Impact of Organizational Learning Capability on Product Innovation Performance: An Empirical test[J]. Technovation, 2008, 28(6): 315-326.

[2] Autry, C. W. & Grawe, S. J., Daugherty, P. J., et al. The Effects of Technological Turbulence and Breadth on Supply Chain Technology Acceptance and Adoption[J]. Journal of Operations Management, 2010, 28(6): 522-536.

[3] Azadegan, A., Dooley, K., Carter, P., et al. Supplier Innovativeness, Learning Contingencies and Manufacturer Performance: An Organizational Learning

Perspective[J]. Journal of Supply Chain Management, 2008, 44(4): 14–35.
[4] Azadegan, A. & Dooley, K. J. Supplier Innovativeness, Organizational Learning Styles and Manufacturer Performance: An Empirical Assessment[J]. Journal of Operations Management, 2010, 28(6): 488–505.
[5] Bass, B. M. & Avolio, B. J. Transformational Leadership and Organizational Culture[J]. Public Administration Quarterly, 1993: 112–121.
[6] Beneito, P. Choosing Among Alternative Technological Strategies: An Empirical Analysis of Formal Sources of Innovation[J]. Research Policy, 2003, 32(4): 693–713.
[7] Berchicci, L. Towards an Open R&D System: Internal R&D Investment, External Knowledge Acquisition and Innovative Performance[J]. Research Policy, 2013, 42(1): 117–127.
[8] Burgelman, R. A., Maidique, M. A. & Wheelwright, S. C. Strategic Management of Technology and Innovation[M]. Chicago: Irwin, 1996.
[9] Burgelman, M., Verschraegen, J., Degrave, S., et al. Modeling Thin-film PV Devices[J]. Progress in Photovoltaics: Research and Applications, 2004, 12 (2–3).
[10] Cabrales, Á. L., Medina, C. C., Lavado, A. C., et al. Managing Functional Diversity, Risk Taking and Incentives for Teams to Achieve Radical Innovations[J]. R&D Management, 2008, 38(1): 35–50.
[11] Cameron, K. A Process for Changing Organization Culture[J]. Handbook of Organization Development, 2008, 14(5): 2–18.
[12] Chesbrough, H. W. The Era of Open Innovation[J]. MIT Sloan Management Review, 2003, 44(3): 35–41.
[13] Chung, S. A. & Kim, G. M. Performance Effects of Partnership Between Manufacturers and Suppliers for New Product Development: The Supplier's Standpoint[J]. Research Policy, 2003, 32(4): 587–603.
[14] Damanpour, F. Organizational Innovation: A Meta-analysis of Effects of Determinants and Moderators[J]. Academy of Management Journal, 1991, 34(3): 555–590.
[15] Darroch, J. & McNaughton, R. Examining the Link Between Knowledge Management Practices and Types of Innovation[J]. Journal of Intellectual Capital, 2002.
[16] Drucker, P. Post-capitalist Society[M]. New York: Routledge, 2012.

[17] Ekvall, T. A Market-based Approach to Allocation at Open-loop Recycling[J]. Resources, Conservation and Recycling, 2000, 29(1-2): 91-109.

[18] Frishammar, J. & Åke Hörte, S. Managing External Information in Manufacturing Firms: The Impact on Innovation Performance[J]. Journal of Product Innovation Management, 2005, 22(3): 251-266.

[19] Gilbert, M. & Cordey-Hayes, M. Understanding the Process of Knowledge Transfer to Achieve Successful Technological Innovation[J]. Technovation, 1996, 16(6): 301-312.

[20] Grover, V., Cheon, M. J. & Teng, J. T. C. The Effect of Service Quality and Partnership on the Outsourcing of Information Systems Functions[J]. Journal of Management Information Systems, 1996, 12(4): 89-116.

[21] Hansen, M. T. The Search-transfer Problem: The Role of Weak Ties in Sharing Knowledge Across Organization Subunits[J]. Administrative Science Quarterly, 1999, 44(1): 82-111.

[22] Hauser, J., Tellis, G. J. & Griffin, A. Research on Innovation: A Review and Agenda for Marketing Science[J]. Marketing Science, 2006, 25(6): 687-717.

[23] Hollingshead, A. B., Fulk, J. & Monge, P. Fostering Intranet Knowledge Sharing: An Integration of Transactive Memory and Public Goods Approaches[J]. Distributed Work, 2002: 335-355.

[24] Hult, G. T. M., Hurley, R. F. & Knight, G. A. Innovativeness: Its Antecedents and Impact on Business Performance[J]. Industrial Marketing Management, 2004, 33(5): 429-438.

[25] Geyskens, I., Steenkamp, J. B. E. M., Scheer, L. K., et al. The Effects of Trust and Interdependence on Relationship Commitment: A Trans-Atlantic Study[J]. International Journal of Research in Marketing, 1996, 13(4): 303-317.

[26] Jean, R. J. B., Kim, D. & Sinkovics, R. R. Drivers and Performance Outcomes of Supplier Innovation Generation in Customer-supplier Relationships: The Role of Power-dependence[J]. Decision Sciences, 2012, 43(6): 1003-1038.

[27] Kanter, R. M. , North, J., Bernstein, A. P., et al. Engines of Progress: Designing and Running Entrepreneurial Vehicles in Established Companies[J]. Journal of Business Venturing, 1991, 5(6):415-430.

[28] Knudsen, M. P. The Relative Importance of Interfirm Relationships and Knowledge Transfer for New Product Development Success[J]. Journal of Product Innovation Management, 2007, 24(2): 117-138.

[29] Köhler, C., Sofka, W. & Grimpe, C. Selective Search, Sectoral Patterns, and the Impact on Product Innovation Performance[J]. Research Policy, 2012, 41(8): 1344–1356.

[30] Laursen, K. & Salter, A. Open for Innovation: The Role of Openness in Explaining Innovation Performance Among UK Manufacturing Firms[J]. Strategic Management Journal, 2006, 27(2): 131–150.

[31] Li, H. & Atuahene-Gima, K. Product Innovation Strategy and the Performance of New Technology Ventures in China[J]. Academy of Management Journal, 2001, 44(6): 1123–1134.

[32] Linton, J. D. De-babelizing the Language of Innovation[J]. Technovation, 2009, 29(11): 729–737.

[33] McLaughlin, P., Bessant, J. & Smart, P. Developing an Organisation Culture to Facilitate Radical Innovation[J]. International Journal of Technology Management, 2008, 44(3–4): 298–323.

[34] Mondal, D. & Gupta, M. R. Innovation, Imitation and Intellectual Property Rights: A Note on Helpman's Model[J]. Journal of Economics, 2006, 87(1): 29–53.

[35] Parry, K. W. & Proctor-Thomson, S. B. Testing the Validity and Reliability of the Organizational Description Questionnaire (ODQ)[J]. International Journal of Organisational Behaviour, 2001, 4(3): 111–124.

[36] Petersen, K. J., Handfield, R. B. & Ragatz, G. L. A Model of Supplier Integration Into New Product Development[J]. Journal of Product Innovation Management, 2003, 20(4): 284–299.

[37] Petersen, K. J., Handfield, R. B. & Ragatz, G. L. Supplier Integration into New Product Development: Coordinating Product, Process and Supply Chain Design[J]. Journal of Operations Management, 2005, 23(3–4): 371–388.

[38] Phene, A., Fladmoe-Lindquist, K. & Marsh, L. Breakthrough Innovations in the US Biotechnology Industry: The Effects of Technological Space and Geographic Origin[J]. Strategic Management Journal, 2006, 27(4): 369–388.

[39] Polanyi, M. The Tacit Dimension[M]. New York: Anchor Day, 1966.

[40] Prajogo, D. I. & Ahmed, P. K. Relationships between Innovation Stimulus, Innovation Capacity, and Innovation Performance[J]. R&D Management, 2006, 36(5): 499–515.

[41] Pullen, A. J. J., De Weerd-Nederhof, P. C., Groen, A. J., et al. Open Innovation

in Practice: Goal Complementarity and Closed NPD Networks to Explain Differences in Innovation Performance for SMEs in the Medical Devices Sector[J]. Journal of Product Innovation Management, 2012, 29(6): 917–934.

[42] Romijn, H. & Albaladejo, M. Determinants of Innovation Capability in Small Electronics and Software Firms in Southeast England[J]. Research Policy, 2002, 31(7): 1053–1067.

[43] Roy, S. & Sivakumar, K. Global Outsourcing Relationships and Innovation: A Conceptual Framework and Research Propositions[J]. Journal of Product Innovation Management, 2012, 29(4): 513–530.

[44] Hellweg, S. A. & Phillips, S. L. Communication and Productivity in Organizations: A State-of-the-Art Review[J]. Academy of Management Annual Meeting Proceedings, 1980, (1): 188–192.

[45] Selnes F. & Sallis J. Promoting Relationship Learning[J]. Journal of Marketing, 2003, 67(3): 80–95.

[46] Spekman, R. E. Strategic Supplier Selection: Understanding Long-term Buyer Relationships[J]. Business Horizons, 1988, 31(4): 75–81.

[47] Souitaris, V. Technological Trajectories as Moderators of Firm-level Determinants of Innovation[J]. Research Policy, 2002, 31(6): 877–898.

[48] Stringer, R. How to Manage Radical Innovation[J]. California Management Review, 2000, 42(4): 70–88.

[49] Tether, B. S. Small and Large Firms: Sources of Unequal Innovations?[J]. Research Policy, 1998, 27(7): 725–745.

[50] Tsai, W. Knowledge Transfer in Intraorganizational Networks: Effects of Network Position and Absorptive Capacity on Business Unit Innovation and Performance[J]. Academy of Management Journal, 2001, 44(5): 996–1004.

[51] Turnbull, S. R. Samurai Invasion: Japan's Korean War 1592–98[M]. London: Cassell & Co, 2002.

[52] Wallach, E. J. Individuals and Organizations: The Cultural Match[J]. Training & Development Journal, 1983.

[53] Weeks, M. R. & Feeny, D. Outsourcing: From Cost Management to Innovation and Business Value[J]. California Management Review, 2008, 50(4): 127–146.

[54] Weeks, M. R. & Thomason, S. An Exploratory Assessment of the Linkages Between HRM Practices, Absorptive Capacity, and Innovation in Outsourcing Relationships[J]. International Journal of Innovation Management, 2011,

15(02): 303－334.

[55] Woodside, A. Managing Product Innovation[J]. 2005.

[56] Yam, R. C. M., Guan, J. C., Pun, K. F., et al. An Audit of Technological Innovation Capabilities in Chinese Firms: Some Empirical Findings in Beijing, China[J]. Research Policy, 2004, 33(8): 1123－1140.

[57] Lee, Y. W., Kim, G., Lim, W. A., et al. A Relationship between Submarine Groundwater Borne Nutrients Traced by Ra Isotopes and the Intensity of Dinoflagellate Red-tides Occurring in the Southern Sea of Korea[J]. Limnology and Oceanography, 2010, 55(1): 1－10.

[58] Chang, Y. C., Chang, H. T., Chi, H. R., et al. How do Established Firms Improve Radical Innovation Performance? The Organizational Capabilities View[J]. Technovation, 2012, 32(7－8): 441－451.

[59] Zahra, S. A. & George, G. Absorptive Capacity: A Review, Reconceptualization, and Extension[J]. Academy of Management Review, 2002, 27(2): 185－203.

[60] Zeng, S. X., Xie, X. M. & Tam, C. M. Relationship Between Cooperation Networks and Innovation Performance of SMEs[J]. Technovation, 2010, 30(3): 181－194.

[61] Zhang, J. & Di Benedetto, C. A., Hoenig, S. Product Development Strategy, Product Innovation Performance, and the Mediating Role of Knowledge Utilization: Evidence From Subsidiaries in China[J]. Journal of International Marketing, 2009, 17(2): 42－58.

[62] 陈学光. 网络能力，创新网络及创新绩效关系研究［D］. 杭州：浙江大学，2007.

[63] 郭霞修. 服务外包企业的网络能力对创新绩效影响研究［D］. 南京：南京航空航天大学，2012.

[64] 施建军，王丽，孟源. 并行工程与新产品开发绩效关系研究两大流派的划分与评述——基于动态能力理论的整合性框架［J］. 国际商务（对外经济贸易大学学报），2014（02）：95－102.

[65] 舒谦，陈治亚. 治理结构、研发投入与公司绩效——基于中国制造型上市公司数据的研究［J］. 预测，2014，33（03）：45－50.

[66] 宋华，王岚. 企业间学习与信任互补作用于创新绩效吗？——基于企业间合作行为的视角[J]. 科学学与科学技术管理，2009，30(04)：159－165+187.

[67] 宋喜凤，杜荣，艾时钟. IT 外包中关系质量、知识共享与外包绩效关系研究［J］. 管理评论，2013，25（01）：52－62.

[68] 孙爱英，李垣，任峰. 组织文化与技术创新方式的关系研究 [J]. 科学学研究，2004，(04)：432-437.
[69] 陶裕春，解英明. 高校科研团队知识共享影响因素分析 [J]. 科技进步与对策，2008，25 (12)：5-8.
[70] 王荣浩. 网络嵌入对服务外包企业创新绩效的影响研究 [D]. 济南：山东财经大学，2012.
[71] 王永贵，王娜，赵宏文. 组织记忆、组织学习与供应商创新能力关系研究——基于外包情境的实证研究 [J]. 科研管理，2014，35 (10)：1-8.
[72] 夏敬华. 选购企业知识管理系统的 25 项评估要点 [J]. 软件工程师，2003，(02)：58.
[73] 杨震宁，李东红. 政府监管，鳗鱼效应与知识产权管理：企业创新绩效的提升 [J]. 中国管理科学，2010，18 (06)：177-184.
[74] 朱兵，王文平，王为东，张廷龙. 企业文化、组织学习对创新绩效的影响 [J]. 软科学，2010，24 (01)：65-69+74.

第六章 服务外包企业创新跃迁探索

第一节 服务外包与协同创新

中电文思海辉：协同创新驱动发展的外包领军企业

当前，从世界范围看，以服务外包为主要特征的服务业发展势头令人欣喜。据统计，世界500强中70%为服务业跨国公司，其中50%以上已将自己的非核心业务转移给离岸服务外包公司[①]。随着国内信息服务行业的整体提升，服务外包正在发生巨大的变化，以低附加值、人工成本和规模来取胜的外包时代已经过去，注重创新、技术交互和高附加值的外包时代已经到来。目前，中国新兴服务出口的70%是通过承接全球服务外包实现的，服务外包企业从500多家迅速扩展到近4万家，且这一行业成为我国高学历人才聚集度最高的行业[②]。作为科技服务行业的领军企业 Pactera（以下简称：中电文思海辉），其转型发展已是大势所趋，应重在创新和价值提升。

一、中电文思海辉面临的产业环境

伴随世界经济新一轮的资源配置和产业结构调整，中国服务外包企业在新技术、新模式等新机遇里不断成长，但行业整体大而不强的局面依旧存在，究其原因，企业自身专业技术及自主创新能力欠缺是首要瓶颈。当前我国服务外包项目

① 吕文：服务外包将引领外贸转型，经济导报，2013年7月15日。

② 中国新兴服务出口的70%是通过承接全球服务外包，https://www.sohu.com/a/191512031_115239。

类型集中在软件开发及测试、数据录入等产业低端领域，而从设计到整体解决方案、研发等高端业务领域则很少涉猎。因此，我国服务外包业应从自身情况出发，找寻适合自己的创新发展路径，从而推动整个产业向高端化转型发展。

当前，扩大内需、提高创新能力、促进经济发展方式转变以及战略性新兴产业专项规划等政策的出台，在客观上形成了在岸外包的广阔市场。同时，国内软件与服务外包企业面临着全球供应链整合，工业和信息化两化深度融合，在岸外包市场释放巨大潜力。此外，外包行业进入大变革时期，企业、政府等已经开始把一些创新和研发方面的工作加以外包，而不仅限于传统意义上针对公司非核心业务的外包服务，企业依赖外包实现利润率与营收上升的程度日益加深，价值和创新导向式发展成为未来产业发展的核心趋势。对中电文思海辉来说，这些情况将是重大机遇和利好。

但是，从全球范围来看，国内外大型企业之间的竞争越来越依赖于信息技术能力的能力，这甚至直接或间接地影响到了这些企业的创新战略。技术上，发包方对于接包方的要求除了在技术层面进一步提升和优化，在需求层面也在不断扩大，由初期的编码、测试，转向以信息技术、解决方案、创新和战略咨询等顶尖业务为主体，所涉及领域也在向技术、流程管理、工业设计等价值链高端的产业链条迈进，这将对中电文思海辉的未来发展提出更高的要求。与此同时，中国软件与服务外包行业面临着美欧等发达国家制造业回归、欧美经济衰退、汇率上升、知识产权保护等方面的诸多挑战，这对深处外包行业的中电文思海辉来说，也将是一大挑战。

中国现在越来越深地嵌入到全球经济中，追求创新和价值将成为企业未来发展的主要趋势。眼下全球各种各样的理念，先进的技术，都在迅速和猛烈地汇集到中国的市场，对中电文思海辉来说，如何在新的服务外包时代，适应产业转型升级的大潮流，探寻一条新的发展之路，维持强大的核心竞争力以继续领跑行业将显得尤为重要。

二、中电文思海辉公司概况及其成长轨迹

（一）公司概况

中电文思海辉技术有限公司的前身是文思海辉技术有限公司，由文思信息技术有限公司和海辉软件（国际）集团公司合并成立，这两家公司都是软件外包服务提供商，其发展历程见表 6-1。2012 年 8 月 11 日，文思信息与海辉软件宣布合并，根据双方签订的合并协议，双方股票将以 1 比 1 的方式进行合并，两家公司的股东将各自持有合并后的新公司约 50%的股份，原海辉股票将保留在纳斯达克全球精选市场上市。合并以后的公司中文名称为“文思海辉技术有限公司”，

英文名称为"Pactera"。2013 年 10 月 17 日，文思海辉被以黑石为首的财团以 6.25 亿美元的价格收购。2020 年，文思海辉公司股东海航与中国电子信息产业集团有限公司的香港子公司正式达成股权购买协议，文思海辉成为中国电子旗下的成员企业，改名中电文思海辉技术有限公司①。

自 1995 年以来，中电文思海辉一直致力于为全球客户提供世界领先的商业/IT 咨询、解决方案以及外包服务，在金融服务、高科技、电信、旅游交通、能源、生命科学、制造、零售与分销等领域积累了丰富的行业经验，主要客户涵盖众多财富 500 强企业及大中型中国企业。

凭借专业的交付能力，中电文思海辉帮助客户在全球市场中赢得成功，并且获得合作伙伴和行业分析师的高度认可。公司通过的业界领先的质量与安全认证包括 CMM Level 5、CMMI－SVC Level 3、六西格玛、ISO 27001、ISO9001：2008、SAS70 和 PIPA 等。

通过将战略总部设在中国，并在北美、亚太地区、欧洲设立地区总部，文思海辉为客户提供零障碍沟通的个性化定制与最佳经济收益完美结合的优质服务。通过位于美国、欧洲、澳大利亚、日本、新加坡、马来西亚和中国的交付中心，为客户提供企业应用服务、商业智能、应用开发与维护、移动解决方案、云计算、基础设施管理、软件开发与全球化、业务流程外包的一站式服务，满足客户对全球范围无缝交付和技术支持的需求，同时支持客户的业务发展战略，帮助客户赢得成功。

表 6－1　　中电文思海辉的发展历史

年份	里程碑
1995	文思成立
1996	海辉成立
2002	获得 ISO9001 认证，成为中国首家获得该认证的 IT 服务公司
2003	在美国佐治亚州亚特兰大市成立子公司，全公司整体通过软件成熟度 5 级认证
2005/2006	获得纪源资本、联想投资、DCM、红杉资本的风险投资
2007	文思于 2007 年在纽约证券交易所上市（纽交所股票代码：VIT），位列 IDC 中国面向欧美市场软件外包提供商第一名
2009	在伦敦成立欧洲首家分公司
2010	在澳大利亚成立墨尔本分公司海辉在纳斯达克证券交易所上市（纳斯达克股票代码：HSFT），开展云计算实践

① 资料来源：中电文思海辉公司官方网站 http://www.pactera.com

续表

年份	里程碑
2011	开展美国在岸管理咨询实践 BPO，提供数码化解决方案
2012	文思与海辉达成“对等合并”，成立文思海辉技术有限公司（纳斯达克股票代码：PACT） 开展澳大利亚在岸管理咨询实践
2014	正式完成私有化，位列 IAOP2014 全球外包 100 强榜单第 8 名，代表中国 IT 服务公司首次跻身该榜单十强
2015	数字化服务体系正式落地，全球总部落户大连，成为第二大中国银行解决方案供应商，位列 2015 全球金融行业科技服务供应商 Top100 榜单第 59 位
2016	收购 Blue Fountain Media，开启数字化服务里程碑
2017	正式成为海航集团旗下一员
2018	印度海得拉巴交付中心正式落成，在 IDC 发布的《2017 中国银行业 IT 解决方案市场份额》报告中，文思海辉金融市场占有率位居榜单第一，人工智能业务总部灵羚科技落户上海
2020	成为中国电子成员企业

资料来源：根据中电文思海辉公司官方网站相关信息进行整理。

（二）成长轨迹

通过对中电文思海辉成长历程的梳理，本研究从竞争战略和发展驱动因素的视角，将公司的成长过程分为三个阶段：

1. 起步阶段（1995—2004 年）：“卖人头”时代

从公司成立后近十年的时间里，以文思、海辉为代表的国内软件外包企业的经营模式基本是雇用大量工资较低的软件工程师，通过低成本获得外包项目订单，进而获得利润，这种模式在业内俗称“卖人头”。中国软件外包企业正是靠着“卖人头”的模式支撑了十多年的快速发展。但是随着人力成本的快速上涨，这种模式已经开始难以为继。

研究机构中金的调研报告称，IT 软件外包企业的人力成本占到公司总成本 60%～70%，甚至更高。根据测算，如果人工成本上涨 5%，那么软件外包企业净利润率将下降 1.5%～2%，直接导致盈利能力下降。

2. 融资与并购阶段（2005—2012 年）：并购整合时代

2005 年，国外风险投资公司的介入使中国的软件外包的规模有了一个新的发展，文思公司从多家风险投资公司获得了融资，如寰慧投资、红杉资本、联想投资、DCM 等。这为公司进行资源整合、打入国际市场、实现规模经济创造了有利条件。2012 年，文思和海辉合并为一家公司，从业务分布区域上看，文思、海辉的合并可谓“互补型婚姻”。根据双方财报，2012 年第三季度，文思和海辉在中国大陆、中国香港、中国澳门、中国台湾地区及新加坡、马来西亚、菲律宾等国家中的营收份额分别约占 51.2%和 22.8%，在美国分别占 32.5%和 45.7%，在欧洲分别占 9.0%和 5.9%，在日本分别占 4.4%和 17.9%。文思、海辉的合并，加强了同欧美对手以及来自印度的外包集团的比拼。

随着欧洲债务危机持续蔓延和人力成本的继续不断上涨，这两家公司的日子并不好过。规模壮大之后，如果不寻求外包模式的突破，很可能重走印度的老路子，以人海战术而不是技术升级来取胜。很大程度上来讲，并购发展的本质还是避不开“卖人头”模式，但目前这条路子也已经走到尽头。

中电文思海辉董事长陈淑宁明确表示，合并如果只是简单的整合，并不能解决中电文思海辉面临的根本问题。“合并的目的是成本驱动模式变成创新驱动模式，提高我们的劳动生产率，双管齐下提高我们的价值。”

3. 创新驱动发展阶段（2012 年至今）：协同创新促转型升级时代

中电文思海辉正在进行由 IT 服务外包企业向 IT 咨询服务企业的转型，这一转型使其极大规避了国际范围内的外包业务缩减风险，提升了自身的竞争力，为客户提供创新性的解决方案，同时帮助客户实现转型。

中国目前处于产业的中期阶段，即完成定制化的服务。而印度已经走在了前列，即为客户提供更多解决方案，帮助客户实现转型。这一方面表现为中国目前的外包产业落后于印度，若从另一方面来看，恰好与印度形成产业链的互补，即他们从事前端业务，而中国集中于产业链中端。但从长远来看，中端产业链即将进入一片红海，因此中国必须迎头赶上，否则会被后来者超越。

2013 年 10 月 17 日，中电文思海辉被以黑石为首的财团以 6.25 亿美元的价格收购，公司私有化的完成，将推动公司提升决策自由度，专注于长期战略的规划和执行，包括收购兼并和全球化的业务布局。公司私有化主要是以推进转型为目标，利用最新的技术为客户创造更大的价值。私有化后，中电文思海辉公司将会进行更大力度地转型，其中，在智慧城市、大数据等新兴领域的实践和创新，成为了中电文思海辉未来的业务重心所在。中电文思海辉于 2015 年将数字化服务体系正式落地，并于 2016 年收购专业数字化服务机构 Blue Fountain Media，这是中电文思海辉数字化转型道路上的重要里程碑。

但是，在转型升级的重要关口，各类创新资源仍然普遍存在分散、封闭等突出问题，还没有建立起有效协同的机制体制。企业之间由于利益竞争，相互之间技术壁垒严重，缺少研发合作；企业与高校、科研院所之间的合作大多也是独立分散进行，企业的产品研发或服务设计等活动与大学、研究机构的科研项目相分离。这种研发与创新资源分散、封闭的局面，大大延缓了整个产业的转型发展进程，再加上当前技术发展的跨学科特征和日益激烈的全球化竞争，创新过程正变得越来越复杂，没有一个组织能在资源和相关技术领域取得完全优势，因此，只有在组织之间形成创新联盟，合力实现创新发展，才能不断推动整个服务外包产业的转型升级与快速发展①。

三、走协同创新发展之路

协同创新是协同各种要素进行的创新，既包括服务外包企业内部各要素之间的协同，也包括服务外包企业与外部各要素之间的协同，是全要素的协同②。面对机遇和挑战，行业领军企业中电文思海辉看清行业形势和自身情况，通过对团队、业务模式、技术和行业解决方案、客户市场、企业文化等方面的整合，重点实现了创新能力、行业精耕细作和交付能力等三个层面的加强，通过矩阵式布局，从成本驱动转向创新驱动，稳步向附加值更高的中高端业务迈进。

与此同时，中电文思海辉携手客户和外部合作伙伴进行协同创新，通过实施开放的商业模式，不断完善和增强整体服务价值链，从而服务于制造业、金融、电信、服务业以及政府社会公众事务管理。

（一）内部协同创新

内部协同就是要将公司内部各种要素如人力资源、技术、文化、战略、资金等协同起来，使各要素能在创新的过程中最大化实现自身作用，并使总体效率最大化。

在2012年文思和海辉合并之前，文思的业务重点在国内市场，集中在旅游、航空，而海辉一半以上的业务在海外，多元化的特点突出集中在金融、制造业，因此两家寄期望于合并之后产生“1+1>2”的效果。在管理层面，两家各有特色，文思更多是“儒家化”，组织灵活、具创新性，而海辉的 “经理人文化”更具“海派”特色，重规范、重流程，细节处着手。这对于合并后的新公司来说，既有利又有弊，一方面在业务上二者形成互补，确实会出现他们所期望的放大效应，而另一方面，双方员工在文化的融合、做事的合规性以及契合度上，短期内有可能会产生冲突。

文思和海辉合并之初，公司内部各要素都亟待整合和协同。因此，在合并之后不久，新公司就完成了九大业务部门的整合，分别包括：人力资源的整合、市场部门的整合、财务部门的整合、业务部门的整合、法律实体和税务的整合、IT系统的整合、行政部门的整合、沟通部门的整合以及政府事务部门的整合。中电文思海辉整合后成立了十个一级管理部门，由七大事业部和三大后台服务部门组成。这七大事业部分别是：欧美IT部门、欧美研发部、微软大客户部、金融（国内）事业部、中国事业部（金融除外所有业务）、东南亚事业部（主要是新加坡）、日本事业部。而三大后台服务部门则涵盖了战略发展部门、财务部门和人力资源部门。对两个公司各自的要素和资源的整合，可以实现两公司协同一致，更好地

① 陈劲. 协同创新［M］. 杭州：浙江大学出版社，2012年第一版，第8－9页。

② 金涛，施建军. 服务外包企业协同创新研究［J］. 山东社会科学，2012（11），第155－157页。

进行业务开展和创新发展。

此外，中电文思海辉构建了以首席技术官芮祥麟为首的创新中心和解决方案中心，并提出了 SMAC（Social 社交、Mobile 移动、Analytics 数据分析、Cloud 云计算）的先进技术驱动服务转型升级，充分利用公司内部的各项新技术协同进行商业模式的创新。中电文思海辉的目标是打造一个“外包服务+行业解决方案+高端咨询业务”集于一身的公司。在公司 2013 年第一次“媒体开放日”活动上，新任首席技术官芮祥麟清晰、系统地阐释了中电文思海辉的技术创新发展战略，大数据、企业移动应用、云计算成为文思海辉技术创新的重点突破方向。此次“媒体开放日”活动的举办意味着中电文思海辉正在极力改变业务单一的过往形象，其业务模式正在从“软件外包服务业为主”向“应用解决方案服务和软件外包服务并重”转变，中电文思海辉希望成为中国解决方案服务提供商中的佼佼者。

（二）外部协同创新

中电文思海辉公司外部各种要素包括发包方、政府、高校及科研机构、竞争企业、金融机构等（见图 6-1）。外部协同就是要将外部所有各种要素协同起来，使其效率最大化。

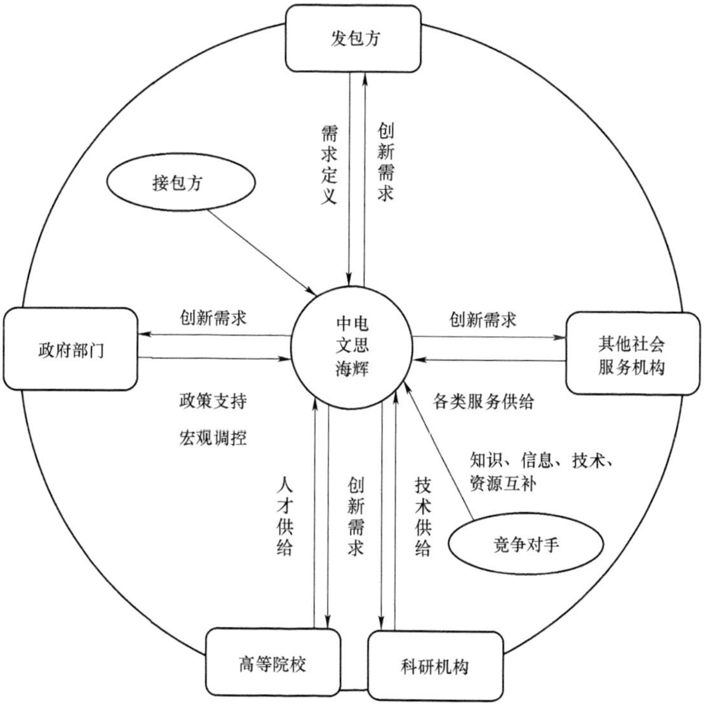

图 6-1 文思海辉外部协同创新机制

资料来源：作者自行整理

中电文思海辉与客户协同不仅能从客户那里获取有关客户偏好和需求信息，还能识别技术发展的市场机会。创新的需求来源于客户，创新的成果应用于客户，因此，与客户的协同创新有益于双方。与竞争对手的协同创新主要体现在分享技术知识和技巧，共享创新资源并优化配置，减少资源浪费，减少创新的时间和风险，从竞争对手的问题或失误或中吸取教训。此外，大学和科研机构为公司技术创新提供各种资源的供给和支持。大学和研究机构是新技术发明的重要来源和科学知识传播的重要中心，在技术创新体系中承担着提供知识源的任务。再者，政府的政策也会对公司的创新有积极的影响。政府的任务是构建围绕创新的多部门协同创新体系，运用自己掌握的庞大的科技资源为企业创新活动营造良好的创新生态，从研发资金投入、科技人员激励、知识产权保护、行业管制等方面支持企业创新。同时，政府可通过采购增加对公司自主创新的支持力度，推动创新要素渗透进经济活动中。最后，研发、设计、科技咨询、金融服务、创业孵化、软件及信息服务外包等其他社会服务机构为公司创新提供资金支持、信息咨询等服务，与公司共同构成了完整的创新生态。下面将以四个典型的协同创新活动为例，对中电文思海辉的外部协同创新行为进行分析研究。

1. 与客户协同

数字化、移动技术、社交媒体等信息化新技术的兴起对企业的经营活动将产生巨大影响，遗憾的是，并非所有的公司都了解如何应用新的 IT 技术对企业和客户创造价值。中电文思海辉引领客户进行创新，走在了行业前面。其采取的策略是，在接触面，通过咨询和服务的引导或助推，充分了解发包方需求，并与用户反复讨论，带动顾客创新，形成完整的解决方案，最终达到协同创新的效果。公司的竞争力不在于技术本身，而在于为用户提供行业解决方案的能力，即如何通过行业化的一站式解决方案，帮助企业全方位提升客户体验。当前，中电文思海辉的解决方案，大致分为应用解决方案、行业增强解决方案和围绕商业智能（business intelligence）、移动等特定技术并与应用及行业紧密相关的解决方案。其中厂商相关的解决方案包括围绕 SAP、Oracle（含 PeopleSoft 和 Siebel）、Microsoft、Salesforce.com 的相关 ERP、SRM、CRM、HCM、PLM 等解决方案，以及在 BI 技术方面，现在业界各个主流平台上的 BI，包括 SAP、Oracle、Microsoft、RoamBi、Qlikview、SAS、Cognos，以及在此基础上的企业绩效管理。在行业方面，中电文思海辉在金融保险、高科技、装备制造、制药、电信、旅游、交通等方面，都曾或正在服务于国内及全球的行业领先企业，并借此过程积累了丰富的行业经验及解决方案。对于智慧企业（Smart Enterprise），中电文思海辉通过研究智慧型的企业会面临什么样的压力，提供定制化的方案来帮助企业迎接自身的挑战。这通常涉及三类新技术：大数据、云计算和移动互联网。这些方面的研究由不同的技术部门来推动，通过与客户的协同，最终形成一套完整的解决方案。

2. 参与共建 IBM 大数据分析竞争力中心

随着近几年数据量的爆发式增长，我们已经进入到一个数据消费的时代。如何利用大量数据，用科学化的手段做到更好地预测未知，将大数据技术应用到智慧城市、智慧民生、客户关系，产品创新等方面，很多产业会有革命性的改变。

2013 年 6 月 18 日，IBM 大数据分析竞争力中心项目签约仪式在四川绵阳举行。该项目是由中电文思海辉联手 IBM 与长虹集团，在中国大陆、中国香港、中国澳门、中国台湾地区及新加坡、马来西亚、菲律宾等国家中建立的首个大数据分析竞争力中心。项目建成后，将以大数据分析为切入点，为智慧绵阳的各个主题建设和绵阳企业智能化发展提供有力支撑。

“大数据时代变革需要想象力、勇气和决心，四川绵阳大数据分析竞争力中心的建设是一个多方协同创新的过程，”中电文思海辉董事长陈淑宁先生在讲话中提到，“虽然实施过程中充满挑战，但有了四川省和绵阳市政府前瞻性的认识和支持，有了全球一流的 IBM 产品平台，有了中电文思海辉这样的中国最好的 IT 服务公司，有了长虹这样优秀的合作伙伴，有了‘顶层规划、示范工程、优化推广’的实施方法支持，在我们的齐心协力下，我们没有理由不获得成功。”

在大数据时代，通过互联网、社交网络、物联网等，人们日益产生着海量信息，也日益及时全面地获得海量信息，对于海量信息的处理需求也越来越迫切。如何利用好大数据，对于政府和企业来讲都是一次新的挑战和机遇。中电文思海辉通过不懈的努力，研发出一套适合中国的大数据创新平台——水平（Horizontal）创新平台。该平台借助云计算和移动互联的模式，结合中电文思海辉在用户体验、数字化、开发和交付等领域的最佳实践，利用 IBM 大数据分析技术，将服务、数据等资源聚合为一个核心基础平台。这样，面对中国的海量数据，多个行业的企业家们就能够进行标准统一的数据利用和软件开发，对政府而言，也能够更好地掌握社会和经济发展的政策导向需求。

中电文思海辉和 IBM 的合作历史，可以追溯到 1995 年，一直以来双方都把客户价值放在首位，通过高质量的多个层面上的密切合作，共同为政府、企业、客户、合作方实现最大的价值。中电文思海辉将利用自身在大数据及云计算等领域的先进经验，与 IBM 一起全力推动项目运行，助力智慧绵阳建设的圆满成功。

3. 加盟“中国开源云联盟”

2013 年 6 月 20 日，中电文思海辉正式成为“中国开源云联盟（China Open Source Cloud League，简称 COSCL）”的成员。作为立足中国本土的云计算专家，中电文思海辉将发挥自身在云计算领域的优势及先进经验，与其他成员单位一起致力于 OpenStack 开发、操作系统支持、性能优化、规模部署，通过业界合作，针对不同应用领域，探索 OpenStack 的解决方案，并与业界分享，促进 OpenStack 的产业化应用；同时，将工作成果代码返回 OpenStack 全球开源社区，提升中国区对 OpenStack 全球社区的影响力。中电文思海辉高级副总裁吴凯认为："利用开源技术使得中国软件服务企业能够快速积累云平台的基础能力，聚焦于提供云平台系统整合，服务定制，用户门户和监控管理等高级功能。中电文思海辉已经采用基于 OpenStack 开源技术为客户定制开发了颇具规模的电信级商业公有云平台，并且将研发经验和中国开源云联盟的会员企业交流分享，共同发展。开源云平台必将成为在中国公有云及企业私有云市场发展中愈发重要的核心技术。"据了解，参与中国开源云联盟，与中电文思海辉一贯倡导并积极从事的云平台基础建设工作一脉相承，对中国产业转型的推进与科学化实施，具有极大的战略价值。

据悉，"中国开源云联盟"，由产、学、研、用各领域的领先企业和单位于 2012 年 8 月 9 日在北京共同建立。该组织致力于整合企业用户对云计算基础架构平台的需求，基于 OpenStack 等开源框架协同研发并加速完善，推动中国云计算产业发展。其成员包括英特尔亚太研发有限公司、新浪网技术（中国）有限公司、联想（北京）有限公司、用友软件股份有限公司等知名 IT 企业及上海交通大学、华南理工大学等高校单位。联盟现有正式成员单位 13 名，观察员单位 11 名。自成立以来，科研成果受到国内和国际社区的广泛认可。

4. 智慧城市市场的协同创新

据市场研究公司 Frost&Sullivan 调查数据显示，2025 年全球智慧城市市场价值将达到 2.46 万亿美元，在发展中国家建成的智慧城市将占全球智慧城市总数的一半，这其中包括智慧基础设施、智慧政府和教育、智慧建筑、智慧交通、智慧医疗、智慧能源等细分市场。伴随城镇化浪潮，中国市场也迎来难得的发展机会，未来几年，智慧城市的建设将成为中国经济的新引擎。目前，全国各地的智慧城市建设都加快了步伐，把智慧城市建设作为经济转型升级、提质增效的重要突破口和着力点。中电文思海辉也看到智慧城市场所蕴含的巨大商机，并将其作为业务重心之一。

经过多年的积累和全球智慧城市建设经验，中电文思海辉已经形成了完善的技术体系、建设模式和方法论。在开放商业模式的指引下，中电文思海辉的合作伙伴遍布各个领域，其中包括与智慧城市建设的全球领导企业微软和 IBM 合作，开发智慧城市建设模型，覆盖顶层设计、产业规划、交付、运营等完整体系，以创新与合作的姿态助力中国智慧城市建设。在各地智慧城市建设项目中，中电文思海辉在充分结合当地政府智慧城市建设规划的基础上，非常注重技术创新、商业模式的协同开放和可持续发展。

在技术上，中电文思海辉充分考虑了国内智慧城市建设的技术领先性和成熟度，引进 SAMC（云计算、商业智能、移动性、社交化），以确保智慧城市建设的信息共享和公众可感知性；在商业模式上，则注重吸收诸如美国、日本、新加坡、韩国的先进经验，结合中国本土城市的实际，与合作伙伴实现无缝连接，形成完整、开放和务实的商业模式；在可持续发展上，优先规划顶层设计，实现促进当地产业发展、惠及民生、提升政府公共管理水平相结合，并积极协助当地政府实现人才培养、投融资等智慧城市建设要素的完善，实现智慧城市的科学、绿色和可持续发展。

四、初步成效

中电文思海辉通过内外部的协同创新，实现了内部资源的有效整合，同时与其他外部主体（如客户、接包方、竞争者、研究机构、政府等）进行了良好的互动与创新协同，为公司的创新发展与业绩提升带来积极的效果。

（一）中电文思海辉荣膺对欧美离岸软件开发第一

国际知名信息产业研究机构 IDC（国际数据公司）最新发布了《中国离岸软件开发市场 2014—2018 年预测与分析》报告。相关研究报告显示，全球领先的咨询和解决方案服务商中电文思海辉，在中国离岸软件开发领域实现历史重大突破，位列中国 IT 服务商榜首。同时，中电文思海辉在欧美离岸软件开发市场排名中，凭借一贯优势，蝉联第一。

IDC 的研究报告《中国离岸软件开发市场 2014—2018 年预测与分析》涵盖了中国离岸软件开发市场的现状以及接包方的排名。根据 IDC 的报告，2013 年中国离岸软件开发市场规模达 59.3 亿美元，同比增长 17.4%。此外，IDC 预计 2014 年至 2018 年该市场将以 17.3%的年复合增长率加速发展[①]。2020 年，受全球疫情影响，中国承接离岸服务外包市场增长率有所下降，但是仍然保持正向增长。离岸服务外包合同额达 1 404.1 亿美元，执行额达 1 057.8 亿美元，分别同比增长 1.1%和 9.2%[②]。

随着大数据、云计算、人工智能等数字技术与垂直领域的深度融合，数字经济发展空间进一步拓宽。2020 年，商务部召开《关于推动服务外包加快转型升级的指导意见》吹风会，会议强调了“数字引领、创新发展”的基本原则，明确了加快服务外包企业高技术、高附加值、高品质、高效益转型升级，不断向价值链中高端攀升的发展目标。

跻身全球离岸外包市场领导者的中电文思海辉，其市场份额的快速成长验证

① IDC：中国离岸软件开发市场 2014-2018 年预测与分析，2013。

② 中华人民共和国商务部：2020 年中国服务外包情况，2021。

了这一趋势。中电文思海辉首席执行官卢哲群先生表示，在整体经济增长乏力的全球大背景下，中电文思海辉实现逆势增长，取得骄人业绩，是契合大势，主动迎接挑战的必然结果，这标志着中电文思海辉在亚太地区的离岸外包领域领导地位的逐步夯实，并得到了全球客户的广泛认可。全球范围内快速增长的业绩和中电文思海辉的战略转型、创新驱动升级等重大战略举措密切相关。中电文思海辉以 SMAC 战略实现了自身价值链的提升，深入行业帮助传统行业客户创新转型；通过并购整合手段实现了欧美地区的交付能力的提升和覆盖区域的延伸。尤其是凭借突出的技术创新能力，中电文思海辉在增长最快的全球研发设计服务（R&D）细分市场优势明显，市场份额持续扩大。

在全球服务外包发包业务向亚太地区转移的大趋势下，中电文思海辉取得的成绩表明，公司一系列的战略决策和布局所释放的整合效应正在逐步凸现，创新驱动战略正成为获得持续成长的新动力和开拓蓝海市场的有力支撑。

（二）中电文思海辉首次入选全球外包 100 强前十

国际外包专业协会（IAOP）公布的 2014 全球外包 100 强名单，文思海辉首次入选 Top10 榜单，名列第 8 位。这是中国本土外包服务企业首次进入 IAOP 全球外包前 10 位。

此次评选中，文思海辉的公司规模、企业成长、全球化布局、客户认可度、企业资质、雇员管理和卓越领导力等多个方面，得到 IAOP 评审委员会的青睐。

“获得 IAOP 全球外包前 10 名，既是国际外包专家、评委们对文思海辉在外包领域所做出成绩的认可，同时，也是对我们的鞭策。”中电文思海辉首席执行官卢哲群表示，“中电文思海辉通过调整，不断增强自身的业务实力。经过一系列的战略布局，如对等合并、私有化等举措，更加有利于企业进行全球化业务部署。着力发展外包服务的同时，将 IT 服务解决方案和咨询服务作为中电文思海辉未来业务增长的新动力。”

中电文思海辉在外包服务领域有着近二十年的积累。近年来，中电文思海辉在创新转型之路上频频发力的同时，战略目标也愈加清晰：保持中国领先的最大外包服务商；成为全球前十位做研发服务的提供商；做中国金融行业提供解决方案的第一名；发力商业智能，做优秀的商业智能战略服务商。2017 年，中电文思海辉凭借其专业的技术能力和优秀的服务品质在五大评审领域全部获得星级认证，在 IAOP 的评选中荣膺 2017“全明星奖”企业。

五、结论

本案例基于服务外包的领先企业中电文思海辉，通过对其创新与转型发展之路的研究，揭示了当前服务外包产业的发展趋势以及中电文思海辉公司面临的机遇和挑战，并探讨了中电文思海辉进行协同创新的机制以及具体的协同创新活动，对面临转型发展问题的服务外包企业来讲，具有一定的借鉴和指导意义，主要结论如下：

（一）创新和转型是服务外包企业发展的必然趋势

当前，中国经济正处于发展战略性新兴产业和加快转变发展方式时期，这为服务外包业发展带来新的契机。与此同时，随着国际经济环境的变化，中国服务外包原有的人口红利优势正在失去，外包企业的 CEO 们纷纷寻找转型升级的创新之路。服务外包企业的创新能力可以直接对我国产业结构的优化升级和现代服务业的发展产生重要影响，事关我国能否在国际服务业转移的大背景下在服务价值链分工中直接切入更为有利的战略地位，并进而对相关的制造业和其他产业产生影响。此外，服务外包企业的创新能力也是提升我国服务外包企业国际竞争力的关键。

（二）协同创新是服务外包企业实现转型发展的有效途径

本案例通过对文思海辉公司内部协同创新和外部协同创新的分析研究，发现通过协同创新这样一种新的创新方式，可以充分整合公司内外部要素，提升公司的创新效率，这对我国服务外包企业自身创新能力的提升、增强我国服务外包企业承接国际业务的能力和水平具有重要的借鉴意义。

（三）内部协同创新与服务外包企业转型发展的关系

中电文思海辉通过内部协同创新将公司内部各种要素协同起来，使各要素能在创新的过程中优化配置、良好匹配，不仅能够最大化实现要素作用，更重要的是能够保证人力资源、技术、文化、战略、资金等各要素的协调一致，使公司能够正常的开展创新活动，这是进行外部协同创新的重要保障。对服务外包企业来讲，为了实现创新和转型发展，首先得保证内部各要素的协调一致，这是进行外部协同创新的前提条件。

（四）外部协同创新与服务外包企业转型发展的关系

中电文思海辉通过与公司外部各种要素包括发包方、政府、高校及科研机构、竞争企业、金融机构等的协同创新，不断营造协同发展的良好外部氛围。即通过与外部各个创新主体的互惠知识分享、资源优化配置、行动的最优同步以及系统的匹配，充分整合各主体的知识、资源、行动和绩效，不断获取创新资源，提升自身的创新能力，以实现创新和转型发展。对服务外包企业来讲，应该打破创新资源分散、封闭的局面，积极进行创新联盟，合力实现创新发展，才能实现转型升级与创新发展的目标。

第二节 服务外包与价值链跃迁

中印软件外包企业价值链跃迁策略：跨案例研究

一、问题的提出

随着全球产业垂直和水平分工体系进一步明确，产业专业化程度不断加强，产业链的外包趋势不断增强，并成为企业尤其是跨国企业提升效率和降低成本的重要途径之一。当前，IT 和软件产业的快速发展使得以 IT 为核心的软件与信息服务外包产业的规模不断扩大，成为现代服务业中举足轻重的新兴产业之一。

印度是软件外包的主要国家，在过去的十几年中，印度的软件业成为印度国民经济增长最快的行业。软件和外包业的高速发展对印度经济发展起了非常积极的作用。据印度通信部发布的数据显示，2017 年印度软件业价值占全球软件业价值的 1/3 以上。印度还是承接离岸服务外包规模最大的国家，印度服务外包大约占世界外包市场的 55%。在印度软件业出口收入中，IT 服务出口达 660 亿美元，占比 54.4%[①]。中国的软件外包在最近几年也有了很大发展。但是，印度在 20 世纪 90 年代中期就已经步入了高速发展的轨道，而中国直到 20 世纪初才开始出现快速发展的局面。从 2005 年开始中国的大中型软件外包公司陆续得到国外风险投资公司的投资，在规模上跃上了一个新的台阶。2007 年底，中国的软件外包公司——文思软件在纽约上市，成为中国第一家在海外上市的软件外包公司。根据 IDC 的研究报告，中国的软件外包从 2004 年开始，一直以每年 50%左右的速度增长，到 2011 年，我国承接离岸服务外包的合同金额达到了 238.3 亿美元，同比增长 65%，占世界离岸服务外包市场的 23%。根据商务部 2013 年 2 月的统计数字，2012 年中国服务外包执行金额达 465.7 亿美元，同比增长 43.8%，离岸服务外包合同执行金额为 336.4 亿美元，占世界总额的 27.7%，是仅次于印度的第二大服务外包承接国[②]。2019 年我国企业承接服务外包合同额 15 699.1 亿元，执行额 10 695.7 亿元人民币，同比分别增长 18.6%和 11.5%，这是我国企业执行额首次突破万亿元，创造了历史新高[③]。

---

① 资料来源：印度软件与信息服务业的数字化转型及创新，https://www.sohu.com，https://www.sohu.com/a/243783249_640189

② 中华人民共和国商务部网站 http://mofcom.gov.cn/tongjiziliao/html.

③ 中华人民共和国商务部网站 http://mofcom.gov.cn/tongjiziliao/html.

在过去的十几年中，中国和印度的国际软件外包业务都有了很大的发展。但是，中国的软件外包业务在国际软件外包市场上仅占很小的份额，而且承接的大部分业务为开发、测试为主的传统的国际服务外包，仍然处于全球价值链的低端。中国和印度有类似的国情和人力资源，印度却抓住了机遇，成为世界软件外包的领头羊。因此，本案例研究以中、印两国软件外包企业为剖析对象，探讨我国国际服务外包企业处于全球价值链分工体系中低附加值的低端环节的原因，分析中国企业价值链跃迁的影响因素，如何实现价值链的跃迁？并在此基础上提出企业价值链跃迁的策略，以启发我国服务外包企业实现价值链攀升的思路。

二、中印国际软件外包的现状

软件外包有两层含义：狭义的软件外包是指需求方将单纯地围绕软件而进行的设计、编码、测试、后期维护等业务委托给外部服务接包方；广义是指包括信息服务在内的信息技术外包（ITO），包括 IT 系统部件的采购、安装、集成与交付使用，IT 系统构架、性能评估、更新策略和升级，应用软件系统的策划、开发、测试和交付，IT 及软件系统的维护、评估、更新策略和升级，业务所需的数据服务、格式转换、维护与更新，电子商务系统的设计、开发、更新与维护等。

（一）中国企业国际软件外包的发展现状

1. 从产业层面看，发展速度很快。

中国自 20 世纪 80 年代开始承接国际软件外包项目，到 2003 年前后开始出现快速发展。根据 IDC 的研究报告，中国的软件外包从 2004 年开始，一直以每年 50%左右的速度增长，到 2011 年，我国承接离岸服务外包的合同金额达到了 238.3 亿美元，占世界离岸服务外包市场的 23%。2020 年，受全球新冠疫情影响，中国承接离岸服务外包合同额 1 404.1 亿美元，执行额 1057.8 亿美元，分别同比增长 1.1%和 9.2%[①]。增长率虽然有所下降，但仍然保持正向增长。

2. 软件出口以日本市场为主，欧美市场的发展潜力巨大。

日本当前是中国软件产业的最重要的合作伙伴，无论是软件出口额，还是从事软件出口企业的数量，对日出口占主导地位。由于日本企业自身管理的特点，很少有最终项目整体发包到中国，发包的一般都是其作为总承包方进行系统设计、架构分析之后，分解出来的子模块，技术含量相对较低。尽管中国企业很难进入日本市场的总承包商序列，多数进入日本市场的中国企业在日本软件市场的位置是二级承包、三级承包，甚至是四级承包，主要涉及编码和测试业务，明显处于价值链的低端。欧美对我国的软件发包速度正在加速发展，所占比例越来越

① 中华人民共和国商务部网站 http://mofcom.gov.cn/tongjiziliao/html.

大。据工信部公布的数据显示，2020 年我国规模以上软件和信息技术服务企业超过 4 万家，共完成软件业务收入 81 616 亿元，同比增长 13.3%；软件出口 487.7 亿美元，同比下降 2.4%[①]。

3. 软件外包企业主要集中于北京、上海、大连、西安等大城市。

上述地区的共同特点是拥有良好的城市基础设施与产业配套基础，拥有当地政府在政策上的大力支持、良好的市场竞争环境、大批通晓外语的软件人才、具备较强的创新能力，软件企业形成了群体优势，并已拥有较为完整的软件产业链。近年来国家在促进软件出口方面的扶持力度有所增强。经发改委、商务部和信息产业部批准，在北京、深圳、上海、天津、大连和西安等城市设立了国家软件出口基地，创造了良好的政策、人才、技术、资金、市场和出口条件，充分发挥集聚效应和规模优势，形成了以国家软件出口基地中的国际化软件企业为龙头，辐射周边地区，带动全国软件出口的产业格局。

4. 本土软件企业规模比较小，研发实力有待提高。

微软、IBM、0racle 等跨国软件企业由于资金实力雄厚，发展十分迅速，研发人员规模基本都在 3 000～5 000 人。但是我国本土研发型软件企业一般都处于 1 000 人以下，很难开展战略性的长期基础研发项目。即便是企业规模发展迅猛的纯粹软件外包企业中，出现中讯、文思、博彦等一批员工达到 3 000 人左右、出口超过千万美元的企业，相对印度的 TCS、Infosys 等员工超过 5 万、经营规模达到 5 亿美元的大型外包企业而言，中国软件外包企业规模还是比较小，难以承接到大型软件外包项目。

5. 离岸服外包业务结构有所优化。

2019 年，中国离岸信息技术外包（ITO）执行额为 2 894.3 亿元，同比增长 9%，占比 44.1%；离岸业务流程外包（BPO）执行额为 1 183.9 亿元，同比增长 30.4%，占比 18.1%；离岸知识流程外包（KPO）执行额 2 477.6 亿元，同比增长 7.6%，占比 37.8%。与 2013 年中国离岸服务外包结构相比，知识流程外包占比提高 6.4%、信息技术外包占比降低 10.51%[②]。由此可见，我国企业服务外包的主要业务在向注重研发、设计的知识流程外包转变，但仍然具有较大的结构优化空间。

（二）印度国际软件外包的现状

1. 印度在全球软件外包市场中的地位

在目前软件外包的承接市场上，印度、中国、爱尔兰、加拿大、菲律宾、墨西哥、俄罗斯等是主要的软件外包承接国，其中印度是全球最大的软件外包承接

---

① 2020 年软件和信息技术服务业统计公报

② 中华人民共和国商务部网站 http://mofcom.gov.cn/tongjiziliao/html.

国。数据显示，2018 年，软件产业在印度国内生产总值中所占比例达到 7.7%，创造的就业岗位近 397 万，其中 2018 年新增 10.5 万。2018 年印度货物出口总额达 3 246 亿美元，服务贸易出口 1 840 亿美元，而软件出口就达到 1 360 亿美元[①]。

印度软件产业是出口导向型的软件产业。20 世纪 90 年代，印度 IT 行业（包括 IT 带动的服务）以惊人的速度增长。印度的国内市场要比出口市场小很多，2018 年，其国内规模仅为 280 亿美元，占印度软件总收入的 17.08%。印度软件及相关服务出口额在产业销售总额中所占比重逐年递减，2000 年财政年度为 24.9%；2018 财政年度该比重已经下降到了 17.1%；2018 年，印度软件出口收入 1 360 亿美元，比上一年增长 8.8%[②]。2019 印度 IT 服务收入占 IT 行业总收入的 51%，市场规模达 924.9 亿美元，其中超过 81%的收入来自出口；业务流程管理收入约占 IT 行业总收入的 20%，市场规模达 362 亿美元，其中 87%的收入来自于出口；软件产品和工程服务约占 IT 行业总收入的 19%，市场规模达 343.9 亿美元，其中超过 83.9%的收入来自出口；硬件收入占 IT 行业总收入的 8%，其中 7%～8%来自出口。这一方面说明印度的软件服务外包市场发展较为均衡，另一方面说明，印度软件产业的收入主要由出口贡献。

2. 软件人才丰富

据科尔尼咨询公司报告披露，每年印度的教育系统都要培养出 200 万熟练掌握英语并同时拥有很强的技术与定量能力的毕业生。除去大学电脑教育外，印度大约有 7 万家私人电脑培训学校，每年可供给约 100 万人才。截至 2018 年底，印度拥有 45～50 万数字技术人才，占全球数字人才的 75%，前十家信息技术公司内共有 136 546 名工程师。2019 年，印度 IT 行业从业人员近 397 万人，从业人员不仅熟悉工作内容，还深谙大型国际客户对工作质量的期望。印度软件和服务业企业行业协会还推出了一个在线平台，在提高 200 多万专业技术人员的技能的同时，再培养 200 万名潜在员工和学生[③]。

3. 政府支持

20 世纪 80 年代以来，印度历届政府都将发展信息技术产业尤其是软件产业置于优先地位。把电子工业视为“国家神经”的印度前总理拉吉夫·甘地 1984 年提出了“用电子革命把印度带入 21 世纪”的口号，1986 年 12 月印度政府出台《计算机软件出口、开发和培训政策》。1991 年，拉奥总理继续奉行大力发展软件产业的方针。1998 年 5 月瓦杰帕伊总理执政后，明确提出：“要把印度建设成为

① 资料来源：ttps://baijiahao.baidu.com/s？id = 1688009212566182233&wfr = spider&for = pc

② 资料来源：印度品牌资产基金会：IT 及 IT 行业报告，2019 年 3 月，https://cloud.tencent.com/developer/news/5075484。

③ 资料来源：印度品牌资产基金会：IT 及 IT 行业报告，2019 年 3 月。

一个名副其实的信息技术超级大国”。

为创造更好的投资环境，印度政府投入巨资加强软件产业发展的基础设施建设。20 世纪 80 年代后期，印度政府根据现代信息技术发展的潮流，制定了重点开发计算机软件的长远战略，成功地实施了以电信港（Teleport）计划为基础的“软件技术园区计划”。1991 年 6 月，印度政府在印度著名的科技中心班加罗尔（Bangalore）建成了全国第一个软件技术园区。之后，印度政府又将软件园区由南向北推进，形成了全国性的软件技术网络。经过十几年的发展，目前印度已建成了包括最著名的印度南部软件业的“金三角”——班加罗尔、马德拉斯、海得拉巴等在内的 18 个软件产业园区，园区内注册公司超过 7 500 家，软件技术园区的出口额已占印度软件业总出口额的 68%以上①。

根据以上分析，现将中印两国服务外包产业竞争力对比如下，见表 6－2：

表 6－2　　中印两国服务外包产业竞争力对比

	要素条件	需求条件	企业状况	关联产业	政府支持
印度	●人才质量和结构更优 ●英语语言优势		●服务外包企业经营状况更优 ●服务外包企业的行业集中度较高	●服务业比重较高	●税收优惠 ●知识产权保护
中国	●人才供给数量较多 ●平均经营成本水平低于印度 ●基础设施条件更优	●服务外包相关市场需求规模大于印度 ●近期中国市场需求潜力大于印度		●外资外贸规模大于印度 ●研发总体水平较高	●税收优惠 ●人才补贴 ●实施产权保护

资料来源：中印服务外包产业国际竞争力比较研究，尚庆琛，2017。

三、案例分析与研究发现

（一）选取典型案例是案例研究的常见方法

Eisenhardt（1989）指出，对案例研究方法来说，随机样本不仅是不必要的，一般还是不可取的。Pettigre 甚至一再强调案例研究要选取典型和极端的情形才更为合适（Pettigrew，1990）。Yin（1994）也有同样的看法，认为案例研究要求样本选择具有特殊性或极端性。案例研究并不需要遵循随机抽样的法则，而是更看重样本是否有足够的代表性和特殊性。所以案例研究对样本的要求是：性质上，

① 资料来源：印度软件和服务业企业行业协会，www. NASSCOM.com

被选定的样本应该与主题高度相关；数量上，不在乎样本的个数，但是注重样本的深度和典型性①。因此，我们根据研究需要和案例的有效性等因素考虑，选择两个既有单个典型性又有相互对比性的案例。在研究中，以印度和中国的软件外包公司为对象，选取个案时遵从以下两个标准：

1. 以跨国软件外包公司为对象。这是因为，本文的主要目的是通过比较中、印两国的跨国公司软件外包业发展的异同，分析软件外接包方在产业价值链上跃迁的主要策略。从图 6-2 可以看出，中国和印度的主要软件外包公司虽然在全球市场覆盖和外包层级上有所不同，但它们的目标是一致的，也就是占据全球软件外包的主要市场以及中、高端市场。这为我们的研究提供了有特殊性、可重复性和典型性的案例，使我们可以分析许多极端的情景，归纳和发展理论。

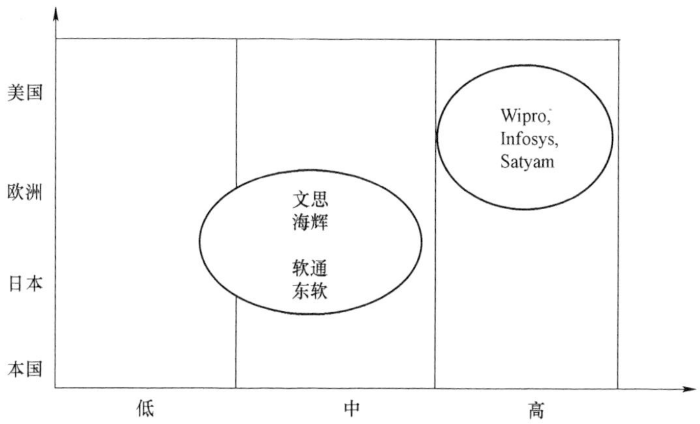

图 6-2　中国和印度软件外包公司的定位

资料来源：软件外包接包方绩效的影响因素，陆愚，2010

2. 覆盖外包层级和国际市场两个纬度，选取面向国际市场的有代表性的个案。案例的选择根据表 6　3 所列的中国软件外包十强（中国外包网，2009），从中选取有代表性的中国软件外包公司。

在国内软件外包行业，目前竞争力较强的企业主要有东软集团、文思创新、浙大网新、东南融通、海辉软件、大连华信、软通动力、博彦等，我们选择文思海辉这家软件外包业居领先地位的公司；印度国内领先的软件外包企业，我们选择 Infosys 公司。

① 杨震宁，李东红，李德辉. 中国制造业的产业追赶机制：跨案例研究［J］. 科学学与科学技术管理，2014（10）.

表 6-3 中国软件外包十强

排名	企业名称	所属行业
1	东软集团股份有限公司	软件外包、数据处理、呼叫中心
2	海辉软件集团	软件外包、IT 服务、研发外包
3	北京文思创新科技有限公司	软件外包、数据处理、研发外包
4	大连华信计算机技术股份有限公司	软件外包、数据处理、呼叫中心
5	北京软通动力信息技术有限公司	软件外包、呼叫中心、IT 服务
6	浙大网新科技股份有限公司	软件外包、数据处理、呼叫中心
7	厦门东南融通有限公司	软件外包、金融外包、数据处理
8	中软国际有限公司	软件外包、数据处理、人力资源外包
9	博彦科技（北京）有限公司	软件外包、IT 服务、研发外包
10	宇软件（苏州）有限公司	软件外包、数据处理、呼叫中心

资料来源：中国外包网，2008

（二）案例企业的背景

1. 中国领先软件外包公司：中电文思海辉

中电文思海辉技术有限公司的前身是文思海辉技术有限公司，由文思信息技术有限公司和海辉软件（国际）集团公司合并成立，这两家公司都是软件外包服务提供商。文思信息技术有限公司成立于 1995 年，海辉软件（国际）集团公司成立于 1996 年。2012 年 8 月 11 日文思信息与海辉软件宣布合并，合并以后的公司中文名称为“文思海辉技术有限公司”，英文名称为“Pactera”，是在中国居领先地位的离岸软件外包公司之一。文思也是第一家在纽约股票交易所上市的中国软件服务外包企业①（纽交所上市代码：VIT）。2020 年，文思海辉股东海航与中国电子信息产业集团有限公司的香港子公司正式达成股权购买协议，文思海辉成为中国电子旗下成员企业。

自 1995 年以来，中电文思海辉公司一直致力于为全球客户提供世界领先的商业/IT 咨询、解决方案以及外包服务，在金融服务、高科技、电信、旅游交通、能源、生命科学、制造、零售与分销等领域积累了丰富的行业经验，主要客户涵盖众多财富 500 强企业及大中型中国企业，包括微软中国、IBM、TIBCO、HP、EMC、NEC、Mitsubishi、华为，联想，ABB，3M 等公司。凭借专业的交付能力，中电文思海辉公司帮助客户在全球市场中赢得成功，并且获得合作伙伴和行业分析师的高度认可。

---

① 资料来源：文思海辉公司官方网站 http://www.pactera.com

文思海辉将战略总部设在中国，并在北美、亚太地区、欧洲设立地区总部，通过位于美国、欧洲、澳大利亚、日本、新加坡、马来西亚和中国的交付中心，为客户提供企业应用服务、商业智能、应用开发与维护、移动解决方案、云计算、基础设施管理、软件开发与全球化、业务流程外包的一站式服务，满足客户对全球范围无缝交付和技术支持的需求，同时支持客户的业务发展战略，帮助客户赢得成功。2014 年 10 月 10 日，国际知名的全球化及市场拓展咨询公司 Zinnov 公布《2014 全球研发服务商评级（GSPR）》调研报告：在工程服务领域，中电文思海辉获评企业软件和消费者软件行业“领导力”级别，跻身全球前三的技术研发服务提供商[①]。我们主要分析中电文思海辉如何通过提升自身研发能力的同时，在国际软件外包产业价值链上实现跃迁。

2. 印度领先的软件外包公司：Infosys

Infosys 是印度历史上第一家在美国上市的公司（纳斯达克股票代码：INFY），总部位于印度信息技术中心班加罗尔。2008 年金融危机之前，公司在全球的雇员接近 100 000，分布于 27 个国家。Infosys 在世界 56 个主要城市设有办事处或分公司，并且已在中国上海张江高科技园区设立分公司，2008 年国际外包专业组织发布全球软件出口 100 强中，Infosys、Accenture 和 IBM 名列全球前三名，Infosys 当年的市值已经超过 200 亿美元[②]。

公司的主要业务是向全球客户提供咨询和软件等 IT 服务，它的经营理念是采用低风险、在时间和成本等方面可预测性的全球交货模式（GDM）加速公司的发展。经过二十多年的发展，Infosys 和许多大型跨国公司结成了战略联盟和伙伴关系，包括微软、英特尔、SAP、3M、Arrow 等。Infosys 同时也是微软亚洲实验室正式签署协议共同研发产品的第一家亚洲 IT 企业。目前 Infosys 同时承接来自全世界的 4 000 多个项目，从手机软件到巨型空客 380 的机翼设计。

（三）案例内纵深分析

1. 中电文思海辉公司的价值链跃迁之路

回顾中电文思海辉的发展道路，不难发现：在过去的近二十年间，跨国公司在中国的快速发展催生了中国的软件外包行业诞生，国内银行业和通讯业的升级为国内的软件外包企业提供了市场。其后，国外风险投资公司的介入，使中国软件外包企业规模迅速扩充，文思公司开始有能力向海外扩展；同时公司也将目光从单一的、局部地区的客户转向多领域、全球的客户。

软件产业的价值链分布主要包括：需求确认、框架设计及详细设计、编码、

① 资料来源：中电文思海辉公司官方网站 http://www.pactera.com

② 资料来源：http://www.Infosys.com

测试、维护与服务等工序和环节。由于技术的发展和国家的不同优势，国际软件外包的程序越来越细，产业链越来越长。从目前中国和印度承接的国际软件外包的布局和情况看，它们的项目有跨国公司基于水平分工而设立的高水平、高技术含量、高附加值的全球软件研发业务，也有外国公司基于垂直分工而分包出来的低附加值、低技术含量、劳动密集型的编码、测试等软件业务。对于软件开发的核心内容，即软件价值链中知识含量最高、附加值最高的业务——客户需求分析和软件架构设计，发包方一般不让接包方知晓详细内容。接包方一般只从事最底层的编码工作以及相应的测试和维护服务。

在全球服务外包产业价值链中，位于上游的是研发、标准制定、需求分析、整体解决方案等高端的价值链环节，占据这些环节的跨国公司研究、制定并控制了国际服务外包价值链的核心技术，体系结构和标准，操控着整个产业的游戏规则。如美国掌握核心技术，垄断标准制定，长期以来一直在全球软件产业价值链中居于领先地位。在全球服务外包产业价值链中，占据中端的是设计业务项目或者流程解决方案、销售、售后服务等中间环节，这些环节在服务外包产业价值链中起着承上启下的作用。在此环节中，印度、爱尔兰等国充分利用了本国信息化的机遇，具有全球竞争优势。如印度企业从事系统模块开发和少量部分创新性的核心技术开发，并参与产业规则的制定，能提供流程解决方案。在全球服务外包产业价值链中，低端环节主要从事一些软件模块编码测试、后台支持、呼叫中心、数据处理等结构化的简单服务。表 6-4 为全球服务外包产业价值链分级表。

表 6-4　　全球服务外包产业价值链分级表

<table>
<tr><th>价值链高端</th><th>价值链中端</th><th>价值链低端</th><th>价值链中端</th><th>价值链高端</th></tr>
<tr><td>研发</td><td>设计</td><td>编码测试</td><td>销售</td><td>自主创新</td></tr>
<tr><td>需求分析</td><td rowspan="3">流程解决方案</td><td>后台支持</td><td rowspan="3">售后服务</td><td rowspan="3">自由品牌</td></tr>
<tr><td>标准制定</td><td>呼叫中心</td></tr>
<tr><td>整体方案</td><td>数据处理</td></tr>
</table>

资料来源：作者根据资料整理

我们按照中电文思海辉在价值链上攀升的关键事件和转折点，将公司价值链跃迁分为三个阶段：

（1）1995—2004 年：起步阶段

根据企业官方网站资料分析可知，中电文思海辉有限公司（其前身为文思海辉，由文思创新软件技术有限公司和海辉软件有限公司合并成立，以下简称中电文思海辉）成立于 1995 年。

20 世纪 90 年代，伴随着中国经济的发展和对外开放，越来越多的跨国公司进入了中国市场，跨国公司在中国的快速发展催生了我国的软件外包行业。与此同时，国有银行业和通讯业的业务操作系统升级也为国内的软件外包业提供了巨大的市场。这个时期，海外的留学生开始有人回国创业，这些都成为中国软件外包发展的动因。

文思成立的初期，公司的软件外包是从国内市场上相对较小的项目开始的，大多数业务涉及的是单一的领域或客户，如微软中国、中石油、国有银行等，具体从事价值链低端的软件测试、IT 系统管理和维护等信息技术外包（ITO）环节，数据服务主要外包业务是数据录入，此类业务外包属于低端外包业务，主要依靠熟练工，操作简单，技术含量低，业务利润小。起步时期，文思公司承接的服务外包业务的技术含量和价值含量表现出“双低”。这个时期，公司的战略选择为：成本领先战略，即依靠低成本地位赢得竞争优势。从文思的软件外包业务发展内容可以看出：该企业的服务外包走的是“以信息技术外包（ITO）为主要业务内容，发端于低端”的发展道路。

（2）2005—2007 年：融资与跨越阶段

2005 年至 2007 年是中国软件外包行业高速发展的时期，文思从几百人发展到了几千人，客户群从中国和单一的海外市场，发展到亚洲、美洲和欧洲。2005 年国外风险投资公司的介入，使中国的软件外包的规模有了一个新的发展。2005 年，多家风险投资公司如寰慧投资、红杉资本、联想投资、DCM 投资文思公司。与投资相伴的是行业内的并购，这使中电文思海辉迅速成为有几千员工的中型软件外包办司。资金的融入和规模的扩充，使公司开始有能力向海外扩展。中电文思海辉开始将目光从单一的、局部地区的客户转向多领域、全球的客户。就是在这个时候，公司开始筹划在海外发展市场，招聘有国际市场管理经验的高级管理人员。其中文思集团的副总裁认为，海外市场的发展和扩充使中国的软件外包发展到了一个新的阶段。一些有海外工作经验的留学生和多年从事软件外包销售的外国员工的加入促进了公司和海外客户的沟通，同时提高了公司的整体形象，为公司在美国的上市做了准备。2007 年，文思和东南融通在美国成功上市，开创了中国软件外包行业的新时期。

（3）2008 年至今：跨国并购，深度国际化渗透阶段

金融危机大幅度降低了并购，尤其是跨国并购的成本，成为中电文思海辉作为领先的服务外包企业进行资源整合、打入国际市场、实现规模经济的重要契机。在获得融资后，为了达到公司的预定目标和绩效，中电文思海辉不断通过跨国并购来扩充规模。在 2009 年度，公司的销售额超过了一亿美元，为其在海外的新一轮发展和上市做好了准备，当年中电文思海辉收购美国 Salesforce 主要合作伙

伴 EchoLane，此外，企业还通过直接投资建立海外技术支持中心、海外研发中心等分支机构，组建海外战略联盟和与外国企业建立合资公司等多种方式，加速自身的国际化进程。到 2009 年底，由于新的资金融入和许多中小公司估值的下降，中电文思海辉公司完成了新一轮的并购，使公司的规模有了新发展。中电文思海辉在过去几年中通过并购发展、扩大海外市场，并且在海外上市，是并购成功的很好的实例。这个阶段企业的战略导向是通过技术创新和商业模式创新，尽快实现从“低成本导向”向“价值导向”转变。

2. 印度 Infosys 公司的价值链攀升之路

Gereffit 和 Lee（2012）通过对印度、菲律宾和智利等国家的服务业外包升级问题的研究，发现三种涵盖多个行业的离岸服务活动：信息技术外包（ITO）、业务流程外包（BPO）和知识流程外包（KPO）[①]。根据过程升级、产品升级、功能升级和价值链升级的思路，Gereffi 和 Lee（2012）从 10 个国家的案例研究中得出 5 种升级轨迹：进入价值链、在 BPO 内部升级、提供完整全包服务、IT 企业进入 KPO 服务、垂直产业中的企业专业化（见图 6-3）。

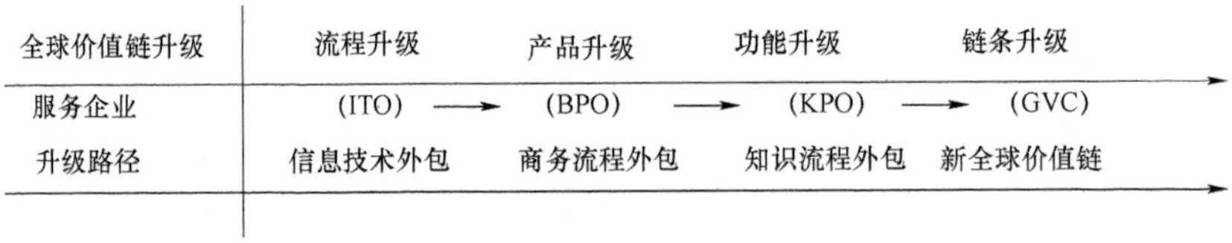

图 6-3 嵌入全球价值链的服务外包企业升级路径

资料来源：Kaplinsky & Morris，2001；Gereffi & Lee，2012；作者整理

根据这样的升级轨迹，我们将 Infosys 公司在软件外包产业的价值链升级划分为三个阶段：

（1）20 世纪 80 年代—1999 年：起步阶段

印度的软件开发和软件外包发展开始于 20 世纪 80 年代，本文中的 Infosys 公司就是在这个时期成立，并且开始软件开发和软件外包业务。Infosys 一直被称为印度 IT 业的神话。公司成立于 1981 年，当时仅有 7 名员工，但是因为善于抓住机遇和依靠政府的优惠政策，在短短的二十几年间内，Infosys 便发展到拥有近 100 000 名员工、在世界几十个国家设有分公司的跨国企业。

20 世纪 90 年代，IT 产业开始在全球范围内兴起，印度发达的高等教育和以英语为官方语言的优势，为软件业发展提供了条件。由于印度总体上还是发展中国家，国内贫富悬殊。因此，国内需求难以满足软件业的高速发展，只能寄希望

① Gereffi G，Lee J. Why the world suddenly cares about global supply chains [J]. Journal of supply chain management，2012，48（3）：24-32.

于国外需求。而同一时期，美国经济对软件的需求旺盛，这给了印度软件企业高速发展的机会。Infosys 公司的软件外包是从承接欧美订单开始的。而在外包起步阶段，Infosys 和印度其他软件企业一样，缺乏自主开发产品（尤其是核心软件）的能力，因此依靠其相对廉价的劳动力开展外包业务成了最佳选择。

（2）2000—2008 年：价值链持续上升阶段

20 世纪 90 年代初，美国开始实施新经济政策，因特网技术和太空技术被应用于民用方面，此时，印度通过为以美国为主的跨国公司提供特殊软件定制服务，为跨国公司的软件需要提供问题解决方案和开办软件中心培养人才，实现了本国软件行业的发展。90 年代中后期，美国对软件产品需求迅速增长。这为印度的软件出口提供了绝好机会，在此期间，印度的软件出口额迅速增长，在国际市场上奠定了软件大国的地位。

20 世纪 90 年代末期，计算机软件的千年虫问题给了全世界、特别是印度的软件外包提供了发展机遇，使印度的软件外包有了空前的发展。这个时期，印度软件服务外包企业得到的外包合同持续增加，合同内容和复杂程度也逐渐提高，驱动了规模和范围的增大。Infosys 于 1999 年在美国纳斯达克上市。

（3）2008 年至今：软件外包业嵌入价值链高端

成功地在美国上市后，Infosys 公司迎来了新一轮的发展。在 Infosys 的发展中，并购起了十分重要的作用。公司充分利用资本的力量，通过收购向海外扩充。通过逐渐收购高端咨询业务，扩大自己现有的软件产业链与规模，形成国际软件外包中心，使 Infosys 公司在核心业务领域拥有一席之地。2008 年，Infosys 以 3 800 万美元收购 Sparta 咨询公司，以 7.5 亿美元收购英国的 Axon 公司。2008 年，Infosys 有近十万雇员，营业额为 46 亿美元，平均每个雇员的产值为 4.8 万美元，成为规模世界排名第七的外包公司。

在虚心向美国及欧洲学习之后，Infosys 反过来已经在全世界包括美国和传统的大型外包服务接包方之间争夺订单。为了能提供更好的服务和提高公司的竞争力，公司还把自己的一部分技术研发中心和市场中心搬到美国加州，使其可以更好地了解公司主要客户的需求并且为客户服务。Infosys 公司在世界四十多个国家的销售网使得它能够在全世界的范围内发现新的机会。同时，销售团队背景的多元化能够使公司及时了解客户的背景，和客户沟通。每当有大客户新的招标时，Infosys 总是能在第一时间做出反应，在规定的时间内提交一份客户满意的、高质量的标书。2019 年，Infosys 入选“2019 福布斯全球数字经济 100 强”，排第 70 位。

3. 跨案例分析与研究结果

本文通过对中电文思海辉、Infosys 两个公司进行横向跨案例对比发现：中国和印度的软件外包业都是经过了初创、融资、上市到成熟的阶段。不同的是，印度软件外包公司的发展平均比中国企业早十年以上，20 世纪末的千年虫软件问题为印度企业软件外包企业提供了发展的机遇，当时正是印度的软件外包公司发展的中期，而中国的软件外包才刚刚起步，市场的极大需求促进了印度软件外包的高速发展。

通过跨案例对比分析，可以发现：第一，软件外包业务按照业务层级由低到高，价值链层次渐次提升。软件外包按照业务层级由低到高可以分为：ITO、BPO、KPO 等形式。与 ITO 相比，BPO 处于软件价值链更高的位置。印度公司是全球最大的 BPO 交付地。在软件价值链更高领域 KPO 领域，印度公司对软件外包也做出了开拓创新性贡献。当前印度成为金融服务、医疗服务、人力资源外包及新兴的动漫和游戏开发领域的成熟接包方。第二，深度国际化渗透、走国际化的道路是中、印软件外包企业实现价值链跃迁的必经之路。中、印软件外包企业后期走的都是国际化的道路，包括三种形式，一是本国软件企业在国际软件市场上承接外包项目；二是跨国软件企业到国内建立独资或合资企业；三是本土软件企业跨国并购。三种形式尽管各有差异，但目的都是通过融入软件产业去全球分工体系，实现本国软件产业在全球产业价值链上的跃迁。

在沿价值链升级过程中，跨国收购是软件外包企业快速实现升级的主导战略。在对发达国家的企业技术进行学习和追赶后，中、印软件外包服务企业开始有针对性地在发达市场建立企业，典型的做法是并购具有专门知识的外国公司。特别是 2008 年后，这些公司抓住机遇逆势收购欧美跨国企业的后台业务部门，迅速扩大 BPO 和 KPO 市场，通过收购高端咨询业务的过程，逐渐扩大自己的现有产业链与规模。

四、研究结论

（一）中印两国软件外包企业价值链跃迁的启示

中国软件服务外包产业虽然近年来发展迅速，但总体上还处于产业链低端，在产业升级上和印度存在很大的差距，总结中、印两国在软件外包领域取得的巨大成功及发展经验，我们可以得到以下启示。

1. 软件服务外包企业要改变竞争策略，不要单纯靠低成本优势，更要争取满足客户的多样化和个性化需求，把提升服务水平和服务质量作为竞争的主要手段，通过准确的市场定位和一定的营销策略，加快产业价值链升级的速度，避免低端价格竞争。价值链攀升才能远离“代工生产”的低端比较优势陷阱，才能争夺在全球竞争中的领先地位。中国企业必须加快产业价值链升级的速度，承接国际技术领域的高端研发项目，尽可能避免与印度软件外包企业在低端的价格竞争。

2. 国际市场需求是软件服务外包价值链升级的推动力量。

进入 21 世纪以来，随着全球经济快速发展和产业升级更替，发达国家把更高层次的服务业务转移到低成本国家。外包企业应当深化与软件研发相关的技术和理论知识，加快提升软件的工程化、标准化水平，迅速成为级别更高的离岸外包业的引领中心，创造出了领先的竞争优势。

3. 要积极了解西方的商业环境和国际通用惯例，积极争取各种国际认证，提高自身的管理能力和项目交付能力。企业要加大研发投入，提高研发水平和能力，不断自主创新，提高企业营运大项目能力，提高服务外包企业的接包能力和诚信度，提高接单能力和效益。

（二）政策建议

1. 人才培养为软件服务外包沿价值链提升提供基础。

中、印两国的案例表明：在软件外包领域，海归人才及其技术扩散、知识外溢效应明显。硅谷高科技公司里有 30 多万印裔，网络公司中 40%多的创业人为印度移民，美国 1/3 的软件工程师是印度人。印度软件工程师通过各种渠道影响所在国政府雇用印度本土软件工程师。上述专业技术人才在国外掌握了大量的技术和经验后，回到了国内投资、创业，形成了软件服务外包升级的有生力量。

2. 重视国际市场需求是软件服务外包沿价值链升级的推动力量。

20 世纪末的计算机千年虫问题驱动了印度软件服务外包企业规模和范围的增大。进入 21 世纪以来，随着全球经济快速发展和产业升级更替，发达国家把更高层次的服务业务转移到低成本国家。我国软件外包企业应当深化与软件研发相关的技术和理论知识，加快提升外包企业软件的工程化、标准化水平，力争成为级别更高的离岸外包业的引领中心，创造出领先的竞争优势。

3. 重视行业技术标准认证，注重知识产权，是实现软件外包产业升级的保障。

目前印度是世界上获得质量认证软件企业最多的国家。印度软件企业的质量管理，除了采用国际通用的 ISO 标准外，主要采用了美国体系和标准（CMM）。CMM 体系等标准化建设促进了印度软件开发的国际化，使印度软件外包服务竞争力得以大幅度提高。此外，印度软件服务外包提倡与全球商业模式融合，采用全球化的招聘和人力资源训练机制。当前，印度软件外包企业更加强调其全球化能力，强调企业的端到端（全产业链）的整体解决方案能力。中国软件产业在快速发展的数十年中，主要定位于国内的市场，与国际规范和标准的对接不够。在全球价值链分工格局下，中国的软件企业必须通过国际竞争，按照国际技术和管理要求，提升整个产业的技术水平、管理水平，沿价值链升级，实现服务外包产业价值链跃迁。

4. 加快跨国并购及海外研发，获得价值链跃迁所需要的知识性资产。

中、印两国的企业正在成为国际软件产业上的主要竞争者。两者都是通过先进国家的跨国公司快速学习外包。但印度公司主要通过跨国并购实现海外扩张、价值链跃迁；中国软件企业集中在国内市场与跨国公司合作，向海外扩张则小心翼翼。印度的成功经验启发中国企业：要积极促成业内的强强联合、整合资源，实现优势互补；有实力的服务外包企业要坚决“走出去”，利用全球经济危机带来的机遇，加快企业重组与并购步伐。除了鼓励企业抓住机遇进行海外并购以外，还要鼓励企业在海外设立研发分支机构，吸收利用当地优秀的人才和先进的企业管理经验，扩展服务链，以覆盖更多的客户资源。

第三节 服务外包创新与智慧商务

在经济全球化时代，服务外包已经成了国际化趋势，外包合同的数量和金额逐年上升。据商务部统计，2020 年中国服务外包产业总规模已超过 1.7 万亿元，占国内生产总值的 1.68%，共签订服务外包合同金额 2 462.3 亿美元，执行金额 1 753.5 亿美元，分别同比增长 4.5%和 10.9%，实现了“十三五”超千亿美元的发展目标。2021 年 1－4 月份，中国已签订承接服务外包合同金额 805 亿美元，执行金额 498 亿美元，分别同比增长 47.5%和 37.6%[①]。信息技术的高速发展和通信技术的变革推动了服务外包业务的变革与发展。与此同时，随着信息技术的进步，我们进入了网络时代和大数据时代。大数据时代的服务外包业是指随着以云计算、大数据和移动互联网为标志的第三次信息技术革命兴起而开启的服务外包新阶段，它与以简单降低成本为目的的服务外包有本质区别，对企业来说是巨大发展机遇，同时要求企业在技术领域和业务模式上进行创新。服务外包企业谋求发展，必须要应对大数据时代下的挑战，如何在新的环境下创新服务模式，提高产品、服务效益，已经成为每个服务外包企业不得不考虑的问题，以智慧商务理念引导企业发展，成为大势所趋。

智慧商务（Smarter Commerce）是大数据时代的产物，所谓大数据，也称为海量资料，是信息爆炸时代的产物。它具有“4V”的特点：Volume（海量数据资料），Velocity（产生速度快），Variety（信息类型繁多），Veracity（信息真实）。智慧商务的理念指的是：在信息技术快速更迭的环境中，通过数据采集与实时分

① 商务部新闻办公室：商务部服贸司负责人谈 2021 年 1－4 月我国服务外包发展情况，2021 年 5 月 21 日

析、线上—线下业务互动协作和流程整合优化，帮助企业提升市场表现、满足客户需求，实现企业与客户、供应商、合作伙伴等利益相关方的共同价值跃迁。为了适应激烈的市场竞争环境，企业需要反应灵敏、联系紧密的经营关系网络，以保证企业能够快速有效地提供符合需求的产品和服务。同样地，在服务外包过程中，智慧商务的核心价值理念更多地体现在企业运营网络更多地以客户为中心结点集聚。智慧商务将客户放在所有运营活动的中心位置，根据客户的活动信息分析、预测客户需求，并以此制定有关产品生产、营销、售后服务等一系列业务流程（于翔，2013）。这种模式与外包服务供应链深度结合，将客户、供应商、合作伙伴和生产企业集合在一起，允许整条供应链通过线上—线下的协作来主动满足客户需求，而不仅仅是被动响应。

大数据衍生出全新的金融服务，对消费者信息的海量数据挖掘，催生了多样化的金融服务（见图 6–4）。这种新兴的金融服务以大数据为其核心，谁掌握了有价值的数据并加以分析处理，谁就拥有更强的竞争力。通过对行业数据进行整合，可以更准确地了解行业动态及发展趋势；通过制定适合需求的金融产品与服务，才能实现新的利润增长。在本节中，我们尝试通过对互联网金融服务外包业务——阿里金融云的案例分析，来说明大数据背景下金融服务外包创新与智慧商务的相互影响。

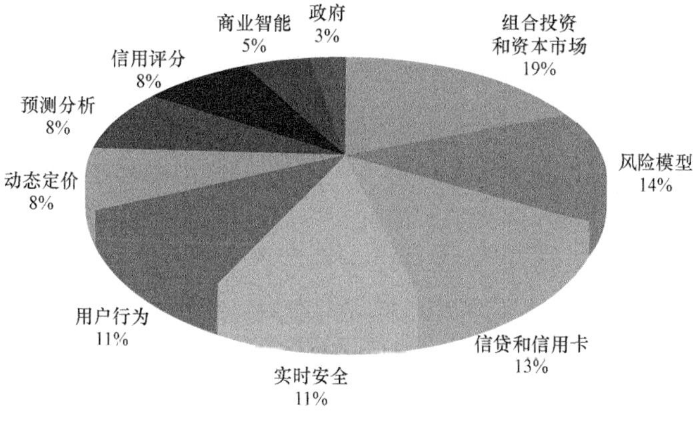

图 6–4　大数据背景下金融产品的市场份额

资料来源：刘新海，2014

一、我国金融服务外包行业研究现状

金融服务外包，指的是金融机构将一些业务转交给外部企业或者组织来完成，以节约成本，提高工作效率和核心竞争力。2005 年 2 月，由巴塞尔银行监管委员会主导的联合论坛工作组制定《金融服务外包文件》，将金融服务外包定义为：金融机构选择外包商，将企业内部的事务转交给外包商去实施。外包商是金融机构相关的内部组织或外部组织[①]。金融服务外包可以分为以下三种类型[②]：第一，金融机构将一种或几种业务外包给服务提供商，以降低成本、提高工作效率；第二，两家金融机构结成联盟，发挥资源优势，将业务互相接发包，共享外包成果；第三，规模相对小的金融机构将辅助性业务交给规模相对大的金融机构代理。

当前，充分认识金融服务外包发展的意义，准确把握金融服务外包的战略定位，科学制定金融服务外包发展战略成为金融产业的重要课题（杨琳，2009）。国际金融危机后，中小微企业金融服务业务及其潜在外包需求将加快释放，我国金融服务外包业虽然存在规模小、服务能力不足等问题，但发展潜力巨大，应在培育市场主体和改善外部环境方面做出努力，以促进金融服务外包产业发展。有学者在印度金融服务外包行业的研究基础上指出，发展我国金融服务外包行业应当注重提高金融企业的创新能力（詹政和王铁山，2009）；我国的金融机构应制定战略性总体外包规划，不断推进外包范围（魏秀敏，2007）；通过完善政策保障体系推动本土金融服务接包方发展（李勇和乔桂明，2011）。

国内学者对金融服务外包的业务研究主要涉及信息技术外包（ITO）和流程外包（BPO）两个领域，对金融服务外包业务主体的研究范围主要涵盖政策性银行、保险公司、农村信用社及村镇银行。例如，有学者结合金融服务外包行业的趋势，探讨了我国银行业 ITO 的策略（胡峰，2004）；阐述了 ITO 给银行业带来的风险与收益（洪岢，2010）。有学者以合资金融服务公司作为外包商为例，分析了我国商业银行消费信贷业务外包服务（臧松松和赵春城，2004），提出金融服务外包与自行研发之间的关系值得关注（张保军，2006）；以银行呼叫中心外包为例，对金融业务流程外包的利弊进行分析（傅巧灵等，2011）。有学者提出银行向收储企业提供外包服务，既有利于收购资金管理，又利于改善收储企业的财务状况（冯裕波，2001）；从服务外包视角探讨了金融保险集团财务集中问题（方国斌和程丽彬，2009）；分析农村信用社开展金融服务外包的可行性（孙清华等，2011），等等。

在以上的文献回顾中，我们发现对互联网金融服务外包的研究还存在一定程度不足。当前，中小微企业金融服务产品创新活跃度增加，政府有关部门也专门发文支持中小微企业金融服务发展[③]，越来越多的金融服务业务与互联网结合，

① 巴塞尔银行监管委员会. 金融服务外包 [J]. 中国金融，2005（13）：30－70

② 王钰. 商业银行业务外包研究 [M]. 对外经济贸易大学出版社，2006 年，第 20－40 页

③《国务院办公厅关于金融支持小微企业发展的实施意见》（国办发 2013－87 号）

突破地域限制，有效运行。

二、互联网金融服务外包业务的理论基础——资源基础观及其延伸

资源基础观是现代战略管理理论的重要组成部分之一，为企业建立和维持竞争优势提供了独特视角。Penrose（1959）认为，企业是各种资源的集合体，企业的竞争优势源自其控制的独特资源，这种异质性资源可以导致企业的竞争力存在各自特定优势[①]。Barney（1991）指出，只要竞争优势无法复制，那么就可以认为是持续的竞争优势。这种异质性资源需要满足四个特性，即价值性、稀缺性、不可模仿性和不可替代性。而企业无法实施某种业务时，可以把业务外包给外部市场具有异质性资源的其他组织。根据资源基础观，小微金融机构应该将资源欠缺的和不擅长的业务外包，实现经营效率。Grant（1991）认为，企业为了有效利用市场资源提高企业竞争力，要在利用自身资源之外，注重发展与外部环境、外部组织的关系，充分利用外部资源和能力来促进自身发展。

而对于接包方而言，持续的竞争优势是基于企业不断发展的能力和资源储备来实现的。资源基础观的拓展——动态能力理论有效支撑了这一实现机制。Penrose（1959）强调了企业在经营过程中发展出来的“多余能力”（underutilized capabilities）是一种不断发展的能力，对于扩展企业的边界提供了理论依据。Teece等（1997）将动态能力定义为企业整合、建立、重新配置企业的能力以适应快速变化的环境。接包方企业的动态能力决定了其原有企业能力适应环境变化的速度，从案例中我们可以看到，阿里金融在业务多元化拓展和数据资源的积累处理方面完全符合动态能力理论的观点，企业的竞争优势取决于其管理流程、资产地位以及可以战略路径。根据动态能力的战略框架，阿里金融的竞争优势来源于嵌入在组织过程中的能力，在运行中不断拆分与延伸，企业内部资产和其演进路径打造了的阿里金融以及阿里金融云服务的不可复制性，这种独特能力无法通过市场寻找替代品，而只能在阿里金融的长期发展过程中体现。

三、智慧金融服务的兴起：以阿里金融云为例

根据 Nolan 的信息化发展六阶段模型，我国的金融信息化正处于集成阶段，正在迈向数据管理阶段（方德英等，2009）。数据管理阶段的金融服务业体现了智慧金融的特征：信息技术与金融业务的高度融合，数据挖掘为业务提供决策依据。在这种背景下，金融云计算作为智慧金融的重要技术特征，发挥出巨大作用（见图 6－5）。

---

① Penrose，E. The Theory of the Growth of the Firm [M]. Basil Blackwell，London，1959.

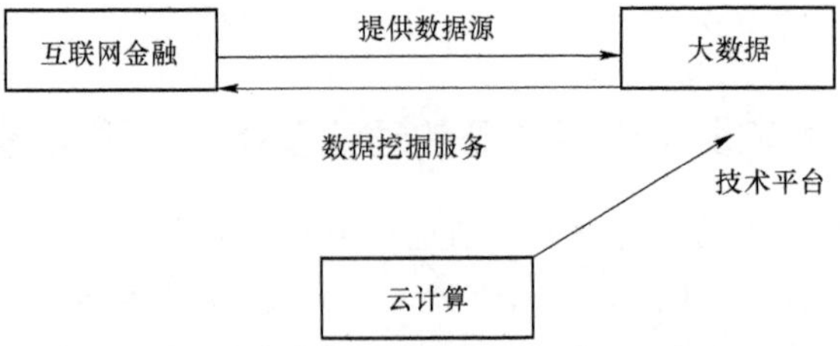

图 6-5 大数据和云计算、互联网金融的关系

资料来源：刘新海（2014）

云计算（cloud computing）起源于麦卡锡提出的“把计算能力作为像水和电一样的公用事业提供给用户”。云计算基于互联网服务的使用和交付模式，提供动态的、易扩展的虚拟资源。金融云计算利用云计算的原理，将各金融机构即周边机构的数据互联互通，构成云网络，或利用云计算服务提供商的云网络，将金融产品、信息分散到网络中，以提高金融机构解决问题的能力，提升效率，为客户提供更多种类、更便捷的服务。

互联网金融已经成了一个大趋势，很多金融机构意识到要利用互联网开展金融服务，但是基于传统架构的营销和清算系统并不符合互联网金融发展的要求。要实现真正的智慧金融，应当做到及时、准确、完整地获取信息，同时快速、高效、广泛地分享信息，通过智能分析处理，从海量数据中挖掘出需要的金融信息并总结规律，据此做出金融决策，实现金融智能化。云计算的特点是在海量数据增长的环境下依然保持可扩展性，将这些金融数据作为资源，实现金融机构对数据资源的开发利用和管理。为了打造阿里金融云金融服务外包服务，阿里金融经历了以下发展历程①。

（一）第一阶段（2002—2010 年）

2002 年，阿里巴巴推出了诚信通服务，这是阿里巴巴为中小企业推出的网络贸易服务，要求企业在交易网站上建立自己的信用档案。2003 年 5 月，支付宝成立。2010 年，支付宝的用户数突破了 3 亿，支付宝的功能不断强化，应用领域也不断拓宽。阿里巴巴围绕支付宝搭建商家信用评价体系。随着阿里巴巴业务的发展，阿里集团建设的商家信用数据库评价体系不断丰富和完善。阿里巴巴开始在数据层面和银行进行合作，探索以数据为基础的金融体系。这种数据反映了企业的生产、经营、销售情况，并通过一系列指标衡量企业的信用状况，是整个阿里金融运作的重要基础。2007 年，阿里巴巴与银行合作，将商业信用数据库中积累的信用记录交由银行，由银行进行审核并决定是否发放贷款。2009 年，阿里巴巴

① 郭强，马文鹏. 中国互联网金融的发展脉络与现实约束——以阿里金融为例［J］. 华北金融，2014（5）：50-54.

金融负责阿里集团旗下所有子公司平台的融资业务，完成了组织架构的独立。在这一阶段，阿里巴巴和淘宝商家建立的商家信用数据库成为阿里金融的基础和核心竞争力。

（二）第二阶段（2010—2012 年）

2010 年 6 月，浙江省阿里巴巴小额贷款公司成立，阿里金融的信贷业务启动。2011 年 6 月，重庆市阿里巴巴小额贷款公司成立，阿里小贷进入扩张期。阿里小贷面向小微企业，以商家信用数据库和信用评价体系为基础申请网上申请贷款，办理流程快捷。阿里小贷将客户在电子商务网络平台上的行为数据反映为企业和个人的信用评价，批量发放小额信用贷款。在这一阶段内，支付宝顺利拿到了人民银行颁发的《支付业务许可证》。同时，支付宝获得基金第三方支付牌照，截至 2012 年 12 月，支付宝用户数量突破 7 亿。2012 年 9 月，阿里巴巴、淘宝以及浙江融信网络技术有限公司联合成立商诚融资担保有限公司。至此，阿里金融的业务架构初步搭建完毕。

（三）第三阶段（2013 年至今）

2013 年 2 月 22 日，阿里集团宣布继续调整，将支付宝拆分为共享平台事业部、国际业务事业部和国内业务事业部，再加上原来的阿里金融共同组成了阿里金融业务的四大事业群。3 月 7 日，阿里集团宣布以四大事业群为基础，筹建阿里小微金融服务集团。阿里金融的整体业务逐渐成熟，阿里金融作为阿里集团的组成部分，逐渐凸显其重要性。2013 年 11 月 27 日，阿里集团宣布整合旗下各方面资源，开展阿里云服务。阿里金融云作为阿里云服务的重要组成部分，正式启动金融外包服务，这也意味着阿里云开始进军互联网金融领域。

阿里金融云服务将大规模的云计算集群资源开放，对阿里集团各个运营平台的商家商品信息、用户信息、信誉体系、支付工具等资源进行挖掘，旨在为银行、基金、保险等金融机构提供 IT 资源和互联网运维服务，同时还为这些金融机构提供支付宝的标准接口和沙箱环境，让他们能够更好地开展互联网业务。我国许多小微金融机构在 IT 和互联网方面基础薄弱，因此在网上支付以及和支付宝对接的过程中会遇到困难，在接入阿里金融云服务后，这些金融机构可以用较低的成本实现在线支付和网上银行业务。阿里金融云可以将分散在各金融机构端的系统整合到云端，从而实现发包方金融机构的互联网金融业务快速交付，帮助金融机构实现业务拓展。据银监会统计，2011 年我国农村商业银行、农村信用社、村镇银行超过 2 000 家，这些银行在一线城市以外拥有大量用户。阿里金融云帮助这些金融机构实现网上支付功能，有助于电子商务的下沉，连接更多的用户。据阿里云介绍，目前已经有渤海银行、东海银行、天津农商银行、厦门银行等多家银行通过将互联网金融接口业务外包给阿里金融云，实现了网上交易和网上支付功能。

四、智慧商务（大数据处理）对金融服务外包业务的影响机制

阿里金融云体现的不仅是“运用互联网技术的金融”，而是“基于互联网思想的金融”。这种作用机制的核心是开放的信息交互、数据处理和资金流动。在这种模式中，信息流和资金流都呈现多对多的形态，参与者极其广泛且密集复杂。在这个意义上，这个创新不仅是一种技术创新，更是一种机制创新。

传统金融业的结构化数据和互联网行业的非结构化数据一起构成了互联网金融的核心资产，阿里金融在这个过程中对大数据的深入挖掘和利用是商业模式创新的来源。一方面，互联网金融是大数据的一个新数据源；另一方面，以参与者众多、地域分布广、交易数额小等特征的互联网金融作为一种资源，成为阿里金融云服务的核心资产。海量的客户行为数据是阿里金融云挖掘潜在客户、处理大量金融业务的重要依据。阿里金融通过掌握的历史数据的完整记录作为重要参考，构建一个完整的交易信用数据库，而对这些交易数据深度挖掘分析的结果则成为服务的最重要支撑。

阿里金融云服务的运行基础来自两个方面，一是数据挖掘，二是技术基础。同时，阿里金融云还能实现基于数据分析的营销预测功能。在图 6-6 中，我们可以看出阿里金融云的运行机制：以多样化海量数据为支撑，辅以云计算平台和相关技术架构，实现对中小微银行的金融外包服务和营销预测。

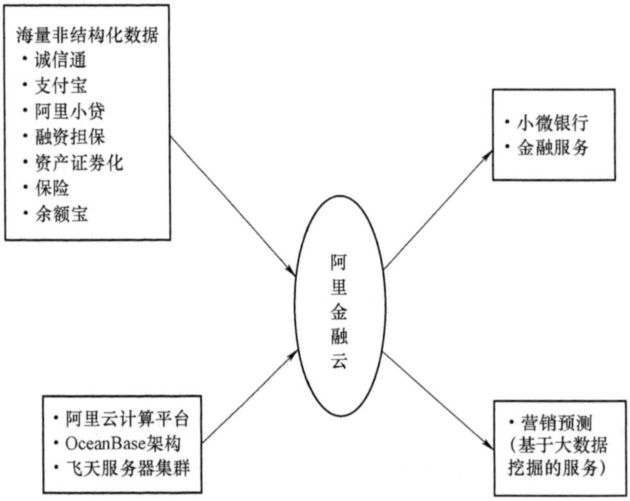

图 6-6 阿里金融云的运行机制

资料来源：根据相关资料整理

首先，阿里金融云服务最核心的支持来源于阿里集团掌握的大数据。大数据

作为一种资源和工具，通过深入挖掘可以为金融领域的业务模式更新提供基础。

通过资料整理可以看出，阿里金融云的大数据来源由以下几方面构成①：

（一）诚信通

为补充完善银行征信体系的不足，缓解交易双方信息不对称，阿里巴巴建立网上征信系统。2002 年，阿里巴巴推出诚信通会员服务，在此基础上，2004 年 3 月，阿里巴巴推出诚信通指数，通过专门评价标准来衡量会员的信用状况，并通过科学的体系来衡量企业的信用状况，具有重要的参考价值（见表 6-5）。

表 6-5　　阿里金融的征信内容与央行征信体系的对照

名称 比较内容	阿里金融的征信体系	央行征信体系
数据量级	PB 级	TB 级
结构化	非结构化为主	结构化为主
最有价值的数据	支付数据	信贷数据
用途	小额贷款、营销	银行信贷
数据源	阿里巴巴集团系统内部原始数据	商业银行报送（经过处理的）
数据挖掘工作	已经开展	无
经济预测	已经开展	无
商业模式	市场化	计划体制（统一收费）
服务对象	阿里巴巴集团内部	商业银行、监管部门、政府等
征信内容（企业）	卖家的基本身份信息、商品交易量、商铺活跃度、用户满意企业基本身份信息、信贷信息、环保信息、缴纳社会保障费用度、库存、现金流、水电缴纳等所有与商铺运营有关的数据	和住房公积金信息、之间信息、企业所拖欠工资信息以及缴纳电信信息费用等
征信内容（个人）	买家的基本身份信息、商品交易量、真实性、商铺活跃度、用户满意度、库存、现金流、水电缴纳等所有与商铺运营有关的数据；买家的基本身份信息、支出、生活缴费、社交活跃度等	个人银行的基本身份信息、各种信贷和信用卡还款信息、担保信息、或缴纳各种社会保障和住房公积金信息、个人不良资产、法院判决、车辆交易与抵押、低保、电信、税务、执业资格和奖惩、财险等

数据来源：刘新海（2014）

（二）支付宝与快捷支付

支付宝在 2003 年 10 月开始服务，它作为具有公信力的担保方，促进电子商

① 元如林. 智慧金融与金融云计算［J］. 上海金融学院学报，2012（1）：9-15.

务交易双方的相互信任，实现便利的网络交易，极大推动我国电子商务的发展。截至 2020 年 6 月 30 日，支付宝的总支付交易规模达到 118 万亿元，其中国际总支付交易规模达到 6 219 亿元。支付宝的注册账户已经突破 10 亿，日交易额峰值超过 200 亿元人民币，日交易笔数峰值达 10 580 万笔。支付宝具有银行行间转账功能，已经兼具清算与结算的职能。

2011 年 7 月 11 日，支付宝宣布推出快捷登录计划，用户可凭借支付宝账户登录多家电子商务网站。经用户同意后，这些电商网站亦可共享用户的收货地址等相关信息，免除用户多次填写的麻烦。支付宝提供从快捷支付全流程解决方案，进一步加大了支付宝对于大量淘宝之外商家的吸引力，已有数千家网站加入了这一计划。截至 2011 年 12 月 5 日，支付宝快捷支付用户数已经突破 4 000 万，而快捷支付占支付宝总交易笔数的比例已经高达 50%以上。支付宝快捷支付的签约合作银行已经超过 160 家，其中 103 家银行的合作已经上线。支付宝计划在两年之内使快捷支付用户突破 1 个亿，合作银行达到 200 家，从而帮助网购市场提升 30%的交易量。快捷支付提升了用户体验，给商家带来了 5.5 亿注册用户资源，这其实是支付宝和快捷支付在大数据时代的最宝贵资源。

（三）阿里小贷

小额贷款是阿里金融的重要组成部分，阿里巴巴通过阿里小贷开展信贷业务。目前，阿里小贷提供两种不同类型的贷款服务：淘宝贷款和阿里巴巴贷款。其中淘宝贷款主要面向天猫、淘宝的商户，分为订单贷款和信用贷款两项业务，订单贷款基于订单申请，信用贷款基于商户的信用申请；阿里巴巴贷款主要面向阿里巴巴的会员。截至 2014 年 6 月末，阿里小贷投入贷款总额已超过 2 000 亿元，服务的小微企业达 80 万家，户均贷款额度 4 万元。与此同时，阿里巴巴依托 B2B、B2C 等电子商务业务，积累了大量消费者、商户以及相关商品的信息数据，内容包括买家卖家的基本身份、地址、购物偏好、行为特征、店铺交易信息等结构化数据，围绕这些数据，阿里小贷可以实时在线放贷，且坏账率低于 1%，这正是基于交易大数据挖掘。

（四）融资担保以及资产证券化业务

2012 年 9 月，阿里巴巴、淘宝以及浙江融信网络技术有限公司联合在重庆注册成立商诚融资担保有限公司。从事担保业务可以扩大小额贷款的规模，服务于更多或者具有更大资金需求的商户。2013 年 7 月，阿里小微信贷与上海东方证券资产管理有限公司合作推出阿里巴巴专项资产管理计划，并获得证监会批准。这是小额贷款类信贷资产以专项资产管理计划作为载体进行证券化的首次尝试。

（五）余额宝

2013 年 6 月 13 日，支付宝和天弘基金推出的余额增值服务——余额宝，余额宝是由第三方支付平台支付宝打造的一项余额增值服务。通过余额宝，用户不仅能够得到较高的收益，还能随时消费支付和转出，用户在支付宝网站内就可以直接购买基金等理财产品，获得相对较高的收益，同时余额宝内的资金还能随时用于网上购物、支付宝转账等支付功能。截至 2018 年末，余额宝的客户数达 6 亿人，基金规模达到 11 300 亿元。通过以上海量数据来源支持，阿里金融云服务可以完成对来自发包方银行金融机构请求的快速响应和大批量业务处理。其次，互联网基础技术为阿里金融云服务提供技术支持。移动互联网拓展了互联网的边界并提高了网络的易用性，使得碎片化金融服务成为可能；搜索引擎使个体更加容易获取信息；数据安全技术保证隐私安全和交易安全；云计算、行为分析程序等大数据处理技术改进了信用风险的评估方法，为基于海量数据处理的小额信贷提供了技术基础。阿里金融云的 IT 团队实现了自主知识产权的技术架构 OceanBase，可以按照需求处理海量数据。先进的跨机房集群、分布式计算系统架构突破了原有的机房空间限制。其中，开放数据处理服务是其自主研发的海量数据离线处理服务，针对海量级别数据可以提供批量处理能力，主要应用于数据分析、海量数据统计、数据挖掘等领域，阿里金融、淘宝指数等关键数据业务的离线处理都在这个项目上。

最后，阿里金融云还能实现数据分析基础上的消费者行为预测，而这种预测结果也在一定程度上成了新的数据来源。阿里金融云服务基于云计算的数据分析允许发包方小微金融企业研究顾客线上和线下的购买行为，并提供价格、促销和其他的营销分析，以此帮助小微金融机构发现产品与服务的变化趋势以及顾客的购买意向。因此金融机构可以更好地根据顾客的购买趋势来界定最好的价格点和产品结构，增强经营能力。在新的交易完成后，这些数据资料又作为新的数据源，成为阿里金融云的云端资源的一部分。

五、结论与建议

在互联网金融领域，现在的智慧商务（大数据挖掘）模式方兴未艾，但是由于历史和体制原因，在阿里金融云之前，并未有真正意义上的大数据挖掘成功案例。我们分析原因如下：第一，数据丰富但挖掘力度不够，传统金融机构实现了数据的集中，但缺乏对数据的深入挖掘。第二，创新动力不足，传统金融机构的封闭性和相对经营集中监管导致对大数据挖掘缺乏创新力度，仅应用在信用卡营销等领域。第三，信息观念和专业技术人才相对匮乏。为了更好实现智慧商务对金融服务外包的积极推动，我们从阿里金融云服务案例中可以得出分析以下结论。

第一，互联网的广泛运用和电子商务的迅速发展奠定了金融服务外包的模式更新的基础。2008—2018 年，中国网络零售市场交易规模增长近 70 倍，交易金额从 1 300 亿元增长至 90 000 亿元人民币。2020 年网络零售市场交易规模达到 117 601 亿元人民币，占社会消费品零售总额的 30%。在这种情况下，金融服务外包的新模式诞生于海量的网络间数据里。大数据挖掘得出的结论，可以精确分析对象的行为倾向、能力甚至部分隐私，这种挖掘有效降低了投融资者的信息不对称。在大数据面前，传统的采样分析等统计方式稍显落后，基于大数据挖掘的阿里金融云的出现是必然的。

第二，基于消费者行为大数据挖掘的阿里金融云拓展了中小微企业市场，实现了规模经济和社会效益，增强了资产流动性，解决了资产与负债不匹配的问题，同时满足了价值取向的多元化。互联网金融增加了市场容量，将碎片化的需求和供给进行整合，细化渗透到更多中小微企业市场。在信息价值的获取和实现方式上，这种金融外包服务实现了资金盈余和资金短缺的快速匹配和自由流通转让。

以阿里金融云服务为代表的互联网金融服务外包模式为服务外包智慧化提供了新的方式，满足了广泛的市场需求，是现有金融服务体系的有益补充。以阿里金融云服务为代表的国内传统金融业大数据挖掘刚刚开始，应当注意吸收金融业和互联网行业的大数据技术和经验，提升金融服务与大数据结合的业务水平。

第三，重视新兴技术和知识产权的保护。新兴技术是金融服务外包产业未来发展的路径和核心。政府和有关部门应从政策驱动、资金引导及市场支持等各方面加强建设，大力推动新兴技术在各个领域内的应用，为产业的发展提供完善的基础技术架构保障。与此同时，为保证金融外包业务的顺利完成，应加强知识产权法律法规制度建设，调度行业监管部门制定互联网金融服务领域的知识产权保护体系，规范参与机构的安全监控和保密机制等。

第四，重视数据质量和数据安全。金融外包服务的接包方不应仅仅关注数据规模，而且要在数据供应链上引入以积累真实、有效数据为导向的数据处理机制。同时，隐私保护和数据安全是大数据面临的巨大挑战之一，数据安全更是金融服务领域不容回避的问题，只有数据质量和数据安全都得到全面考虑，基于大数据挖掘的服务才能有效降低业务风险。

第五，重视信息技术人才队伍建设。人才是金融服务外包产业发展的重要组成部分，也是产业环境是否成熟的核心标志。服务外包人才建设的重点应从传统的人才培养扶持扩展到对人才流动和人才的服务层面，通过提升社会整体对于服务外包行业的认识，提升服务外包行业对于优质人才的吸引力以及凝聚力。

综上，尽管对于我国互联网金融外包业务而言，智慧商务（大数据挖掘）是一项几乎全新的开始，但是基于大数据的挖掘必然会给金融业带来更多的产业变革，大数据将成为支撑金融服务业发展的重要动力。

参考文献

[1] Barney, J. Firm Resources and Sustained Competitive Advantage[J]. Journal of Management, 1991, 17(1): 99–120.

[2] Eisenhardt, K. M. Building Theories From Case Study Research[J]. Academy of Management Review, 1989, 14(4): 532–550.

[3] Gereffi, G. & Lee, J. Why the World Suddenly Cares about Global Supply Chains[J]. Journal of Supply Chain Management,2012,48(3): 24–32.

[4] Grant, R. M. The Resource-Based Theory of Competitive Advantage: Implications for Strategy Formulation[J]. California Management Review, 1999, 33(3): 3–23.

[5] Kaplinsky, R. & Morris, M. A Handbook for Value Chain Research[M]. Brighton: University of Sussex, Institute of Development Studies, 2001.

[6] Penrose, E. The Theory of the Growth of the Firm [M]. Basil Blackwell, London, 1959.

[7] Pettigrew, A. M. Longitudinal Field Research on Change: Theory and Practice[J]. Organization Science, 1990, 1(3): 267–292.

[8] Teece, D. J., Pisano, G. & Shuen, A. Dynamic Capabilities and Strategic management[J]. Strategic Management Journal, 1997, 18(7): 509–533.

[9] Yin, R. K. Discovering the Future of the Case Study. Method in Evaluation Research[J]. Evaluation Practice, 1994, 15(3): 283–290.

[10] 陈劲. 协同创新［M］. 杭州：浙江大学出版社，2012.

[11] 方国斌，程丽彬. 金融保险集团财务集中研究——基于服务外包视角[J]. 保险研究，2009，(06)：75–81.

[12] 方德英，黄飞鸣. 金融业信息化战略：理论与实践［M］. 北京：电子工业出版社，2009.

[13] 冯裕波. 对农发行开展外包业务分析［J］. 金融理论与实践，2001，(02)：25–26.

[14] 傅巧灵，杨宜. 金融业务流程外包的利弊分析——以银行呼叫中心外包为例［J］. 经济研究参考，2011，(39)：63–66.

[15] 国务院办公厅关于金融支持小微企业发展的实施意见［J］. 司法业务文选，

2013，（38）：8－12.
［16］郭强，马文鹏. 中国互联网金融的发展脉络与现实约束——以阿里金融为例［J］. 华北金融，2014，（05）：50－54.
［17］洪岢. 银行业 IT 外包的分析与探讨［J］. 中国农业银行武汉培训学院学报，2010，（06）：29－31.
［18］胡峰. 银行业信息技术资源外包策略探讨［J］. 现代经济探讨，2004，（07）：46－48.
［19］金涛，施建军. 服务外包企业协同创新研究［J］. 山东社会科学，2012，（11）：155－157.
［20］李勇，乔桂明. 国际金融机构外包模式演进与启示［J］. 苏州大学学报（哲学社会科学版），2011，32（06）：129－133+196.
［21］绍坚. 软件外包：技术外溢与能力提升［M］. 北京：人民出版社，2008.
［22］刘新海. 大数据挖掘助力未来金融服务业［J］. 金融市场研究，2014，（02）：117－126.
［23］陆愚. 软件外包接包商绩效的影响因素［D］. 上海：复旦大学，2010.
［24］吕文. 服务外包将引领外贸转型［N］. 经济导报，2013－7－15（D1）.
［25］任志成，张二震. 价值链攀升与软件服务外包产业升级：印度的经验与启示［J］. 南京邮电大学学报（社会科学版），2012，14（02）：32－37.
［26］孙清华，郑浩，于玲. 模块化金融服务外包的机理及运作模式研究——以农村信用社金融服务外包为例［J］. 山东经济，2011，27（03）：124－127.
［27］魏秀敏. 国际金融服务外包的运作模式及其启示［J］. 对外经贸实务，2007，（02）：57－59.
［28］尚庆琛. 中印服务外包产业国际竞争力比较研究［J］. 南亚研究，2017，（03）：49－63+152.
［29］杨琳. 全球金融服务外包外溢效应与发展趋势研究［J］. 国际贸易，2009，（11）：56－60.
［30］于翔. 产品质量，企业生存发展之本——谈现代高科技产品的质量管理［J］. 科技智囊，2013，（05）：38－41.
［31］臧松松，赵春城. 我国商业银行消费信贷业务“外包”的一种新方式——对合资金融服务公司作为外包商的分析［J］. 江西金融职工大学学报，2004，（01）：56－57.
［32］张旭东. 服务外包业面临“大数据” 考验［J］. 中国名牌，2014，（14）：30－31.

［33］詹政，王铁山. 中印金融服务外包的竞争格局与策略［J］. 商业研究，2009，（02）：53－55+106.
［34］张保军. 银行卡业务外包中应关注的若干问题[J]. 中国信用卡，2006，（04）：54－56.

后 记

服务外包已成为众多企业借力外部资源从事边缘业务、进而专注核心业务的重要途经。而且，创新驱动也已成为推进我国外包企业转型升级、外包产业持续发展的战略重点。在这样的大背景下，快速提升服务外包企业的创新能力就成了一项十分重要且紧迫的工作。

我们自 2010 年牵头申报国家社科重点课题“十二五时期中国服务外包企业创新能力测评体系实证分析”（10AGL009）之前就开始关注和研究服务外包问题，在项目获批之后，更是对中国服务外包企业的创新能力测评及其提升进行了深入研究。本课题由对外经济大学原校长施建军教授主持，王永贵教授总负责研究思路总体设计。项目组成员通力合作完成项目任务，并通过项目验收。本书是项目团队集体智慧的结晶，对外经济贸易大学和首都经济贸易大学的博士生们为本书初稿写作做出了贡献，他们分别是：赵春霞、郑莹（第 1 章）；赵宏文、贾晓兵、张璐（第 2 章）；李锐、项典典、郑孝莹（第 3 章）；马双（第 4 章）；陈晓易、王娜、王丽（第 5 章）；孙彬、刘菲、刘文霞、张仪（第 6 章），感谢他们的努力和智力贡献。在全国哲学社会科学规划办公室对项目验收之后，项目团队又根据评审专家的建议，对本书的结构进行了优化和调整，并根据调整后的篇章结构，有针对性地对相关内容进行了完善和更新，最后由施建军教授作序并总纂定稿。历时十多年，本书终于即将与读者们见面了。在本书编撰中，项目团队精诚合作，广泛搜集服务外包的相关文献，系统梳理和总结相关研究成果，充分借鉴服务外包产业分析报告和相关文件，以求实的心态和严谨的态度，力求在我国服务外包产业新发展、新形态和新趋势等方面，从微观层面来解析、归纳和总结我国服务外包企业创新能力的驱动因素、测评体系与提升策略。在研究和编写过程中，项目团队综合运用了定性与定量研究方法，以理论为指导，以实践为背景，以数据为基础，努力做到了理论与实践的充分结合。同时，本书撰写过程中也学习和借鉴了一批优秀学者和专家的成果，在此一并表示感谢。

一本好书总能给人以收获，希望本书能为读者贡献知识、启迪智慧，能够为中国外包企业就如何有效提升创新能力提供有价值的借鉴与参考。

中国服务外包创新能力研究项目组

2021 年 5 月